快慢之间有中读

唐

中国历史的黄金时代

三联中读文丛
总　序

李鸿谷

杂志的极限何在?

这不是有标准答案的问题,而是杂志需要不断拓展的边界。

中国媒体快速发展20余年之后,网络尤其智能手机的出现与普及,媒体有了新旧之别,也有了转型与融合。这个时候,传统媒体《三联生活周刊》需要检视自己的核心竞争力,同时还要研究它如何持续。

这本杂志的极限,其实也是"他"的日常,是记者完成了90%以上的内容生产。这有多不易,我们的同行,现在与未来,都可各自掂量。

这些日益成熟的创造力,下一个有待突破的边界在哪里?

新的方向,在两个方面展开:

其一,作为杂志,能够对自己所处的时代提出什么样的真问题。

有文化属性与思想含量的杂志,重要的价值,是"他"的时代感与问题意识。在此导向之下,记者以他们各自寻找的答案,创造出一篇一篇文章,刊发于杂志。

其二,设立什么样的标准,来选择记者创造的内容。

杂志刊发,是一个结果,这个过程的指向,《三联生活周刊》期待那些被生产出来的内容，能够称为知识。以此而论，在杂志上发表不是终点，这些文章，能否发展成一本一本的书籍，才是检验。新的极限在此！挑战在此！

书籍才是杂志记者内容生产的归属，源自《三联生活周刊》一次自我发现。2005年，周刊的抗战胜利系列封面报道获得广泛关注，我们发现，《三联生活周刊》所擅不是速度，而是深度。这本杂志的基因是学术与出版，而非传媒。速度与深度，是两条不同的赛道，深度追求，最终必将导向知识的生产。当然，这不是一个自发的结果，而是意识与使命的自我建构，以及持之以恒的努力。

生产知识，对于一本有着学术基因，同时内容主要由自己记者创造的杂志来说，似乎自然。我们需要的，是建立一套有效率的杂志内容选择、编辑的出版转换系统。但是，新媒体来临，杂志正在发生的蜕变与升级，能够持续，并匹配这个新时代吗？

我们的"中读"APP，选择在内容升级的轨道上，研发出第一款音频产品——"我们为什么爱宋朝"。这是一条由杂志封面故事、图书、音频节目，再结集成书、视频的系列产品链，也是一条艰难的创新道路，所幸，我们走通了。此后，我们的音频课，基本遵循音频－图书联合产品的生产之道。很显然，所谓新媒体，不会也不应当拒绝升级的内容。由此，杂志自身的发展与演化，自然而协调地延伸至新媒体产品生产。这一过程结出的果实，便是我们的"三联生活周刊"与"中读"文丛。

杂志还有"中读"的内容，变成了一本一本图书，它们是否就等同创造了知识？

这需要时间，以及更多的人来验证，答案在未来……

说唐

陈寅恪
《论韩愈》
《李唐氏族之推测后记》

> 综括言之，唐代之史可分前后两期，前期结束南北朝相承之旧局面，后期开启赵宋以降之新局面，关于政治、社会、经济者如此，关于文化学术者莫不如此。

> 李唐一族之所以崛兴，盖取塞外野蛮精悍之血，注入中原文化颓废之躯。旧染既除，新机重启，扩大恢张，遂能别创空前之世局。

梁思成 《中国建筑史》

> 隋文帝以周长安故宫"不足建皇王之邑"，诏左仆射高颎、将作大臣刘龙等，于故城东南二十一里龙首山川原创造新都，名曰"大兴城"。……自两汉南北朝以来，京城宫阙之间，民居杂处；隋文帝以为不便于民，于是皇城之内唯列府寺，不使杂人居止，区域分明，为都市计划上一重要改革。后世所称颂之唐长安城，实隋文帝所创建也。

向达
《唐代长安与西域文明》

> 李唐一代之历史，上汲汉、魏、六朝之余波，下启两宋文明之新运。而其取精用宏，于继续旧文物而外，并时采撷外来之菁英。两宋学术思想之所以能别焕新彩，不能不溯其源于此也。
>
> 中国国威及于西陲，以汉唐两代为最盛；唐代中亚诸国即以"唐家子"称中国人，李唐声威之煊赫，于是可见也。贞观以来，边裔诸国率以子弟入质于唐，诸国人流寓长安者亦不一而足，西域文明及于长安，此辈盖预有力焉。

鲁迅 《看镜有感》

> 汉唐虽然也有边患，但魄力究竟雄大，人民具有不至于为异族奴隶的自信心，或者竟毫未想到，凡取用外来事物的时候，就如将彼俘来一样，自由驱使，绝不介怀。

> 隋唐佛教，承汉魏以来数百年发展之结果，五花八门，演为宗派。且理解渐精，能融会印度之学说，自立门户，如天台宗、禅宗，盖可谓为纯粹之中国佛教也。

汤用彤 《隋唐佛教史稿》绪言

顾随 《驼庵诗话》

唐人诗抒情写景最高，上可超过汉魏六朝，下可超越宋元晚清。唐代虽小诗人，只要是真诗人，皆能写，抒情写景甚好。

杨仁恺 《中国书画》

盛唐是中国画史上一个空前繁盛的时代，一个出现了巨人与全新风格的时代，一个应物象形能力极大提高并且与丰富的艺术想象相结合的时代。这时，宗教绘画更加世俗化了……不同地区的画法交融为一，产生了颇受欢迎的新样式，以"丰肥"为尚的现实妇女进入画面，甚至把使女画成了普度众生的菩萨，生活中的悲惨凄恻借助艺术想象幻化成令人不寒而栗的地狱图景。

在书法发展史上，唐代是晋代以后的又一高峰。此时，在真、行、草、篆、隶各体书中都出现了影响深远的名家，真书与草书的影响尤著。唐代各体书法风格的总特点是讲求法度又颇具力之美，但亦不失风韵。

岸边成雄 《唐代音乐史的研究》

东洋音乐史，概可分为四个时期。其中，第二时期为东西音乐的交流与国际化贵族音乐的展开时期……唐朝音乐，不仅为第二时期发展阶段中最显著的盛期，更由于伊朗、印度、日本、韩国等音乐的流入而成为亚洲地区国际音乐文化的中枢，尤其在唐朝宫廷贵族的豪华文化生活中，音乐占了不可或缺的地位。

张爱玲 《流言》

七岁之前就开始写一篇无题的家庭伦理悲剧，写到一半便搁下了，没有续下去，另起炉灶写一篇历史小说，开头是："话说隋末唐初的时候。"我喜欢那时候，那仿佛是一个兴兴轰轰橙红色的时代。我记得是在一个旧账簿的空页上起的稿，可是只写了一张便没写下去。

目 录

i 总　序　李鸿谷

第一章　世界主义的唐帝国
荣新江

唐朝为何有这么强的生命力
1　唐长安城聚集了多少物质和精神财富

第二章　长安城不是一天建成的
辛德勇

世界大帝都兴起的基础
杨家人建起李家的城
29　大唐长安

第三章　贞观之治与唐代政治文明
孟宪实

贞观之治的政治文明实践
贞观之治的历史成就
61　贞观之治的制度基础

第四章　写入日本历史的大唐基因
韩昇

最有名的日本遣唐留学生
唐朝佛教如何传到日本
83　为何中国人在日本有熟悉的"故乡感"

第五章 唐朝与西域的文化融合
葛承雍

- 唐朝为何会成为"世界性"的国家
- 唐玄宗的"跨国婚姻"
- 119 唐朝的胡化现象

第六章 美得张扬的唐代女性
于赓哲

- 长安女子的衣饰风尚
- 唐代女性的婚姻与家庭
- 149 女皇武则天的出现有何社会基础

第七章 佛教与大唐气象
李四龙

- 玄奘如何成为史上最有名的和尚
- 肉身千年不腐的六祖禅师
- 177 卢舍那佛为何以武则天为原型

第八章 书写时代的唐代诗人
西川

- 唐代诗歌与诗人的规模
- 唐人写诗的技术性秘密
- 209 为何说李白像一个"骗子"

第九章 千年前的东方交响乐
苏泓月

- 初唐宫廷音乐的建立
- 唐玄宗时期的音乐体制改革
- 241 安史乱后的音乐人和文人觉醒

第十章 唐代书画的传世魅力
尹吉男

- 皇帝书法与大臣书法
- 唐代人物画为何那么传神
- 273 唐代山水画的艺术影响力

314 **后 记** 俞力莎

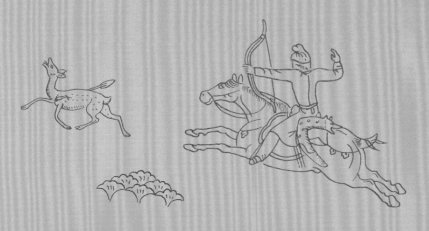

唐章怀太子墓西壁《客使图》（局部）

第一章 世界主义的唐帝国

荣新江

北京大学历史系暨中国古代史研究中心教授,主要研究隋唐史和中外关系史,在国际学界有深远的学术影响力。

唐朝是一个世界主义的国家,具有非常宽广的胸怀,可以接受外来影响,且能够对这些外来影响兼容并蓄,产生出新的文化。它并不只是一味地接受,同时也是一个大熔炉,把这些东西融会贯通。所以唐朝是非常具有国际号召力的。当我们说敦煌有多伟大,你就得相应加多少倍,才能知道长安有多伟大,长安搜集了多少东西,长安有多么大的胸怀去拥抱世界的文化。

1 | 唐朝为何有这么强的生命力

我们一般都说汉唐时代是中国古代的盛世，但是为什么唐朝有这么强的生命力？主要有两个方面原因：第一，唐朝对前此400年的混乱历史进行了制度、文化上的统合；第二，唐朝的"世界主义"，它是一个开放的帝国，所以对各种各样的外来影响兼容并蓄。

唐朝的统合能力

> 律令制度整合
> 宫苑体制沿袭北魏
> 学术、艺术、文化、思想沿用南朝

从第一个方面来说，我们把唐朝称为"律令国家"，因为它把中国自汉魏以来的传统律法、律令做了一番非常完善的总结和提炼，形成了律令制度。唐朝有律、令、格、式，"令"和"式"是一种行政法，即详细地规定了"你该怎么做"；而"律"和"格"是"如果你犯了错，那要如何惩治"。这些都有非常严格的规定。

现在我们还可以看到保存下来的唐朝"令"的残本，还有比较完整的《唐律》。当然一些类似于"格"和"式"等具体的规定已经丢失，但实际上我们从这些保留下来的文本，可以看出唐朝是把自汉代以来的各种制度进行了一番整合和调整，同时也吸收了北魏时期拓跋部族进入中原后带来的一些北族制度的影响。

比如，隋唐伟大的长安城与中国传统礼制下建立的城有些不同，即把宫城放到北面，市场则在南面，这实际上就是受到了北魏的都城——平城的影响。北魏的平城采用宫苑制度，有宫城也有苑，其北苑就是皇帝打猎的地方。长安城也是如此，大明宫、太极宫以北是一

《唐律疏议》与唐朝法典

唐朝法典至今只有《唐律》和《唐六典》传世，余均亡佚。唐代法典包括律、令、格、式四部分。其中"律"居首位，律即刑法典，用于定罪。"令"是国家的制度和政令。"格"是对文武百官的职责范围的规定，用作考核官员的依据。"式"是尚书各部和诸寺、监、十六卫的工作章程。永徽三年（652），唐高宗委派长孙无忌等19人编写《律疏》，第二年完成，当时叫作《永徽律疏》，之后颁行全国。文中疏释部分以"议曰"二字开头，给唐律的条文提供了权威的解释，疏与律具有同等法律效力。《唐律疏议》对古代亚洲各国如日本、朝鲜、越南等的立法都产生了重大影响。

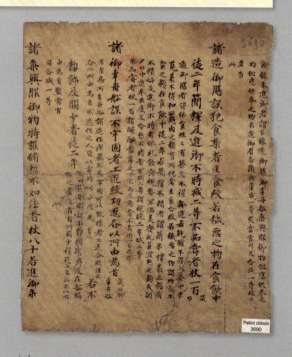

1 《唐律疏议》《中华再造善本》影印元余志安勤有堂刻本
2 敦煌唐写本《律疏·职制律》残卷 法国国家图书馆藏

个禁苑,在长安城的北面没有发现过唐朝的墓葬。因为整个禁苑是圈起来的,没有人敢进去,所以像杜甫他们写诗,都只是想象皇帝在里面做些什么。

宫苑体制,实际上是从北魏沿袭而来的。汉末中原陷入战乱分裂后,很多世家大族纷纷迁往河西、北燕或南方等地。陈寅恪先生专门写了《隋唐制度渊源略论稿》,对各种制度做了清理,研究这些制度到最后如何整合在唐朝的制度文化中。陈寅恪先生在书中特别讲到"都城制度"。经过这些年的研究,如今我们对"都城制度"的理解也有推进,但究其基本,"都城制度"是把西域的一些工匠所带来的域外技术、文化等糅合在唐朝的制度文化中。

其实在思想、文化、宗教、艺术各个方面,唐朝都是对当时东西南北的一个总结,它立于长安——天下之中,对于前此不同区域、不同种族的文化都做了一些整合和取舍。在学术文化方面,比如说儒家经典是最重要的思想文化的组成部分,也是很多礼法方面的思想根源,但是对于儒家经典,唐朝基本用的是南朝的学术。从汉魏到六朝以来一些传统的学说,比如很有名的郑玄注《论语》,后来我们就看不到了,

敦煌唐写本郑玄注《论语》卷第二残页 法国国家图书馆藏

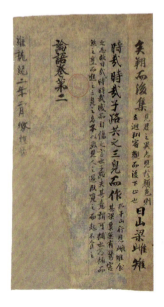

因为唐朝用了何晏的《论语集解》来讲《论语》，郑玄注的《论语》就慢慢丢失了。

所以，为什么我们今天在敦煌、吐鲁番文书中发现了郑玄注《论语》就很高兴，因为清朝的儒生下了很大功夫汇辑郑玄注《论语》，也仅仅只辑了十分之一。可是我们在敦煌、吐鲁番凑起来的郑玄注《论语》有一半多。为什么呢？就是因为敦煌、吐鲁番比较偏远，虽然已经进入唐朝很长一段时间了，学校都用何晏的《集解》本，但是私塾还是用郑注《论语》，所以就留下了很多。

"文化大革命"期间，有一个重要的考古发现：一个 12 岁的小孩子卜天寿的《论语郑氏注》抄本。当时很轰动，郭沫若还为此写了文章。这就表明在南北经书统一之后，北方的经书仍在一些家庭的私塾中传授。

唐《论语郑氏注》卜天寿抄本

1967 年吐鲁番阿斯塔那古墓群 363 号唐墓所出文书中，有景龙四年（710）卜天寿抄郑氏注《论语》。郭沫若在《卜天寿〈论语〉抄本后的诗词杂录》里写道："十二岁的孩子便能以比较正规的书法抄写《论语》，又能基本上平仄合辙地赋诗述怀，而且他是在义学里读书的私学生，并不是豪门子弟，这可充分证明：当时西域的文化程度是十分深入而普及的，和内地没有什么两样。"

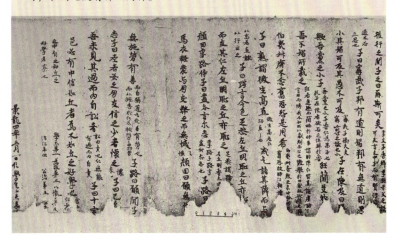

其实，文化、艺术、思想也是如此。比如唐朝之后，小孩识字用的《千字文》是在南朝梁时期定型的；学书法，是学唐太宗非常推崇的王羲之。虽然不能说都是南朝的，但是整个思想文化上更多的是统一采用了南朝的。因为南朝历经东晋、宋、齐、梁、陈，这几个时期文化都相当高，而北朝的拓跋入主之后，虽然也有一些文化的提升，特别是北魏孝文帝从平城迁到洛阳，要汉化争正统，但是北朝整体的文化水平没有南朝这么高。其实这一现象从隋炀帝时就开始了，到了唐朝之后，在文化、艺术、思想方面基本上是沿用南朝。

佛教也是一样，现在大量佛教的注疏部分（即佛经的解说），比如鸠摩罗什译的《法华经》等经书的注疏，唐人用得更多的也都是南朝的，北朝很多经疏后来都丢失了。我们研究敦煌、吐鲁番，认为最有价值的是那些北朝的经疏。因为可以让我们知道，北朝的经师跟南朝的经师有什么不一样的说法。玄奘之所以要西去取经，都有这方面的原因，即中原的一些学说不够了，要到印度去寻找。

其实，魏晋南北朝存在一些诗歌、小说的流行趋向，才使唐朝得以有了这样一个诗歌的社会：不管高水平的李白、杜甫，还是小孩子写的打油诗，我们看到的唐朝是一个整体的诗歌的社会。比如长沙窑烧制的瓷器上，我们看到的那些诗歌，都是普通人创作的，人人都可以说上几句诗。另外，小说在唐朝也非常流行，比如科举的行卷，举子们要写传奇小说给大家看。还有《太平广记》里收录的那些小说，很多都是长安社会上流行的东西。

1 长沙窑青釉褐彩诗文壶 "去岁无田种"

2 唐太宗像　台北故宫博物院藏

唐朝的世界主义

> 唐太宗的国际号召力
> 延伸至中亚的统治疆域
> 丝绸之路上的交通状况
> 中西交融的生活方式

从第二个方面来看,唐朝是一个世界主义的国家,具有非常宽广的胸怀,乐于接受外来影响,且能够对这些外来影响兼容并蓄,产生出新的文化。它并不只是一味地接受,同时也是一个大熔炉,把这些东西融会贯通。所以唐朝是非常具有国际号召力的。

我们平常都说唐太宗是一个伟大的皇帝,当然也有史家吹捧的部分。其实隋炀帝也很伟大,只不过他折腾得太厉害。隋炀帝时期的国家图书馆的藏书,比唐朝最盛时的开元、天宝年间的藏书还多,这是非常了不起的。但隋炀帝的历史是唐太宗时代的史官书写的,因此,我们现在看到隋炀帝都是坏的,唐太宗都是好的。

但是唐太宗确实是一个金光闪闪的人物,非常了不起。他除了是一位伟大的皇帝,还是天可汗。他在贞观四年(630)灭了东突厥,整个北面的游牧民族都归属唐朝管辖,这些人公推他为天可汗。所以对于唐朝来讲,他是皇帝;而对于整个周边民族,他是天可汗。

唐朝630年灭东突厥,658年灭西突厥,此后唐朝的疆域包括了今天塔里木盆地的天山南北(即北疆、南疆)、葱岭以西的吐火罗斯坦(即今阿富汗、巴基斯坦)和北边的索格底亚那,就是粟特地区(今乌兹别克斯坦、塔吉克斯坦)。波斯最东界的疾陵城(今伊朗扎博勒)是唐朝最西的一个羁縻州都督府,即波斯都督府。唐朝用"羁縻州"的形式来管理这些国家,这些国家的王统不断绝,都有国王,但同时又是唐朝羁縻州的官员,每位国王

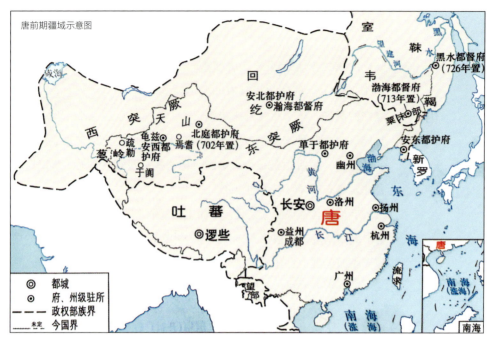

图片来源：人教版高中历史教科书《中外历史纲要》（上）

都是唐朝的一个都督，或是一个州的刺史。大的是都督，小的是刺史，足足一百多个。如此一来，从波斯以东都是归属唐朝的羁縻州。

唐太宗作为一个天可汗，可以直接下诏。如果这些国家的国王去世之后，要扶立新的国王时，必须由唐朝下册书，才是一位合法的国王。这就是所谓的"册封体制"。我们在研究制度史，总结唐朝的对外关系时，发现有这样一种"册封体制"。

通过天可汗、羁縻州等方式，唐朝的统治疆域一直延伸到中亚地区。我们读《资治通鉴》，其中有一段就是说从开远门（唐代改名安远门，是隋唐长安丝绸之路的起点），即唐朝长安的西门，一直往西，沿途都非常富庶，其中最富庶的地区是陇右（今甘肃东部）。现在我们几乎不能想象，但中古时代全国的政治、经济、文化中心是在关中，比如今天丝绸都是南方的最好，但那时的上等丝绸产地是长安、关中、河南、河北、山东等地区。"安史之乱"后，中国的经济、文化中心才往南迁。所以《资治通鉴》里说的一点都不假,实际上当时的人是可以不带兵器,出关中地区的长安后往西走,直至中亚,因为那都属于唐朝的控制范围。

唐朝又是一个律令制国家,它对这些地方有一套管理体制。比如打完西突厥,就会"开通道路,列置馆驿"。什么叫馆驿?唐制,每三十里立一个驿站。"非通途大道则曰馆",如果不是很好走的地方,就立为馆。同时,驿和馆的设置与长城的烽燧线相符合,所以有烽有驿。

在吐鲁番文书中,我们看到的"封大夫",实际上就是封常清(690—756,唐朝名将);还有"岑判官",也就是著名的诗人岑参。他们这样

《长行坊支贮马料文卷》中的"封大夫""岑判官"

吐鲁番阿斯塔那506号墓出土的《唐天宝十三至十四载交河郡长行坊支贮马料文卷》是从墓葬中的纸棺、纸靴上拆下来的。纸棺纸靴由一些废弃的官府文书糊成,随死者入葬。《文卷》记录了玄宗天宝十三至十四载每日往来于驿馆、长行坊之间的马匹及草料的消耗情况,以及奔波于大漠绿洲间的朝廷和地方官员的往来行踪。官府交通机构有一套完备的管理制度,实行起来有条不紊。我们从中看到,唐朝驻守西垂的大将封常清随员众多,每次出行要动用几十匹马。

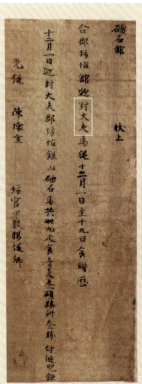

《长行坊支贮马料文卷》中的"封大夫"(封常清)

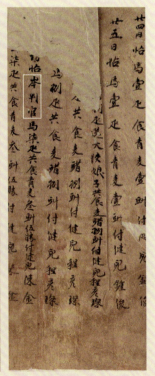

《长行坊支贮马料文卷》中的"岑判官"(岑参)

的唐朝官员在经过每个驿的时候，官府都是供给马匹使用的，所以唐朝的行政效率非常高。为什么？唐制规定了一匹马一天走多少里，公务人员每到一个驿是要换马的，这样每天都能走，而不是一匹马一直从长安走到安西（龟兹，今库车）。平常在驿中要养一些马匹，来了一个官员（或使者）就换另一匹养得肥壮的马，再驮着这些官府的使者、官人，还有运输的东西。"应驮白练到安西"，路上是一站站运送的，可见这套体制非常发达，而且连每一个过往的商胡也都有登记，所以不怕人丢掉。

那些商胡也不像行走在比较危险的地区。我们通常说"五百商胡遇盗图"（即"胡商遇盗图"），需要几百人结伴过强人出没之地，但是在唐朝的和平环境下，一两个商人就敢远行。我们在吐鲁番文书里经常看到一两个商人带着商队就敢走，因为他们是在唐朝统治的平稳安定的环境下行商，而非动乱的环境。有的学者不太清楚，说这么少的

1　胡商遇盗图　莫高窟第45窟
2　胡人牵猎豹图　唐懿德太子墓壁画
3　骑马带猎豹狩猎男胡俑　西安唐金乡县主墓出土
4　骑马狩猎女俑　西安唐金乡县主墓出土

商人怎么能够证明丝绸之路的繁盛？实际上他不知道背后的这套制度。

商人们到了塔什库尔干，通过山口或者其他一些比较危险的地方时，还是集中到一起走，然后再分散开来；或者在不受唐朝控制的地区，他们要结成一个比较大的团队一起走。通过这样一种中西交通的方式，唐朝把中亚、西亚、南亚、北亚的各种各样的文化吸收融入到自己的文化母体中。

如果我们以长安为例，可以看到各种各样的学术界称之为"胡化"的现象。"胡化"其实是包括了物质文化各方面的，从生活器皿到生活方式。比如唐朝人建一个凉亭，采用西亚的一些方法，把水引到屋顶上去，再让水从亭檐上面洒落下来。夏季的长安是一个很闷热的地方，聪明的长安人就把西方的一些生活方式搬了进来。

又比如，中唐文人白居易喜欢住在帐篷里，他在自家院子里搭了一个帐篷，这是受北亚游牧民族的影响。虽然"安史之乱"后，他在口头上极力反对胡化，但实际上自己有些生活方式已经胡化而无法改变了，包括各种食物，如胡饼、饮料等。

还有他们打猎时喜欢带的一些动物，也多是从西域、中亚甚至更远的地方引进。观赏用的哈巴狗就是这时候进入中国的。唐朝的皇帝还养奇塔豹，就是文豹，是一种生活在北非和阿拉伯半岛的猫科动物，它们被粟特人带过来，几乎是陆地上跑得最快的动物，但是没有耐力，只能跑很短的一段路程。所以唐朝的人把它训练好，驮在马背上。在永泰公主墓、懿德太子墓、章怀太子墓中都可以看到相关的文物。还有后来从金乡县主墓中出土的三彩俑,一个唐朝装束的女孩子,背后带着一只猎豹去打猎。主人训练它在猎物有动静时慢慢匍匐下来,等猎物一出现就把豹子放出去,它非常快地追上去,把猎物扑倒。就像现代人在阿尔卑斯山上滑雪一样,唐朝贵族玩得最刺激的就是这些东西。

当然在服饰方面,我们也可以看到唐朝人穿戴衣着受胡人的影响,比如半臂。女扮男装就是穿胡服,女孩子穿的所谓"男装"实际上就是紧身窄袖的胡装。此外还有很多技术、产品,都被胡人或汉商慢慢地带到中原来。

这些东西到了长安、洛阳、成都等唐朝的大都会,实际上就进入了一个改造的大熔炉。其中可能有一些工匠,把中原和西域织物上的一些纹样糅合在一起,形成自己的一些图案纹样,如陵阳公样就是当时丝织品中的重要纹样。还有何稠造的"稠锦",是比进贡(丝绸)还漂亮的丝绸、织锦。

唐朝接受了西方的影响,重新制造出来一些物品,比如仿制棱角分明的金银器的器型,唐朝做成瓷器或铜器。因为西方主要是金银器,比如我们从何家村出土的唐代窖藏,都是金银器,但那就是一般贵族人家的,因为它不是在王府、宫殿遗址中出土。刚开始我们都觉得这个不得了,认为它一定是皇家的。其实在唐朝长安城中,一般的贵族人家完全可以拥有这样的金银器。当然也有很多是皇帝赏赐,是从宫廷里来的。

如果我们看唐朝的史料,会发现皇帝赏赐金银,史不绝书。所以日本学者加藤繁要写唐代金银之研

1 胡帽男装女俑　咸阳杨谏臣墓出土
2 黄地团窠太阳纹织锦　青海海西州都兰县热水墓群出土
3 红地连珠纹对鹿对禽锦　敦煌藏经洞出土
4 鎏金舞马衔杯纹仿皮囊银壶　西安何家村窖藏出土
5 鎏金猞猁纹银盘　赤峰敖汉旗李家营子唐墓出土
6 带把金杯　西安何家村窖藏出土

究，他说：长安城中的金银史料太多，我不要讲了，我要辑出在长安之外的金银史料。这也表明唐朝的金银器非常之多。

唐太宗发动"玄武门之变"前，给那些守门的人一人发一枚金挺（金刀子）。因此守卫到时候就会跟随他拼命作战。再比如说，唐玄宗干掉韦皇后，给作战的人一人赐一床金银器。以"床"为单位，那得有多少！所以唐朝长安的贵族百姓人家，都拥有很多金银器，也就是所谓的"钟鸣鼎食"之家。因为中国传统上都是陶器、漆器做锅碗瓢盆，但唐朝长安多见用金银器的，这实际上是受到了西方的影响。这些金银器皿也的确影响了中国，我们还见到，后来有其他物品，用中国传统质料制作成金银器式样，这从法门寺、何家村的窖藏中也都可以看出来。

更明显的例证来自日本的正仓院。正仓院藏品是日本的遣唐使有目的地来求取的一些东西，他们把唐朝的文化有计划地往回搬，经过很多年，这些物品都还保存得非常好，这是极为难得的。因为正仓院有账单保留下来，即正仓院的献物账，献物账中的记载跟实物都能一一对应，所以我们可以知道唐朝时那些物品的名字，也就能知道古籍中所说的某样物品具体是什么样子的。总而言之，我们可以通过正仓院来反观盛唐时期的文化，而这个文化其实是唐朝融会贯通各种文化以后生发出来的，看着是异域的东西，但也有唐朝的味道。当然除了正仓院，在中国各地分散出土的反映文化交融的东西也不少，包括敦煌藏经洞以及吐鲁番墓葬中的文物、壁画等。

2 | 唐长安城聚集了多少物质和精神财富

长安之大

唐朝长安是一个非常大的都市。长安之大，其实我们很难想象。

> 一百个敦煌城的面积
> 最聪明的脑袋都在长安
> 包容万物的国际化都会

唐长安是从隋文帝时期开始营建的，后来唐朝接受了这个都城。隋文帝时期长安城是凭空建的。自汉至北周的长安城用了几百年之后，水质变差，所以隋文帝要迁都。当时，宇文恺（555—612，隋代城市规划和建筑工程的专家）等人凭空在龙首原这块平地上建起一个大都城，不仅把皇帝的居住和办公区域建在里面，而且还有百官办公的地方。

相比较而言，汉代的长安城和明清的北京城，基本上都是官衙、寺庙、王府。比如我们逛一逛北京城，里面很多都是王府，是满人住的，老百姓都住在城外的菜市口附近。但隋文帝不一样，他把所有的老百姓都装在城里，这叫外郭城，一共有 108 个坊。这 108 个坊有多大呢？原来的敦煌城，是一个州城的规模，而这一个州城就相当于唐朝长安的一个坊。所以后来长安最南边四个坊基本上没有用，只用来种些药材、蔬菜，供应官府。

唐朝的长安城，既有物质文化方面的规模，同时也有精神文化方面的特点。儒家最高级的教师都在国子监、太常寺（唐朝负责礼仪的机构）等官府中任职，同时佛教、道教最聪明的大法师也都在这里，比如玄奘。玄奘是学唯识、学逻辑学的，就像黑格尔一样，他们的脑子里都是有好几"际"的。长安也有摩尼教的大法师，他们宣讲"二宗三际论"（二宗指光明与黑暗，即善与恶；三际指初际、中际和后际，

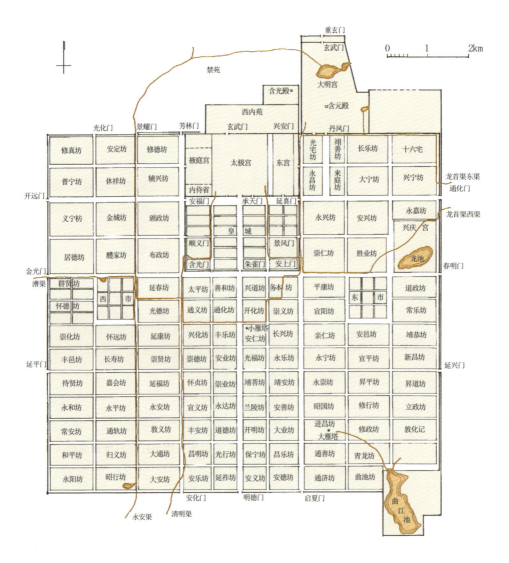

即过去、现在和将来),光明和黑暗在三个时段里怎么打、怎么斗,从头到尾都是一个非常完善的、无懈可击的宗教理论。这些大法师都在长安。也就是说,当时世界上最聪明的脑袋都在长安。

西亚的波斯萨珊帝国被阿拉伯大食人东进灭掉之后,波斯王子卑路斯带着儿子泥涅师跑到长安,唐朝把他们养起来。其实不止他们,他们还带来了波斯最大的贵族。所以唐朝长安人说"穷波斯",但这是

唐朝疆域中的波斯都督府

卑路斯是波斯帝国萨珊王朝的最后一位君主伊嗣俟三世的儿子。公元651年，伊嗣俟三世遇刺身亡，萨珊王朝灭亡。卑路斯向唐朝请求提供军事协助。唐朝于是成立波斯都督府，一说设于今阿富汗的扎兰季市（Zaranj），并任命卑路斯为都督。670—674年，卑路斯来到唐朝首都长安，并被封为右武卫将军。后曾奏请于长安置波斯寺，最终在长安去世。

图片来源：谭其骧《中国历史地图集》

1 唐长安城平面图　图片来源：李孝聪《中国城市的历史空间》
2 萨珊金币仿制品　宁夏固原史铁棒墓出土
3 东罗马金币　宁夏固原史道洛墓出土
4 日本最早的银币"和同开珎"　西安何家村窖藏出土

反语。波斯人很有钱，看不起粟特商人，认为他们是下等人。然而中亚的这些粟特商人也都很精明。

此外，印度的高僧也来长安。各个国家的贵族，甚至每一个王室都要派一个儿子（质子）到长安居住。他们都是文化水平和受教育程度最高的人。其实来自新罗和日本的留学生、留学僧，他们都是国家选拔出的最好的、文化水平最高的人，不然如何能跟得上唐朝的文化水平？他们得知道来长安要学什么，取什么。我们也可以看到日本取回去的东西确实是很了不起的，比如王羲之的书法，因为他们来的人也是高手。而且有的人就不走了，变成了唐人。

所以长安是一个盛大的国际化都会，是一个物质文化、精神文化的荟萃之地。相当于今天的伦敦、巴黎、纽约这些城市，既是时装之都，也是金银之都。长安可以包容万物。

第一章 世界主义的唐帝国

宁夏固原史氏粟特家族墓

隋唐间，固原成为首都长安通往西域的重要门户，在"丝绸之路"上的地位日趋重要。西亚、中亚的各种奢侈品源源不断地运进来，众多的遗物也就留在了固原。20世纪以来，固原南郊陆续发掘了粟特史氏墓葬群，墓主人是昭武九姓中史姓人的后裔，包括在唐代中央担任译语官的史诃耽。这些墓葬中存在着汉文化、粟特文化、鲜卑文化等多种文化因素的交融，使我们对于唐朝的"世界主义"，以及这一时期流寓中国的粟特人有了更进一步的认识。

石门刻纹线图

史诃耽墓石门两扇，形制相同。各立一人，头戴双扇小冠，上插楔形簪。蚕眉，柳叶眼，直鼻，胡须弯翘，厚耳，颔下蓄长须。双手交于胸前，身穿宽袖交领长袍，腰束带，足着云头靴。

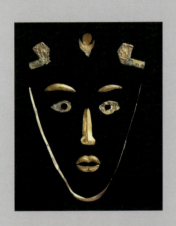

金覆面（1组11件）

覆面，先秦时亦称幎目，用来包裹死者的头脸部位。史道德墓出土了一套完整的金覆面，眉、目、鼻、嘴、颊、颔等部位俱全，均用金片打押而成，其上多有穿孔，用以与丝织物缀合。值得注意的是，史道德墓金覆面表现出某些中亚、西亚风格：饰有两周联珠纹样的动物纹圆形饰物明显具有中亚色彩，而覆面中间的额头饰，为半月形托一圆球，当与西亚、中亚人崇拜日月的习俗有关。

史诃耽墓室平面及器物分布图

1. 羊头
2. 马头
3. 喇叭形玻璃花
4. 5. 石门
6. 石块
7. 8. 墓志
9. 鎏金小铜环
10. 16. 鎏金铜盖
11. 12. 鎏金花饰品
13. 小玻璃碗
14. 17. 20. 22. 铜镜
15. 18. 19. 21. 鎏金铜豆
23. 鎏金带扣
24. 铁刀
25. 铁钉
26. 金铊尾

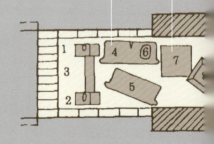

0　　　　1米

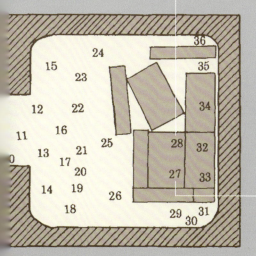

史诃耽墓志

唐朝是一个世界主义的国家,在对外交往上,中央王朝不仅推行积极开放的政策,还从中央到地方设立了翻书译语直官(译语官),而粟特后裔史诃耽为唐朝中央译语官的代表人物。其墓志记载了史诃耽自贞观初至总章二年的四十多年间担任中书省译语官的详情。

鎏金水晶坠饰

史索岩墓出土的鎏金水晶坠,通体呈不规则心形,上嵌水晶微微泛蓝。水晶之下为一鎏金底托,底托完全依水晶形状而制。

蓝色圆形宝石印章

史诃耽墓出土的宝石印章,一面光洁,边缘凸起;另一面刻有纹饰,为一卧狮。其面部清晰,鬃毛直竖。身后立一三权矮树。上有一周铭文,属中古波斯帕勒维(Pahlavi)铭文系统。

萨珊金币仿制品

史铁棒墓出土的金币,王像呈头侧身正的形象,王冠带城齿,均体现出萨珊金币的特点。萨珊金币在世界发现得很少,而史铁棒墓为中国境内首次发现这种金币。

27. 金币
28. 蓝色圆形宝石印章
29. 铁条
30. 铁剪刀
31. 铆钉铁条
32. 铁条
33、34. 开元通宝钱
35. 方形骨片
36. 陶三角

北

唐朝的文化开放

> 千福寺：盛唐的艺术博物馆
> 拥抱世界文化
> 丝绸之路的记载体系
> 完善又灵活的制度管理

我过去经常举两个例子来代表唐朝的文化开放。

第一个例子是唐玄宗时期的千福寺（位于长安宫城西第二坊第一列）。我觉得这是唐玄宗有意经营的，《历代名画记》里有关于千福寺保存的碑刻和榜题，例如有的榜题是武则天所写，有的是高力士所写，还有的是唐玄宗自己写的，特别是其中有各种各样的书法家、画家的作品。

我做过相关统计，其中有杨惠之、张爱儿的雕塑，吴道子、杨庭光、卢稜伽师徒的释道人物画，宫廷画家韩幹的佛道人物和经变画，王维的水墨山水和颜真卿的楷书、怀素的草书、李阳冰的篆书、韩择木的八分书，这好像都是唐玄宗故意安排的。因为在这么一个寺庙里，应有尽有，连石井栏都是当时最有名的刻工刻的。这里相当于一个盛唐的博物馆。

遗憾的是长安后来被完全毁掉，明清时的长安城只比唐朝的宫城皇城大一点，而唐朝的108坊在明清时期都变为庄稼地了。大雁塔是唐朝时的晋昌坊，还是比较靠中间的地方。1983年我到大雁塔时，大雁塔旁边都是庄稼，现在已经满是楼房的居住小区。

启夏苑，现在是陕西师范大学所在区域。为什么叫启夏苑？因为唐长安城南边的一个城门叫启夏门，它外面有一座天坛，如今被大门锁着，是安家瑶老师将它挖掘了出来。这里原来就是唐朝的天坛，皇帝经过朱雀大街去祭祀。在唐朝时，晋昌坊一带非常热闹，是白居易等文人官僚愿意待的地方，因为离他们"上班"的大明宫、兴庆宫也不远，再往南不远处还有乐游原和曲江池。这是文人官僚最喜欢游玩的地方。

第二个例子可以说明唐朝的文化之伟大、胸怀之开阔。我是研究敦煌出身，莫高窟的藏经洞我们已经研究了一百多年，但还没有研究

颜真卿《多宝塔碑》全称为《大唐西京千福寺多宝佛塔感应碑》，唐朝时立碑于长安安定坊千福寺，宋代时移到西安碑林，清朝康熙年间碑体折断，现藏于西安碑林博物馆

完。如果把藏经洞中的碎片除外，按照唐朝图书的样子一轴一轴地卷起来，所藏各类文献、文书大概也有五万卷（轴）。这其中主要是佛经，因为它是寺庙图书馆。在中古时期，寺庙的图书馆就是一个文化中心。这里不仅收佛书，也收道教书籍，同时又有教育功能。因为寺庙的空间大，很多小孩子是在寺庙里读书。毕竟哪个人家也找不到那么大的能教很多人读书的地方。其实在新中国成立后，北京遇到校舍不够用的时候，很多中学就是由寺庙改造而来的，也是一样的道理。

寺庙在承担教育任务的同时，也要保存图书，不仅有儒家经典，三教九流的书籍无所不包。我们可以看出来，敦煌相当于一个地方图书馆，而长安的"图书馆"应该比它要好得多。敦煌莫高窟的藏书已编好目录并发表。根据目录，我们可以看出唐朝佛藏是按照《开元释教录》整理的，这是唐朝的大和尚智昇根据西明寺的皇家图书馆所编的佛教藏书目录，包括经律论和传记，完整的一共有五千多卷。

敦煌有敦煌的价值，它有一些在长安被禁的书，疑伪经、三阶教经典，但在敦煌的和尚分不清楚，他们还继续信，因此留下了宝贵的藏外佛教典籍。此外，敦煌还有一些其他民族语言的文字，比如藏文、梵文、于阗文、粟特文等等。

斯坦因拍摄的敦煌藏经洞出土经卷

我们在史料中可以看到，开元时期有位史官叫韦述，他曾经在开元十年写过一本书叫《两京新记》，就是讲长安和洛阳的。因为都是他的亲身经历，所以写得非常贴切。韦述作为一名史官，又是个地理学家，也参加了很多唐朝的制度书籍比如《唐六典》的编纂。我们在《旧唐书·韦述传》中可以看到，他家"聚书二万卷"，一个人自己家里就有两万卷（藏书），而且都经过自己的校勘，甚至有些珍贵书籍连御府（即皇家图书馆）都未及见。而且他还"兼古今朝臣图，历代知名人画，魏晋已来草隶真迹数百卷，古碑、古器、药方、格式、钱谱、玺谱之类，当代名公尺题，无不毕备"，什么都有。

所以当我们说敦煌有多伟大，你就得相应加多少倍，才能知道长安有多伟大，长安搜集了多少东西，长安有多么大的胸怀去拥抱世界的文化。

有一些不研究丝绸之路的人，老说丝绸之路没那么重要，是因为他们不知道长安有这么多东西。如果没有丝绸之路这些东西是怎么搬运过来的？所以他们总是说丝绸之路不重要，因为没有什么相关记载，就是说没有一本书把丝绸之路从头到尾记载下来。而他们不知道丝绸之路的记载体系。

我们在敦煌发现了《沙州图经》，这是由沙州（今敦煌）的官府编修的地理文书，把从东边瓜州到沙州的每一条驿道都写得清清楚楚，从哪个驿到哪个驿多少里，从这个驿到下一个驿多少里，从瓜州的州城到沙州的州城所有的道路，南边的道路、北面的道路，每一条驿道多少里，都做了记载。因为要做行政管理工作，需要了解这个，比如说一个高官从瓜州出发了，沙州这边要计算走几天到这儿，才能准备接待他，因此就必须得有这些公文材料在手里，而这就是最详细的丝绸之路的记录。

沙州既然有记录，那所有的州都会有，这是官府文书，唐朝法令规定三年要编一遍。唐朝有吏、户、礼、兵、刑、工六部，下属有24个司，其中工部有个职方司专管这个方面。每三年要向国家呈报，中央官府要掌握这些材料，地方官府也要掌握这些材料，这是它行政运

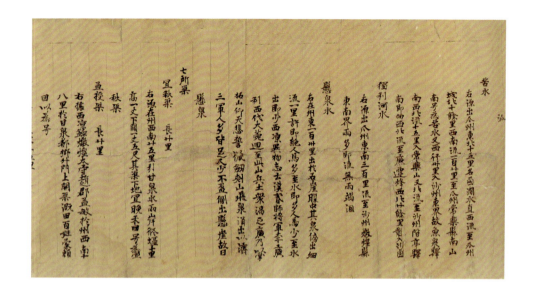

作的需要。这样,我们就可以从长安接起来,一直到玉门关,连起一条丝绸之路。

唐朝在贞观十四年灭了高昌(今新疆吐鲁番东南高昌故城),置高昌县,疆域一直到西州(唐代西昌州的新名,治所在高昌);西州之外,那就是西域国家了。但是对于这些西域国家,你看《旧唐书》以及《新唐书》仍记录了从这个国到下一个国的里程,而且同时它还记录从这个国到长安城是多少里程,这是为了进贡,因为进贡要算走多远。

唐朝的朝贡也是有制度的,比如说在元旦这一天,所有的贡品必须都要陈列在大明宫前的广场上。所以必须要计算好时间。从高昌走,需要哪天出发?从长安旁边的同州(今陕西省渭南市大荔县)走,可能前一天出发就够了;如果你要在西州,那三个月前就得押运着货物出发;而那些附属于唐朝的西域国家,他们要朝贡可能半年前就开始走了。另外还有一个"至都护里程",就是至安西都护府有多少里。如果他们国家出了乱子,安西都护府发兵后几天能到。把这些国与国之间的里程连接起来,不就是丝绸之路的记录吗?

丝绸之路,汉代就有了,从汉代的长安就可以连接到罗马。怎么能说没有丝绸之路呢?所以我们可以反观,唐朝在一套非常完善的制度规范下,实际又是非常开放的,一方面有这些制度管理,另一方面又有很大的灵活性。

唐朝文化的大气

> 禁卫军中的外国人
> 安史之乱后的胡人
> 唐朝的高远

很多人很推崇宋代的文化。当然宋代的文化从个人或某一个点上看是非常高的,而唐朝的文化是一个比较大气的文化。你可以看到唐太宗这些皇帝的禁卫军中,各国家、各民族的人都有。这些外国人来了都要充质子进入羽林军,作为唐太宗的卫队。唐太宗觉得这很"漂亮",对他们非常信任。

所以在唐朝"安史之乱"以前,唐朝的外国人会在自己的墓志中直书"我是西域哪国人"。安禄山就是一个所谓"杂种胡",他的母亲是突厥人,父亲是粟特人,但他是在一个粟特聚落长大的,浑身都是粟特人的文化特征:会管理市场,会唱歌跳舞,会当翻译。

1
‾
2 3

1 敦煌残写本《沙州都督府图经》法国国家图书馆藏
2 唐三彩胡人武官俑 西安南郊郭杜出土
3 胡人文吏俑侧面(局部) 西安出土

《米继芬墓志》

　　1955年在西安西郊三桥出土的《米继芬墓志》中有"公讳继芬，字继芬，其先西域米国人也"的叙述。米国是昭武九姓中的一个小国，其首府钵息德城很有可能是现在塔吉克斯坦境内的片治肯特。米国从隋代起就与中国来往频繁。阿拉伯人于642年彻底打败波斯萨珊王朝后，直入中亚粟特地区。粟特诸国长期受周边强大外族势力所控制，先沦为西突厥附属国，显庆三年(658)后又改宗唐朝，成为唐的羁縻州府，其中米国被冠以专名"南谧州"。

"安史之乱"之后,唐朝人比较恨这些胡人,所以姓安的要改姓。原来武威的安家(即协助唐朝消灭凉州李轨势力的安兴贵、安修仁一家)曾帮着唐朝廷打败安禄山,胜利之后就申请皇帝赐给李姓,然后就变成京兆的籍贯。籍贯改了,姓也改了,所以我们后来就找不到粟特人了。如果还是姓安,我们就很容易判断,但是姓李之后就变得不再容易分辨了。

到了中唐时期,一些以韩愈为代表的文人,极力强调要原道、要复古,发动古文运动,批判所有的外来文化,批判佛教。其实韩愈跟僧人的个人关系很好,但是他一定要表示出想要回归到春秋战国以前的中国文化的立场。唐宪宗要请法门寺的佛骨入宫,韩愈就要谏迎佛骨,后来被发配到潮州去了。我们今天看得很清楚,他就是一个中唐以后的士大夫。其实包括元稹、白居易,都是把唐玄宗时期安禄山的叛乱与胡化联系起来,说早期的胡化都是不对的。

中唐的这些思想一直延续到了宋,中国开始走向"内我"。我们可以在绘画中看到,尺幅之间就是千里江山。唐朝不这么画,唐朝都是高远的。

可能是一个人研究某一个朝代,都会喜欢上那个朝代。我研究唐朝,我也喜欢唐朝。

推荐阅读

◎ 陈寅恪:《隋唐制度渊源略论稿·唐代政治史述论稿》,生活·读书·新知三联书店,2015 年

◎ 向达:《唐代长安与西域文明》,商务印书馆,2015 年

◎ 薛爱华:《撒马尔罕的金桃:唐代舶来品研究》,社会科学文献出版社,2016 年

◎ 陆威仪:《世界性的帝国:唐朝》,中信出版社,2016 年

◎ 荣新江:《隋唐长安:性别、记忆及其他》,复旦大学出版社,2010 年

唐 懿德太子墓西壁《阙楼图》（局部）

第二章 长安城不是一天建成的

辛德勇

北京大学历史系教授,主要研究领域为中国历史地理学、历史文献学,兼事地理学史与中国古代政治史研究。

城市是一种人为的地理设置,其形成和发展,与周边的地理环境之间存在着密不可分的关联。不管隋朝修建这座城,还是唐朝利用、改造这座城,都离不开它所依托的地理环境。所以,要想更好地了解唐长安城的兴起与发展的整个历程,我们需要一种『历史地理』的基础。

我们大家都知道，中国古代，从那位秦始皇开始，到孙中山推翻清朝、建立中华民国时为止，都是由皇帝来统治的，唐朝当然也是这样。从"皇帝"治国这一意义上讲，我们也可以把唐朝称作一个"帝国"，而且强盛的唐朝还是一个具有广泛世界性影响的大帝国，它的都城长安城，可以说是一座世界大帝都。

大唐都城长安，是在它前面的那个朝代——也就是隋朝兴建的，唐朝只是在利用隋朝旧都的基础上，对这座城市做了一些改建。所以，现在我在这里和大家谈这座城市，特别是和大家讲清它的平面布局形态，一定要从最初的规划和建置说起，这样才能讲述它的基本状况。

城市是一种人为的地理设置，其形成和发展，与周边的地理环境之间存在着密不可分的关联。不管隋朝修建这座城，还是唐朝利用、改造这座城，都离不开它所依托的地理环境。所以，要想更好地了解唐长安城的兴起与发展的整个历程，下面，我们还需要再后退一步，从更大的背景上展开这一话题，从隋朝兴建这座城市时所沿承的历史因缘谈起。——这是一种历史背景与地理环境密合无间的基础，或者用更专业的术语讲，就是一种"历史地理"的基础。

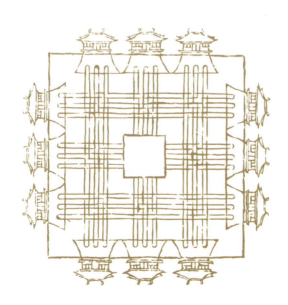

《考工记》记载了周朝的都城制度："匠人营国，方九里，旁三门，国中九经九纬，经涂九轨，左祖右社，面朝后市。"

1 世界大帝都兴起的基础

唐长安城所在的地方，现在还是一座规模很大的城市，这就是陕西省的省会西安。了解这一点，大家就能很容易地理解这里的地理环境和历史背景。

西安地处关中平原中部，唐朝不是第一个相中这里，在这里建立都城的王朝，或者更准确地说，实际上它是最后一个。在唐朝之前，曾有西周、秦、西汉、新莽和隋这五个统一王朝以及前赵、前秦、后秦、西魏、北周等十几个政权在这里建都，加上唐朝，前后历时一千多年，在我国各大古都之中时间最为长久，所以古人有"秦中自古帝王州"的说法，所谓"秦中"，也就是"关中"的另一种表述形式。

那么，古人为什么都要选择在这里来建造都城呢？这自然是与西安地区得天独厚的地理条件有关。影响都城选址的地理条件有许多，往往因时而异，但有利的军事地势和优越的经济依托，却是每个政权的统治者都不能稍为疏忽的。

西汉初年，正当汉高祖刘邦为选择建都地点而举棋不定的时候，张良就是从军事和经济两个方面，向刘邦陈述了关中地区在全国的优越地位，促使刘邦最终做出了立国于关中的决策。关中的军事和经济地理特点，用张良的话来概括，就是"金城千里，天府之国"。事实上，张良的这句话，也可以说是历代统治者定都关中的基本指导思想。

关中地区的军事地理条件

> 关中地区的位置
> 阻三面而守
> 独以一面东制诸侯

"金城千里"指关中平原四周为山原、河川所环抱，犹如一座规模庞大的天然城堡。关中的名称为人们所称道，大概是从战国晚期开始的，它的得名和函谷关有关。函谷关最初设在现在的河南灵宝市境内，汉武帝时关址向东迁移，改置在现在的河南新安县境。大致到了东汉末年，设关的地方又移到了现在的陕西潼关县，同时关名也改成了潼关。

"关中"本来只是表示函谷关以内（即关西）的地方，后来演变为专指渭河谷地上的关中平原。关中南有秦岭，西有陇山，北面是黄土高原，再向北方和西北方，还有黄河天堑可为屏蔽，东面也有黄河为阻，四面都有天然地形屏障，易守难攻。从战国时起就有"四塞之国"的说法，这和张良所说的"金城千里"，意思是完全相同的。

但是，仅仅有"四塞之国"，并不能满足建立国都的军事地理要求。对于一个政权的统治者来说，特别是对于一个统一王朝的国君，国都的所在还要便于控御天下。古人云"古之帝者必居上游"，就是指国都要能够起到高屋建瓴的作用。

唐代中期以前，我国的经济和文化重心一直是在黄河中下游地区，建立都城时在军事上还必须要考虑，怎样更牢固地控制这些地区。在这一方面，关中恰恰是最为理想的地方。张良在劝说刘邦定都关中时，就明确指出了这一点。他说关中"阻三面而守，独以一面东制诸侯"。这里所说的"阻三面而守"，是指关中南、西、北三面都有高山崇原，可以赖之阻遏称兵侵犯的武力；"独以一面东制诸侯"，是指关中的东面经过崤函山地，形成了一条东西孔道，把关中和中原以及江南广大地区紧密联系在一起，进足以控制天下，退则可以据关防守，确保都城安全。西汉初，另一位力主定都关中的谋臣娄敬曾形象地分析这种形势说，就像两个人在一起相互搏斗，假如不扼住对方的颈项并打击他的后背，就不能把对手完全制服；如果在关中建都，那也就等于是扼住了天下的颈项，打击了天下的脊背，即使函谷关以东发生动乱，也足以据守关中秦国故地。

关中地区的经济条件

> "天府之国"
> 关中与其他经济区

人们现在都熟知四川盆地习称"天府之国"，是说这里物产丰饶，有如天之库府。其实最早称为"天府"的，却是关中地区。战国时期，苏秦向秦惠王陈说"连横"之计，就极力称颂关中"田肥美，民殷富，战车万乘，奋击百万，沃野千里，蓄积多饶"，并且说"此所谓天府，天下之雄国也"。张良所说的"天府之国"，实际上也是在重申苏秦说过的这句话。可这绝非苏秦随口而出的游谈之词，而是当时普遍和一贯的看法。富饶的关中经济，是历届政权在这里立都的重要基础。

前面已经提到，娄敬曾对刘邦说过建都关中以后，即使函谷关以东发生动乱，也可以退保关中。这虽然是一种对军事形势的估计，可以用"天府之国"来形容的经济基础，却正是娄敬讲这句话信心的来源。

关中是足以拥地自守的，但对于一个统一的王朝或是企图兼并天下的政权来说，仅仅这些是很不够的，还必须把国都和其他重要经济区联系起来。对此，张良分析说，如果函谷关以东地区发生动乱，可以从关中沿着渭河和黄河顺流而下，运输粮食物

1
2
3

1 2 3 京师仓亦称"华仓""西汉粮仓"，是西汉时期建造的一座大型储粮仓库，位于黄河与渭河交汇处附近，主要储存从关东运往长安的粮食。陕西华阴一带出土有"与华无极""华仓""与华相宜"等文字图样的瓦当

第二章 长安城不是一天建成的　33

资，保证征讨作战供应；天下安定时，则可以反过来通过黄河和渭河，把关东广大地区的粮食物资运到京师，以维持都城的繁荣和保持强盛的国力。关东地区的粮食，对于汉唐都城长安曾起过巨大作用。在一般年份，每年西运入关的粮食往往都要在百万石上下。

除此之外，关中的南面和北面也都具有十分有利的地理条件。

关于这一点，张良也对刘邦有所论述。他说关中"南有巴蜀之饶，北有胡苑之利"。巴蜀是指今四川盆地，自古也以经济发达见称于世。尽管在天下太平的时候，在关中的京城并不过多依赖四川盆地的供应，但一旦关东有乱，特别是战乱深及关中时，四川盆地的供给却往往变得十分重要。譬如汉初刘邦由汉中初入关中时，就是依赖萧何从四川转运军粮才得以在关中立足。因此，巴蜀之地可以说是关中的一个可靠后院。所谓"胡苑之利"，是指关中北部与匈奴等游牧部族相近，一来便于直接从他们手中获得马匹，二来可以在草原地区畜养马匹。在古代，马是军队最重要的装备，马匹的多寡和肥瘠，往往决定作战能力的强弱，所以关中北近胡苑，有利于在国都周围保持一支战斗力强盛的军队，以拱卫京师不受侵犯。

关中自身和在全国所具有的这种优越的军事和经济地位，它才受到许多统治者的青睐，连绵不断地在这里，建立起一座又一座都城。

西安城的交通位置

> 陆路交通主干道
> 水路交通运输线
> 随机性道路与控制性道路

前面谈到，西安作为古都的历史，最早可以追溯到西周的丰、镐两京。从西周的丰、镐，到秦咸阳城、汉长安城以及我们想要重点讲述的隋唐时期的长安城，城市的位置虽有过几次移徙，但是移动的范围不大，各个时代城址所赖以建立的地理基础基本上没有什么太大变化，都在现在西安城及其附近的位置上。

关中当时在全国具有无与伦比的军事和经济条件，适于建都。然而自从西周在此建都之后，后代都沿承它的遗规，未再有大的移动，这其中还有更加具体的地理原因。古代由关中的核心（现在的西安市）通往全国各地，有下面这样一些重要干道。

首先，在陆路方面，向东有三条干道，这就是沿着渭河南岸东出函谷关（或潼关）的函谷道，沿着灞河和丹江谷地东南出武关的武关道，以及向东北方向自蒲津关东渡黄河的蒲关道。函谷道通达黄河中下游和江淮之间的广大地区，进而可以北出辽东，南下闽越。武关道去往荆襄及岭南地区。蒲关道则北向汾晋、雁代。这三条路沟通了东部半壁河山。南面和西南面沿渭河南岸向西，有子午道和傥骆道贯穿秦岭，经汉中入蜀，并可转赴西南。西方有渭北道沿渭河北岸和沣河西行，至雍县（今凤翔县附近）向西北和西南分为两路。西北行为回中道，越陇山穿过河西走廊而至西域，也就是"丝绸之路"的基本路线；西南行为陈仓道（或称故道），是关中入蜀道路中最为平坦也最为重要的一条。在陈仓道东面，从渭北道上还向南分出有褒斜道，也是入蜀

西安历代城址变迁及城址与交通道路关系示意图

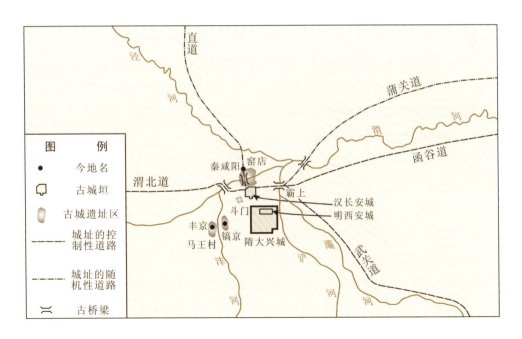

要道之一。北方则有大道直通塞外,是联系北方游牧部族的重要路线,秦始皇时所修的直道就是其中的一条。

水路交通运输线主要有两条,即渭河和漕渠。渭河通航河道主要是今西安以下河段,漕渠的起点也在今西安附近。

一个聚落和交通道路之间的关系往往是交互影响、互相促进发展的。但是一个大都市的兴起,一般说来必然要有充分的交通地理条件为基础,但并不是每一条交通道路对城址的确立都具有等同的作用。有的受自然条件限制很小,随着政治、经济、军事等人文因素的变化而变化,这样的道路,对于一个城址的选定来说,可以称之为随机性道路;有的则严格受制于自然条件,稳定性很强,对人文地理布局起着控制作用,这样的道路,可以称之为控制性道路。

对于西安这座城市的历史发展来说,起到控制性作用的道路,主要有如下几条。函谷道和渭北道实际上东西相连,沿着渭河横贯整个关中平原。渭河由西向东流入黄河,河道在今西安西北有一东北向的转折。在它的东面,函谷道从黄河南岸一直延伸过来;它的西面,渭河南岸已经逼近秦岭山麓,地势起伏,行旅往来有所不便,而渭河北岸较为平坦开阔。这种自然地理条件,决定了这条东西大道由东向西到达今西安附近地区之后,只能渡过渭河,改走渭河北岸。这条东西大道可以说是关中对外联系最重要的通道,今西安附近的渭河渡口,把这条大道分成了函谷道和渭北道两部分,这样重要的渡口,对城市和其他道路都应该是具有吸引作用的。

通过丹灞谷地穿越秦岭的武关道,是沟通关中与荆楚地区最为理想的孔道,由于受地形控制,没有其他任何选线能够替代这条路线。同时,武关道也只能在今西安附近与函谷道相接。连接函谷道与渭北道的渭河渡口,同时也控制着这条道路。

由此可见,函谷道、渭北道和武关道三条道路是确立丰镐、咸阳、长安这一系列城市城址的控制性道路,这三条道路的组合关系,是促使古代都城在今西安附近地区得以高度发展并超越于其他中小聚邑之上的基本交通条件。

　　除了这几条陆路以外，渭河水路交通对其城址选定也起着一定的控制性作用。今咸阳、西安一带是渭河中下游的分界河段，下游比较平缓，河道宽阔，因沣、灞、泾、洛等大的支流加入，水量大增，航运条件明显比中游优越。因此，函谷、渭北两道之间的渭河渡口，实际上也是渭河水路运输线与这两条陆上交通干道的交结点，在这附近建城，可以充分发挥渭河的运输效益。前面已经提到，张良劝说刘邦定都关中时就讲过，平时可以利用渭河向都城运送粮食，东方有战事时则可以顺流而下，保证军需供给。

2 | 杨家人建起李家的城

隋炀帝为何要建新的长安城？

隋文帝统一全国，结束长期分裂动乱之后，仍把都城设在长安。

这个"长安城"，起初沿承的是北周时期的旧都城，而北周长安城沿承的是西汉长安城的老城区。

> 汉长安的残破状况
> 新都选址
> 隋长安的整体规划

经过西汉末年、东汉末年和魏晋南北朝期间的无数次战争动乱，西汉长安城这座"老城"，总的趋势是日益凋敝残破。虽然这期间有许多政权在这里建都，但他们的恢复和建设也都有限，根本无法再现当年的繁华。

到建立隋朝的"杨家人"来居住时，这座"老城"，因其历时甚久，可以说已经破败不堪，城中宫宇朽蠹，供水、排水严重不畅，污水往往聚而不泄，以致生活用水多遭受污染，呈咸卤状态。这样一座残破的城市，若是在原址重新修复，具体的工程措施相当复杂，施工也相当困难，还不如另建新都会更加容易一些。

另一方面，汉长安"老城"整体布局狭促窘迫的状况，同隋朝这个统一的大帝国也很不相称。

于是，隋文帝很想修建一座新的都城，来展示他的帝王气象。

当初汉朝人兴建长安城的时候，是把具体的城址选在龙首原的北坡。这个龙首原，又称龙首山，在现在西安城的西北侧，是横亘东西的一道高坡。汉长安城中最主要的宫殿未央宫和长乐宫，就东西并立于龙首原上，向北，俯视全城。这两座高高在上的宫室，显然是有意利用龙首原的地势以突出帝王的威仪；同时，这样一来也就控制了全城的制高点,有利于城市和帝王自身的安全防卫。

但历史总是不断向前发展的,现在对于杨家的隋朝来说,龙首山北的汉长安城的周边,范围已经显得不够开阔,在这里,是难以进一步扩大城市规模的。这样一来,就很有必要另择新址,重建皇都。

隋文帝这次重建新都,只是由汉长安城本身的不足引起的,与它所处的整体环境没有任何关系。汉长安城所处的灞河以西、渭河以南这一区位,在交通、军事、经济等方面,仍然是关中建都的最佳位置。

汉长安城建在龙首原的北侧,而龙首原的南侧地形开阔高爽,从南山引水方便,足以兴建一座大的都邑,所以隋的新都就选在了这里。

隋新都是文帝开皇二年(582)六月下诏动工修建的。工程的具体设计和督造人,是太子左庶子宇文恺。整个工程的进展速度很快,至当年年底大多基本完工。隋文帝在北周时曾受封为大兴郡公,所以,这时他就命名新都为大兴城。同时也把宫城命名为大兴宫,宫城正殿命名为大兴殿,大兴殿外正门命名为大兴门,新都所在的万年县改名为大兴县,新设禁苑命名为大兴苑,城中又有寺院命名为大兴善寺。这样到处都用"大兴"来命名,除了其纪念意义之外,大概隋文帝还希望借此表征隋运永兴不衰。第二年三月,正式迁入新都大兴城。

含光门门道北侧遗址,印证西安城墙在隋唐皇城基址上建造

大兴城的建设是宇文恺完全按照预先的总体规划设计施工的。宇文恺是一位杰出的建筑设计家，他把都城平面布局规划得十分规整。整个城市由外郭城、宫城和皇城三部分构成。

外郭城形状近方形，东西宽度略大于南北长度，东西宽 9 000 多米，南北长 8 000 多米。城周长 35.5 公里。由于城墙过长，整个新都的修建时间又比较仓促，所以完工初期的大兴城城墙还不是很高，以后又陆续增筑过多次，见于记载的就有隋大业九年（613）一次、大业末一次、唐高宗永徽五年（654）两次和唐玄宗开元十八年（730）一次，前后共五次。

这座都城，按照其内部功能，被划分为三个大的部分，这就是外郭城、宫城和皇城。依宇文恺最初的平面规划，宫城和皇城，都被包裹在外郭城中。

隋朝大兴城的具体规划

> 里坊与宫城
> 水利结构
> 城市安保

大兴外郭城，南、东、西三面各开三座城门，至唐相承未改。北面开设两座城门，都在宫城西侧，西为光化门，东为华林门，入唐以后，为避武后祖父的名讳，改为芳林门。

外郭城城内，靠北墙中央为宫城，宫城的南面连接着皇城。

宫城和皇城的东西两侧，距离外郭城东西城墙还有很大的空间；宫城和皇城的南部，距离外郭城南墙的空间更大、更宽敞。这些区域，就是外郭城的区域。宇文恺在外郭城区域，总共设置了 14 条东西向街道，11 条南北向街道，把外郭城分成了排列规整的坊和市。以全城南北中轴线朱雀大街为界，两侧相互对称。这条朱雀大街，正对皇城南面的正门朱雀门。

外郭城全城共有 109 个坊。这些"坊"又称作"里"，现在我们

| 1 |
| 2 3 |

1 隋大兴城布局示意图
2 永安渠在里坊中的布局及给水区
图片来源：李令福《关中水利开发与环境》
3 清明渠在里坊中的布局及给水区
图片来源：李令福《关中水利开发与环境》

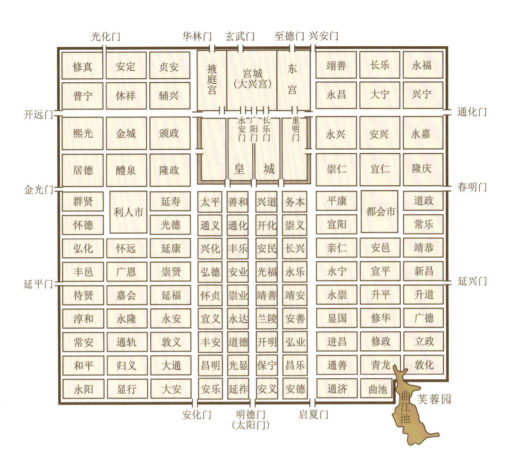

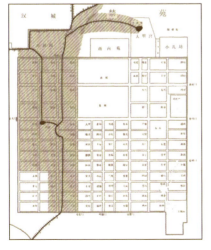 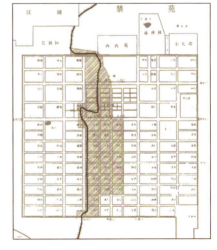

统称为"里坊"。每个坊都有特定的坊名，如兴道坊、开化坊、善和坊、通化坊等。朱雀街西有55个坊，朱雀街东因为在城东南角被曲江池占去了一个坊的面积，所以比街西少了一坊，只有54个坊。此外，在朱雀街东西两侧，还各用两个坊地的面积修筑了东市和西市。

每个坊的四面有围墙，通过固定的坊门出入，实际上是一个个被圈起来的官吏和一般市民的居住区。现在城市里封闭的居民小区，看起来和它有些相像。

东市和西市是集中设置商业店铺的商业区。

宫城也就是大兴宫，是皇帝寝居和处理朝政的场所。宫城的内部，又分为东、中、西三大部分。中间部分供皇帝寝居临朝，狭义的大兴宫或宫城指的就是这一部分。东部也就是所谓"东宫"，是皇太子的寝居之地。西面为掖庭宫，是普通宫女的住所。

宫城南面有门连通皇城。北面有门出城，进入城垣北面的皇家苑囿——也就是禁苑大兴苑。

皇城在宫城的南面，是朝廷各个部门的办公大院，除个别部门有特殊情况外，几乎全部政府机构都集中在这里。此外，祖庙和社稷坛也按照《周礼·考工记》"左祖右社"的说法，分别排列在皇城南垣内的东西两侧。

为了解决宫廷和城内居民的生活用水以及园林绿化用水，宇文恺在大兴城中还设计了永安渠、清明渠、龙首渠几条水渠和曲江池，以流贯外郭城、皇城、宫城和大兴苑。

著名的曲江池，本来是一处天然水泊，秦汉时加以修凿，辟为游赏胜地。宇文恺进一步疏凿整治，使其占去整个城内地势最高的东南隅的一坊地，一方面作为水库，调剂城内供水，一方面也为城市开辟了一块风景区。他在这里修建了离宫别馆，以供帝王权幸们游赏。隋文帝忌讳曲江的"曲"字，便根据曲江池多芙蓉而改名芙蓉池，同时把曲江池边的园林馆舍也命名为芙蓉园。

城垣北面的大兴苑，西起汉长安故城（它把汉长安城包括在苑囿范围之内），东面则截止在灞河和浐河的岸边，北到渭水岸边，南抵大兴城下。大兴苑的设置，主要是供帝王游玩，但它对保障大兴城，特别是宫城的安全，也起到巨大作用。因为大兴城的宫城北墙，也就是外郭城的北垣，外面没有其他依托，北面的龙首原又是一个制高点，很容易对宫城构成威胁。把北面划为苑囿以后，就可以充分利用北面的渭水和东面的灞水以及四周的苑墙，来拱卫皇宫。

大兴城的地势特点

> 起伏不平的地形
> 重西轻东的布局
> 方位观念的历史传承

大兴城的选址虽然地形开阔，但不像汉长安城那样平坦，整个城址起伏不平，有许多冈坡。后人附会《易经》乾卦之数，归纳云，朱雀门中轴线上有六条高坡，说是宇文恺特意"于九二置宫殿以当帝王之居，九三立百司以应君子之数，九五贵位，不欲常人居之"，于是便置玄都观和大兴善寺以镇之。

事实上宇文恺规划大兴城时，虽一定程度上对地形起伏有所考虑，但总的设计思想是完全把整个城市作为一个平面来考虑的，不然他就不会把大兴城建造成这样规整对称的几何形状了。而刻意追求平面布局形式之美，必然会妨害对于地形的合理利用。大兴城的实际情况正是如此。

譬如所说为"帝王之居"的大兴宫，今海拔410米等高线从东北角向西南角呈对角线通过，也就是说，宫城一半高程在410至415米之间，一半在405至410米之间，可全城109个坊中，却有80个左右的坊，高程都在410米以上，高程415米以上的坊也有40多个。看起来这个"九二之位"也没有什么特殊的好处，如果和城东南角的一片430米以上的高地比较起来，就更为逊色了。高宗以后，唐代皇帝大多都不常住这里，本身就说明太极宫（即隋大兴宫）的位置不够理想。

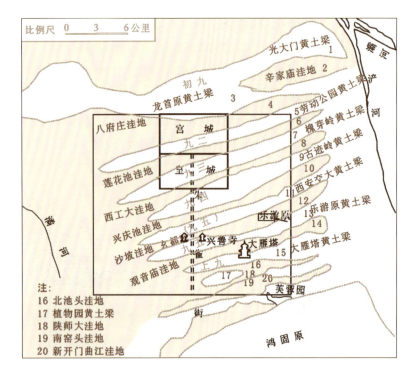

1 隋唐长安城中六爻地形示意图
图片来源：李令福《隋唐长安城六爻地形及其对城市建设的影响》

2 隋大兴佛寺分布图
图片来源：龚国强《隋唐长安城佛寺研究》

如果再看看百司所在的"九三之位"，情况就更为不妙了。这里正是大兴城中地势最低的区域，紧挨着皇城的兴道坊，唐玄宗开元八年（720），一场大雨把全坊500余家悉数漂没，可以想见其低洼的程度。

虽然"九五贵位"上的玄都观和大兴善寺确是宇文恺着意安排，利用了这块高地，但从大兴城内寺观总的分布情况来看，却看不出高低地形区域之间有什么明显差别，宇文恺显然没有在这上面花费太多的心思。大兴城布局规划的最大特点，就是平面形式上的整齐对称。

在这种平面布局形式上的严整对称性之下，大兴城内的一些设置，又在平面形态上呈现出一种重西轻东的方位观念。

隋文帝素来崇信佛教，在迁入新都大兴城之初，即指令朝廷定出120所寺院的门额，宣布只要有人愿出财力，就可以领取寺额，自行建造寺院。于是，权臣、贵戚、富商等诸色信士，便陆续或捐宅或置地，

● 坊中有确切位置的僧寺　　○ 坊中无确切位置的僧寺
▲ 坊中有确切位置的尼寺　　△ 坊中无确切位置的尼寺

竞相兴建，到隋炀帝大业初年，这120个寺额，已经被统统领走，建成佛寺。隋代大兴城中这120所寺院，现在还有110多所可以确定其名称和位置所在，这些寺院在长安城内的总体分布趋势，如果以纵观全城的南北中轴线朱雀大街为界，把全城划分为东、西两个部分的话，是西部要远比东部密集。

其实不仅是佛寺，在隋代的大兴城中，当朝的达官贵人在选择住宅时，同样也是有比较多的人，更偏爱居住于这座城市的西部。譬如"左仆射齐国公高颎"的住宅，就选在了外郭城西侧北头第一座城门开远门之南的熙光坊内。高颎不仅在文帝篡位之初就操持政柄，前后"当朝执政将二十年"，权位之重，满朝无人能比，更为重要的是，他还是主持大兴城营建的"新都大监",总领各项工程事宜,史称大兴城"制度多出于颎"。以他这种特殊的地位和身份,在大兴城建成后,将自己的住宅选定在哪里,很大程度上是具有强烈的标志性意义的。其他重要人物,像大家熟知的唐高祖李渊,在隋朝时受封为唐国公,当时的住宅是在朱雀大街以西第二列坊中通义坊的西南隅,也很有代表性意义。

北魏洛阳外郭城重西轻东的布局形式向我们表明,权贵宅邸在隋大兴城西部的相对集中,应当也是"尊长在西"这一观念在社会上的自然延续。这种空间观念在都城布局当中彻底消退下去,已是迟至唐代中期官员宅邸在长安城东部集中以后的事情了。

追溯过去的历史,可以看到,人们这样的方位观念,并不是在隋代偶然生成的,而是具有悠久的历史传承。在西汉都城长安城中,可以非常清楚地看到它的渊源——汉长安城中最重要的皇帝居处的宫殿未央宫,设置在全城的西南角上,而不是像隋代兴建的大兴城这样,把宫城安置在城区北部的中轴线上。汉长安城这样设置的缘由,是因为当时人们普遍以"西者为上",所以要"尊长在西"。在北魏的洛阳城平面布局中,仍然强烈地体现着这种"尊长在西"的观念——我们看到,北魏洛阳城是把贴近外郭城西部边缘的整整两列里坊,一列15个坊,全部划定为皇族居住区,著名的《洛阳伽蓝记》记载说,当时"民间号为王子坊"。

3 | 大唐长安

隋末李渊在太原起兵后，首先直取都城大兴，其后即沿承隋人之旧，定都于此，并把大兴城更名为长安城，于是也就有了大唐长安。

大明宫、兴庆宫

> 大明宫的兴建、扩建
> 兴盛一时的兴庆宫

李渊攻克大兴城时很顺利，对城市没有造成太大破坏，所以唐初长安城内的建置基本上一切承用前朝旧规，没有什么改作。只是把大兴宫和大兴殿、大兴门分别改成了太极宫、太极殿、太极门，大兴县又改回为万年县，大兴苑改称为禁苑。从唐太宗时开始，长安城陆续发生了一些较大的变化。

首先是大明宫的兴建。大明宫修建在宫城东侧的北郭墙外，这里地当龙首原上，高爽清凉，可以弥补太极宫地势比较低下的缺憾。

大明宫最初是从唐太宗贞观八年（634）时开始兴建的，当时李世民为给太上皇李渊避暑，在这里修建了一座规模不大的离宫，称为永安宫，第二年始改名为大明宫。到了高宗龙朔二年（662），唐高宗因为自己患有风痹病，嫌太极宫低下湫湿，屋宇壅蔽，于是又进一步兴工大规模扩建大明宫，并改名为蓬莱宫，咸亨元年（670），改名为含元宫，但不久重改回为大明宫，从此宫名才确定下来。

高宗扩建后的大明宫，规模和太极宫不相上下，而建筑气魄之宏壮往往超过太极宫。所以唐代从高宗以后，除了玄宗以外的历朝皇帝，多以大明宫为主要宫寝，只是在举行一些特殊的重大典礼时，才按照

1 根据文献复原的唐大明宫图
2 唐大明宫麟德殿遗址复原工程图，麟德殿是唐大明宫中最大的建筑群
3 唐兴庆宫图

图1、2、3均来源于史念海《西安历史地图集》

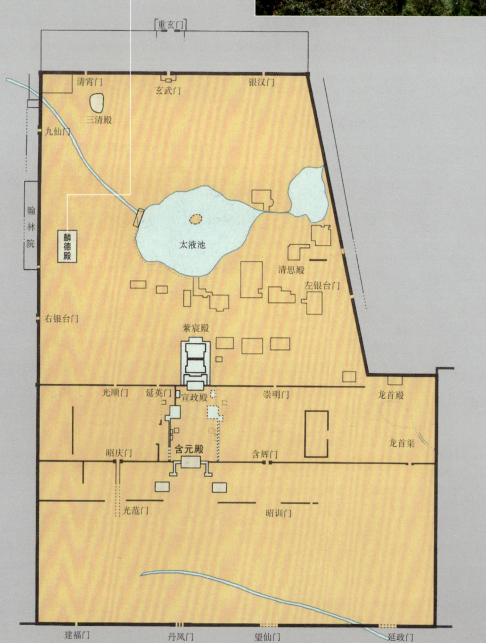

礼制的要求，到太极宫中走走过场。随着皇帝住所的迁移，太极宫中原来的一切附属建置也都转到了这里。例如，大明宫中虽然没有专设皇太子居住的东宫，但在大明宫内设有一个专门的院落，名为少阳院，以供太子起居。由于大明宫在原来的宫城太极宫的东面，所以又把两宫对称为西内和东内，这里所说的"内"，是"大内""内廷"的意思，是指皇帝住的地方。

唐代长安城的第二大变化，是玄宗修建兴庆宫。唐玄宗李隆基原来居住在长安城东垣下的隆庆坊，登基后为避名讳"隆"字，"隆庆坊"改称为"兴庆坊"。开元二年（714），又改建为兴庆宫。

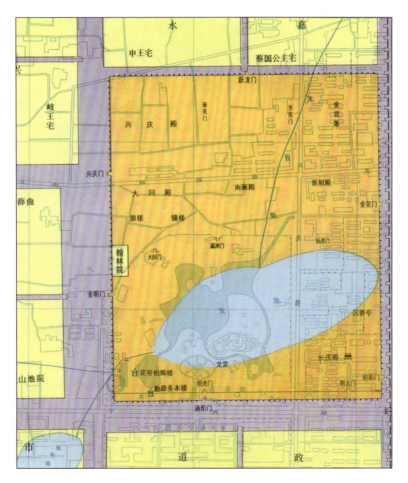

兴庆宫最初只占有原兴庆坊一坊之地,到开元十四年时,向外扩展,侵占了北面永嘉坊的一半和西面胜业坊的一部分。天宝十二载（753）时,又兴工对兴庆宫的墙垣做了一次大规模修筑。

可以想见,兴庆宫虽然处于外郭民坊之中,但其城垣已绝非普通坊墙可比了。唐玄宗从开元十六年以后,基本上就在兴庆宫中寝处。由于它位于西内太极宫和东内大明宫的南面,所以兴庆宫又被称作"南内"。不过兴庆宫只是兴盛于玄宗一朝,以后就冷落了下去。兴庆宫内有分引龙首渠水汇注而成的龙池,是长安城中仅次于曲江池的大池。唐玄宗如此流连潜龙旧宅,舍不得龙池的游赏美景可能是一个重要原因。龙池东面有著名的沉香亭,就是相传唐玄宗对倾国、赏名花的地方。

坊市形态的变化

> 多出的两个坊
> 打破整齐如一的街坊布局
> 长安城设计中存在的问题

随着大明宫和兴庆宫的修建以及其他一些实际情况,宇文恺过于理想化的城市街道坊市平面布局已不能适应需要,唐长安城的坊市形态陆续发生了一些变化。

一是大明宫的正门丹凤门开在外郭城北垣上,其外南面正对翊善坊,像一面影壁墙一样堵住了宫门。因此,只好把翊善坊和它南面的永昌坊从中一分为二,劈出一条道来,一直通到皇城延喜门和外郭城东面北头第一门通化门之间的东西干道上。这样就比原来多出了两个坊。

二是兴庆宫扩建后占去了永嘉、胜业两坊的一部分,开元二十年时在兴庆宫西南角修花萼相辉楼和勤政务本楼,为了拓展楼下地面以开辟广场,又拆毁了相邻的东市的东北角和道政坊的西北角。这更进一步打破了原来"畦分棋布"、整齐如一的街坊布局形式。

三是城东北角的永福坊在玄宗先天年间被筑入禁苑地界之内,作为专供皇子王孙居住的宅院,人称"十六王宅",这也就意味着阻断了

唐长安城总平面图

图片来源：傅熹年《中国古代建筑史》

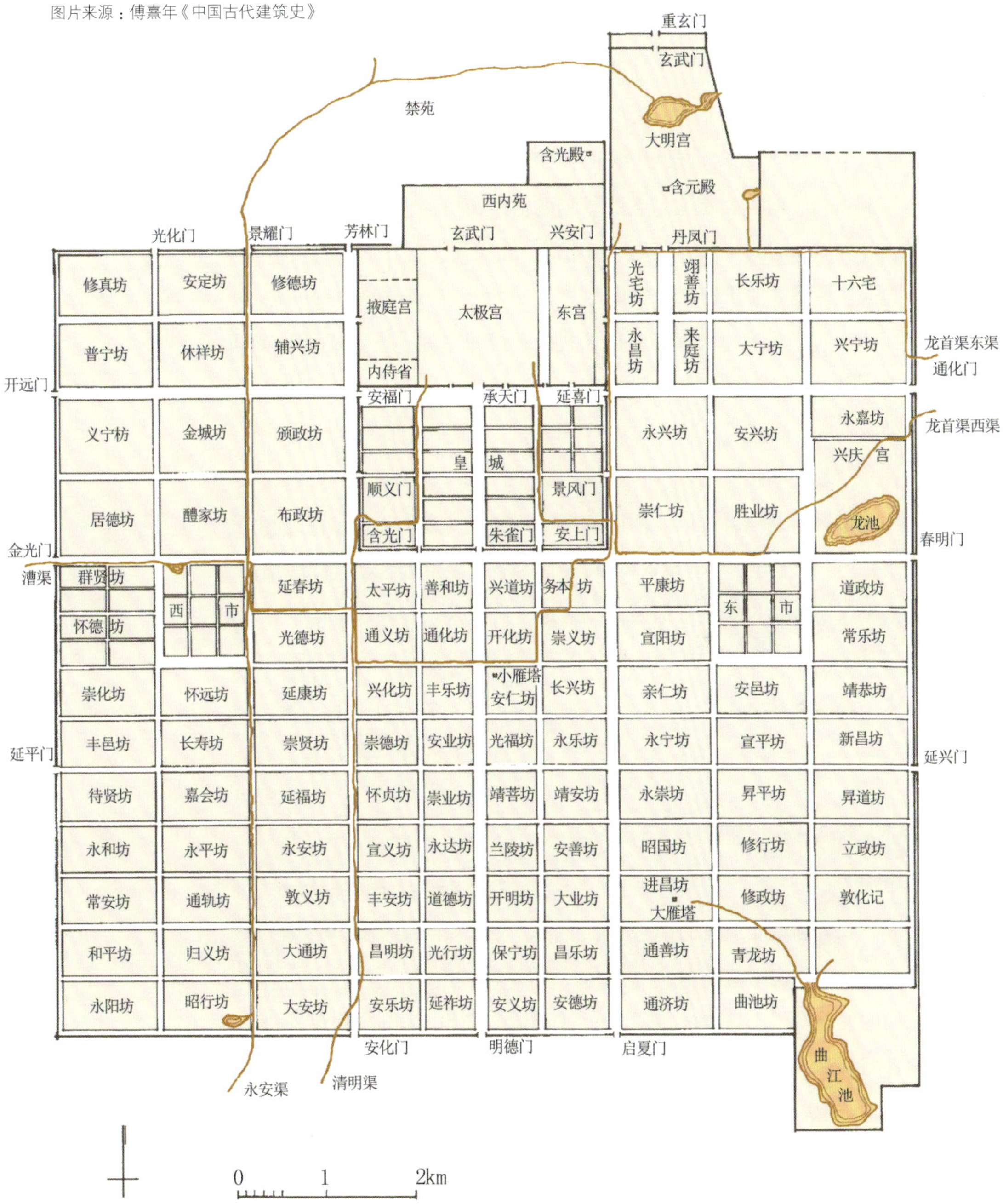

沿东城墙和北城墙下伸向城东北角的顺城街，同样改变了这座城市的平面布局形态。

四是到了唐宣宗时，为了更便利地从曲江池去往它北面相隔四坊的新昌坊的青龙寺，干脆把曲江池到新昌坊之间的升道、广德、立政、敦化四个里坊都一分为二，从中开出一条新路。

到了这个时候，宇文恺苦心规划的宫室街坊，已大为改观了。此外，外郭城北面的芳林、光化二门中间，在唐代又新开了一座景耀门，这也应该说是一项比较大的变化。

由于过于刻意追求平面布局形式的壮观和完美，长安城的设计中还存在其他一些问题。譬如沿外郭城南垣的四排坊里，除城东南角曲江池附近辟为游览风景胜地比较繁华以外，其他诸坊都很少有人居住，往往是"烟火不接"，而"耕垦种植，阡陌相望"。长安城的人口主要集中在市区的北侧，尤以东西两市周围地区最为繁华。东市西北相对的崇仁坊，坊北街正当皇城景风门，距尚书省选院最近，又与东市相连，其南平康坊还是长安城中诸妓麇集之地，选人入京，往往都停憩在这里，因此在长安城诸坊中最为繁华，"工贾辐辏，遂倾两市，昼夜喧呼，灯火不绝"。

阙楼图　唐懿德太子墓壁画

城门和街道

长安外郭城北垣诸门都通向禁苑，日常出入使用的是东、西、南三面的九座城门。这九座城门除南面正中的明德门为五个门道外，其他各门都是三个门道。中间的一个门道很少使用，可能只供皇帝出行使用，城中居民出入通常分别走两边的门道。按照唐朝政府规定的交通规则，是"左入右出"，这样可以防止在城门造成拥塞，同时也便于治安管理。

> "左入右出"的交通规则
> 长安城街道的分级与管理

52　唐：中国历史的黄金时代

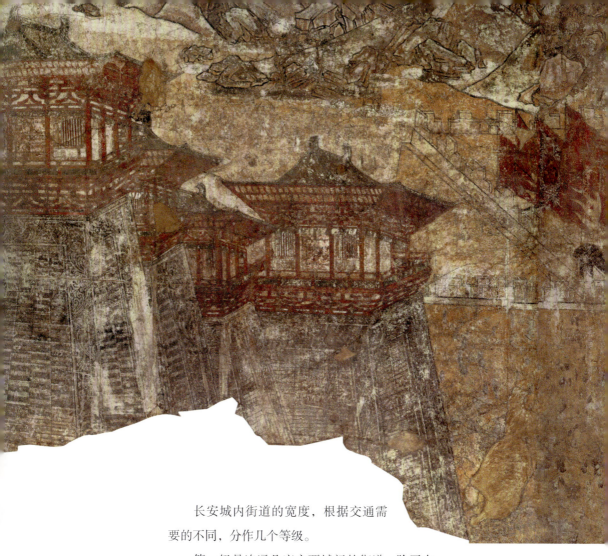

长安城内街道的宽度，根据交通需要的不同，分作几个等级。

第一级是连通几座主要城门的街道。除了东西两侧靠南头的延兴、延平两门由于城内人口稀少，距离城外通向东西两方的大道也比较远，行人比较稀少，因此道路宽度尚属平常外，与东、西、南三面其他几座城门相对的街道，宽度都在100米以上。皇城朱雀门到外郭明德门之间的大街最宽，达150米左右。把朱雀大街修造得这样宽，一方面是从平面形式上突出朱雀大街的全城中轴线作用，从政治象征意义上可以强化皇权的中心作用，因为这条大街向北直抵宫城的朝廷正殿；另一方面也有其实用价值，这是因为隋唐两代都在明德门外设有圜丘，这个"圜丘"相当于后世俗称的所谓"天坛"，皇帝登坛祭天时的仪仗规模浩大，一般街道是很难容受的。

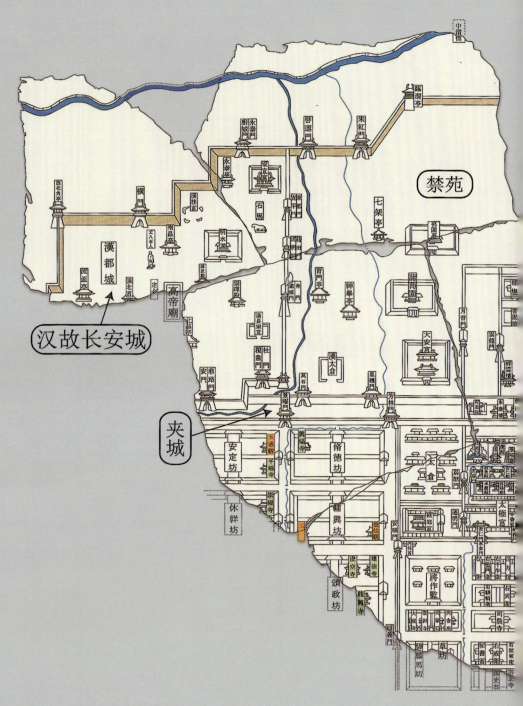

汉故长安城与唐长安城——吕大防《长安图》复原
图片来源：妹尾达彦《隋唐长安与东亚比较都城史》

▨ 显示官人、亲王、公主宅，▨ 佛寺，▨ 道观和太清宫(大宁坊)，▨ 河、渠、池、陂。

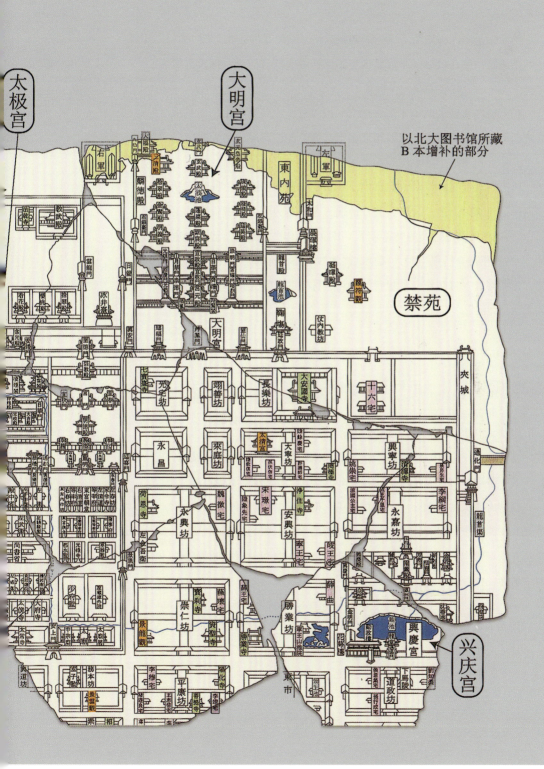

第二级的道路就是城中的大多数街道，一般宽度在 40 至 70 米左右不等。

第三级是顺四面城墙下延伸的四条道路，一般宽度在 2.5 米以内。这四条道路一侧是城墙，不像其他道路那样两面都有居民，行人自然要稀少得多，没有必要设计得很宽。

长安城内街道的两旁大多都挖有水沟，以排除路面积水。但是城内地面都是很细的黄土，只要稍遇雨水，就会泥泞不堪，晴天时车马一过，便尘土飞扬。排水沟对此也无济于事。为了保持路面的干燥清洁，唐玄宗天宝三载以后，在市内一些主要街道的路面上，铺设了从浐河岸边运来的河沙。为防止路沙散逸，在道路的两旁筑有低矮的土垣，这和现代城市道边上的马路牙子（书面语写作"路缘石"或是"道牙"）有些相似。所以当时人又把这些铺沙的路面称为"沙堤"。唐代诗人张籍写过一首叫作《沙堤行》的诗，称颂"长安大道沙为堤，早风无尘雨无泥"。

寺院道观

> 散布在里坊中的寺观
> 以高塔弥补地势

隋唐两代是我国佛、道两教都比较兴盛的时期。前面已经谈到，隋文帝特别崇信佛教，初建大兴城时，就在城中建造了 120 所寺院。后来在长安城中，还兴建了不少道观。

这些寺观大多都散布在各里坊当中，但在宫禁中也有专设的佛堂道坛。东西两市专设有供善男信女们放生的水池，名为放生池，池边也建有供奉佛像的佛堂。此外，城垣外边也有一些寺院，如通化门外的章敬寺、春明门外的镇国寺等。

一些大的寺观有时独占整个一坊，如保宁坊的昊天观就是这样。靖善坊的大兴善寺，隋代初建时即占有一半坊地，唐总章二年（669）以后又进一步扩展，终于也占尽了整个一坊。

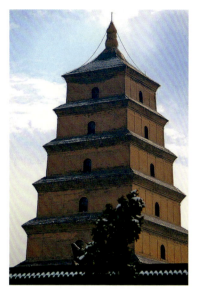

1 西安慈恩寺塔（大雁塔）
2 西安荐福寺塔（小雁塔）

长安城中虽然寺观林立，但对城市建筑景观的影响却并不太大，因为当时寺观的建筑和布局，与达官贵人们的住宅并没有多大差别，长安城中的许多寺观就是由王公显宦宅舍改作的。

体现寺观特色的建筑，主要是塔。长安城中最有名的佛塔应当首推城西南角和平、永阳二坊的大庄严寺塔和大总持寺塔。这两座佛塔，制度完全相同，塔身木构，高330尺，周回120步，都是由宇文恺规划建造的。他的意图是通过这两座高塔，来弥补城西南角地势较低的缺憾。此外，保存至今的慈恩寺塔（大雁塔）和荐福寺塔（小雁塔）也都是当时著名的佛塔。

坊市

> 唐中期以后城市空间观念的重大变化
> 商业及休闲场所的分布
> 长安城对域外城市建造的影响

长安城中坊的面积大小不等，隋初设计时就分为五级。其中面积较小的两级坊都在皇城正南，东西各开有一个坊门，其余的坊都在东南西北四面各开一个坊门。每个坊内连接两个相对的坊门之间有通道，是坊内的主要街道。其中两个坊门的小坊是一条东西横街；四个坊门的大坊就是两条垂直交叉的十字街。坊内除了这条横街或十字街以外的更小的街道，称为"巷"或"曲"。

由于大明宫和兴庆宫的吸引作用等原因，唐代中期以后，在唐长安城东部，逐渐形成了居住相对比较密集的官僚住宅区；与此相对应，在长安城的西部，则形成了西域商人和下层庶民住宅分布相对比较集中的区域。这就极大地改变了隋大兴城初成时，人们在居处空间上以西为贵的观念，是中国古代城市空间观念的重大变化。

唐朝对居民生活实行严格的宵禁制度，每晚各坊市门随着城门同时关闭，禁止行人上街，拂晓开门，才可以上街活动。

隋初设计大兴城时只有东、西两市，两市四面各开二门，市内街道呈"井"字形。东西两市内邸店林立，货物山积，各类商品，一应俱全。例如东市内的商业门类就分为220行，而西市的繁荣更胜于东市。

由于东市周围的坊里大多为公卿勋贵所占据，所以普通商人，特别是大量西域胡商，大多集中在西市周围居住。唐朝政府在东、西两市，分别设有市署和平准署，负责市场和物价管理。所以两市虽然繁杂，却井然有序。

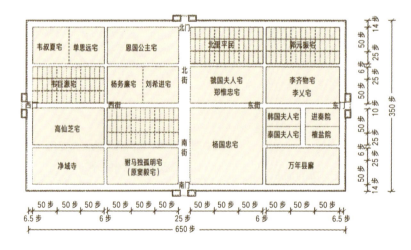

唐开元间宣阳坊布局示意图 图片来源：《古都西安》

除了东、西两市之外，唐朝还曾在其他一些地方设过集中交易场所。如城南的安善坊，唐高宗用此一坊地及其南面的大业坊半坊地设置了"口马牛驴之肆"，称为"中市"。但这一带人烟稀少，交易颇为不便，实际上没有使用多久就改到东市去交易，到武则天末年便正式宣布废掉，作为威远军的教弩场了。以后唐玄宗天宝八载又一次在安善坊立市，称为"南市"。但这个"南市"也没有发挥多大作用，很快就自然废弃了。

唐代的官绅勋戚除了在城内占有豪华的宅院以外，许多人还在城外近郊风景秀丽的地方建有别墅。别墅最集中的地方是城南沿樊川一线，其次，在城东灞、浐两河附近以及蓝田附近的辋川也比较集中，王维的所谓"辋川别居"就是其中之一。川明水秀的风光，陶冶涵育了一批文人墨客的灵性。王维的田园诗和山水画，就和他在辋川的闲适生活有着不可分割的联系。他颇为受人称道的清源寺壁画，描摹的就是辋川山水。

隋大兴城亦即唐长安城的规划和建筑，充分体现了封建社会兴盛时期的宏大气魄，城市的形制不仅对后世有着深远影响，而且在当时就已为隋唐王朝周边的一些地方政权和域外邻国所仿效。例如，渤海国上京城和日本的平城京、平安京就都是模仿隋大兴城、唐长安城而建造的。

推荐阅读

◦ [清] 徐松：《唐两京城坊考》，中华书局，1985 年

◦ [日] 平冈武夫 编：《唐代的长安与洛阳（地图篇）》，上海古籍出版社，1991 年

◦ [日] 妹尾达彦：《长安的都市规划》，三秦出版社，2012 年

◦ 辛德勇：《隋唐两京丛考》，三秦出版社，2006 年

◦ 辛德勇：《旧史舆地文录》，中华书局，2013 年

（传）唐 阎立本《步辇图》（局部）

第三章 贞观之治与唐代政治文明

孟宪实

中国人民大学历史学院教授,曾和著名作家阿城一起,共同担任电视剧《贞观之治》的编剧。

理解魏徵和唐太宗的克己纳谏,关键要从三省制的角度出发。这也是为什么贞观时期很少出现决策失误的原因。三省制度原理的充分发挥,使得"贞观之治"和唐代的鼎盛的出现都不再是偶然。三省制是中国制度发展到唐代的典型代表,在促进唐朝发展的过程中,制度的优越性起了重要作用。

公元626年，李世民代替李渊成为唐朝的皇帝。他就是历史上的明君唐太宗。从此，一个围绕唐太宗的中央政府带领唐朝走向繁荣。贞观，是唐太宗的年号。从627年到649年，延续了23年。这段历史，后世称为"贞观之治"。这是一种至高的评价。这个时期尽管经济还不发达，但是，由于处在王朝初期，人们的精神状态是奋发向上的，如同少年儿童，具有一种美好的天真和单纯。

　　"贞观之治"是怎么开始的？贞观路线是怎样确定的？唐太宗采取了哪些措施？在治理国家的过程中，是如何考虑百姓利益的？"贞观之治"的治国核心究竟是什么？取得了怎样的治世效果？

　　唐朝的历史，与"贞观之治"相对，有"开元盛世"之说。就开元时期的盛世而言，政治基础早在贞观时期已经打下。开元初，历史学家吴兢著《贞观政要》，详细总结归纳"贞观之治"的资料，就是要给开元时期的政治家提供一个可以模仿学习的榜样。

1 贞观之治的政治文明实践

贞观之治，可以说经过了三个阶段，即定策、实施和见效。

贞观定策，治国之辩

贞观之初，朝廷有一次大辩论，这次辩论决定了贞观时代的政治路线。武德九年（626）十一月，从戎马生涯中闯荡出来，经历了隋朝覆亡，刚刚即皇帝位的李世民，郑重对群臣提出一个问题：天下大乱之后，国家到底能不能治理好，怎样才能治理好？

> 王道与霸道之争
> 太宗支持魏徵，贞观路线确立
> 示人以正，贞观的基本含义

朝堂上，群臣很认真地面对这个提问，很快形成两派意见。尚书右仆射（宰相）封德彝认为，尧舜以来，人心日坏，治理天下变得越发困难。隋炀帝失天下，绝不是主观意愿，实在是天下难治。朝廷不可太理想化，应该使用强力，让天下服从，乱世用重典是必然的。这种主张其实就是传统的霸道路线。当时天下刚刚平定，群臣都来自隋末动乱，"惕焉震惧"，所以很多人赞成封德彝的主张。

谏官魏徵反驳封德彝，说如果尧舜以来人心日坏，那么时至今日，天下只有鬼魅，哪里会有人。治理天下是否成功，关键在朝廷不在百姓，朝廷应该承担自己的责任，以德治国，要求百姓做到，朝廷首先做到，按照孔子的说法："政者，正也。其身正，不令而行，其身不正，虽令不从。"只要自身行得正，自然会获得百姓拥戴。这是传统的王道路线。

朝臣中多数人赞成行霸道，唯有满怀儒家理想，精通《公羊春秋》

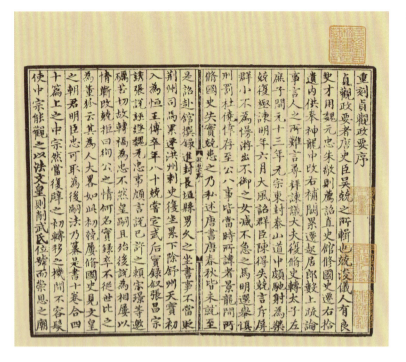

《贞观政要》序书影

的魏徵坚持王道的主张。他还举例说明大乱后的社会最易"致治",以坚定太宗的信心。最终,唐太宗决定支持魏徵,采取王道,以德化民。后来年号取为"贞观",示正于人,应该是"贞观"的基本含义,跟魏徵的观点是契合的。就这样,打下大唐江山的关陇贵族集团迷信武力、崇尚强权的传统政策得以转变,儒家思想最有代表性的政治实践因此得以展开。

以人为本,以德治国

贞观定策的争论,是王道政治和霸道政治的论争。核心是国家与百姓的关系问题。唐太宗支持魏徵的主张,率领一班朝臣努力实践,

> 节约用度,自朝廷始
> 为君之道,必先安百姓
> 贞观之治的实现

果然按照这条路线走了下去。

贞观时代，国力不足，社会贫困。户口流失严重。贞观年间，最多时天下户口三百万，而隋朝时候是八百万。于是从皇帝开始，朝廷和政府都减少用度，能不用的就不用，能少用的不多用。为什么？为了减轻百姓的经济负担。唐太宗、长孙皇后，都以节约闻名。中央政府采取了一系列措施，其中有代表性的有如下几件举措：

释放宫女。李世民掌控权力后，当太子时就宣布释放宫女三千多人。贞观二年（628），再次释放宫女。一是为了节约费用，二是为了繁衍人口，三是顺从人的情性。表明对民情人伦的重视。

精简机构。贞观元年，唐朝的国家机构进行了人员缩编。左右仆射（宰相）房玄龄、杜如晦全力以赴，顺利完成。中央留用的文武官员总计只有六百余人！这在今天的我们都难以理解。房、杜被后世称为"名相"，有成语"房谋杜断"流传千古。

降封宗室。郡王等级降为县公。

合并州县。划分全国为十道。为的是减少地方官员的人数，减少俸禄的支出，也就是减轻百姓负担。

儒家经典《尚书》里最早讲到"民为邦本"，老百姓是这个国家的根本。孔子、孟子发展了这个学说，孔子特别强调民信的重要性，"民无信不立"。孟子说得更清楚，"得人心者得天下"。孟子还说，"民为贵，社稷次之，君为轻"，国家政治生活的三要素是人民、国家和君主，三者的重要性应该这样排列。后人概括为"民贵君轻"的思想。"民为邦本"，后来因避李世民的名讳，"人"字取代"民"字，就说成"以人为本"了。

唐太宗常说的一句话，我们耳熟能详："君者，舟也，民者，水也，水则载舟，水则覆舟。"贞观六年（632），唐太宗对魏徵说："天子者，有道则人推而为主，无道则人弃而不用，诚可畏也。"唐太宗还说了一句话，即《贞观政要》开篇的第一句话，"为君之道，必先安百姓"。没有百姓的平安，怎么会有统治者的平安？接着，他又说：如果

昭陵六骏

过分盘剥百姓，犹如割股自食。过分盘剥百姓，形同自杀。所以唐太宗在认识上是非常明确的，他知道这个政权、这个国家，包括他这个皇帝的基础、根本在什么地方，它就在老百姓那里。

贞观四年（630），唐太宗的目标达成，连续几年农业大丰收，一个农业社会立刻就全面兴旺起来。房玄龄报告，"府库甲兵，远胜于隋"，社会治安良好。

> **《资治通鉴》在贞观四年记载了这个情节：**
>
> 元年，关中饥，米斗直绢一匹；二年，天下蝗；三年，大水。上勤而抚之，民虽东西就食，未尝嗟怨。是岁，天下大稔，流散者咸归乡里，米斗不过三四钱，终岁断死刑才二十九人。东至于海，南及五岭，皆外户不闭，行旅不赍粮，取给于道路焉。上谓长孙无忌曰："贞观之初，上书者皆云：'人主当独运威权，不可委之臣下。'又云：'宜震耀威武，征讨四夷。'唯魏徵劝朕'偃武修文，中国既安，四夷自服'。朕用其言。今颉利成擒，其酋长并带刀宿卫，部落皆袭衣冠，徵之力也，但恨不使封德彝见之耳！"徵再拜谢曰："突厥破灭，海内康宁，皆陛下盛德，臣何力焉！"上曰："朕能任公，公能称所任，则其功岂独在朕乎！"

同年，天下判死刑者只有 29 人；同年，唐朝打败东突厥，解决了一个长期的外患，西北各族君长上尊号"天可汗"给唐太宗。这一年，史家认为"贞观之治"开始实现了。

"贞观之治"成绩的取得，是以人为本、以德治国这一政治路线的成功。

克己纳谏，理性行政

> 群臣直谏与皇帝纳谏
> 社稷之臣魏徵
> 死刑复奏制度

贞观之治的成功，其中一个重要经验，就是克己纳谏、理性行政。

以人为本体现了唐太宗这个治理团队对国情和政治的重要的基本认识，实际上唐太宗在执政过程中，克己纳谏也是作为政治家理性的一个体现。这一点，早已被古往今来的历代政治家所肯定。皇帝纳谏，群臣上谏，共同体现一种理性行政的精神，是君主体制下政治文明的重要体现。

纳谏的好处人尽皆知，但知易行难。为什么说起来容易，做起来难呢?因为涉及两个根本性的问题。第一,纳谏涉及人性问题。在群体中人人渴望成功,讨厌失败,希望被表扬,不喜欢被批评,人皆如此,这是人的社会属性。皇帝也是人,他在这个群体中也希望被表扬,被肯定。所以大臣批评皇上就涉及皇帝的荣誉感,涉及他的自我认识,涉及种种问题。不愿意接受,是因为人性的弱点。

第二,权力的弱点。权力是一个系统,它总是从上而下地运行,上级批评下级,批评错了没有关系。进谏是下级批评上级,所以有难度。因为这跟权力运作规律相反,是由下往上的,所以领导很难接受来自下级的批评。

唐太宗为什么能做得好呢?第一,唐太宗求治心切。玄武门事变是唐太宗的心理阴影,是他历史上犯的最严重的错误,无论是法律上还是道德上,都是无法站得住脚的。唐太宗为了获得历史的较好评价,只能更加努力,尽力把国家治理好。第二,唐太宗在玄武门事变之前已经是一个成功的领袖,秦王府多人才,征服天下,所向披靡,所以他不会因为别人给他提意见,就觉得自己被贬低了,他有充分的自信。正是因为这样,唐太宗在接受批评的时候,常常"闻谏则喜",是真正高兴。只有群臣愿意贡献自己的聪明才智,治理天下才更有把握。唐太宗甚至动员群臣提意见。

唐太宗的大臣中提意见最多、最深刻的是魏徵。历史学家研究,贞观初,唐太宗曾当面表扬魏徵,说他提出二百多条意见如何如何好。魏徵这个人确实有水平,能够"言人所未言,见人所未见",这是见解高明。同时,魏徵敢于坚持自己的意见,即使明确得知皇帝不高兴也能坚持。这是更高级别的忠诚,古人所谓"社稷之臣",即不仅忠诚于君主,更忠诚于国家。为国家利益得罪君主,通常是有困难的,但以魏徵为代表的贞观群臣,表现出卓越的胆识,这与孟子说的"社稷次之,君为轻"的理念有契合之处。

魏徵像　清宫南薰殿旧藏

唐太宗纳谏的故事甚多，举两个例证。

第一，王珪谏美人。

贞观二年（628）十二月，门下省的长官侍中王珪，在唐太宗的两仪殿跟皇帝聊天，因为不是具体商议工作，所以气氛宽松，王珪有机会见到了皇帝嫔妃。有位美人在皇帝身边，伺候皇帝。在唐朝的皇宫里，美人是品阶四品的嫔妃。武则天入宫的时候是才人，五品。皇帝向王珪介绍说，这位原来是庐江王李瑗的夫人。她本来有丈夫，庐江王杀了她的丈夫娶了她。

庐江王李瑗，是李氏宗亲，玄武门事变之前，为幽州都督，他在政治上支持李建成，属于李世民的敌对势力。事变之后，李世民夺取了中央权力，李瑗计划勾结突厥，在幽州发动叛乱。最后叛乱未成，被手下将军杀死。夫人因此受到牵连，沦为官婢，没入掖廷。因为相貌姣好，被唐太宗接纳，成为皇帝身边的美人。

王珪听后问道：李瑗杀夫夺妻，做得对还是不对？唐太宗说：杀夫夺妻是严重的罪行，当然不对，你怎么可以如此提问呢？王珪引用《管子》的记载，说齐桓公问政于郭国父老，父老说郭君"善善不能用，恶恶不能去"，所以亡国。现在，这个美人还在陛下身边，证明皇帝内心并未真正否定庐江王的做法。

太宗这才明白，原来是自己的行为有问题。当初庐江王李瑗杀夫夺妻，看中的就是别人的妻子漂亮。皇上认为李瑗的做法是严重违法行为。但是，同一个人，皇帝却把她从官婢的身份解放出来，正式封为自己的美人。这与庐江王的做法，不就是五十步笑百步吗？如果不是王珪指出，皇帝并没有认识到自己行为的问题。唐太宗认识到自己的错误，立刻宣布把美人归还给她的父母。

第二，唐太宗的"停婚诏"。

贞观八年（634），唐太宗要聘娶一位新的妃子。隋朝门下省的官员郑仁基的女儿在长安很有名，年方十六，绝色佳人，家庭地位高，个人修养好。据说这桩婚事是长孙皇后的主意，宰相房玄龄做册封大使，亲自张罗。唐朝结婚一共有八道礼仪，最后一道就是唐太宗下诏书，册封大使拿诏书到女方家，当众宣布并把新人接走，这就完婚。

唐太宗诏书已经写好，册封大使正要出发，魏徵听说了这件事就进谏说："听说皇上要册封郑氏为后宫的充华（唐女官名，为九嫔之一），这是个喜事。可是我又听说，郑仁基的女儿已经跟别人订婚，男方叫陆爽。如果真是这样，这婚怎么结？"在唐朝的法律中，订婚是结婚的一部分，是其中一个程序。男女双方已经订婚，后来不想继续下去了，那要办离婚手续。所以，结婚的关键步骤是订婚。如果皇上的结婚对象已经跟别人订婚，皇上自然无法再与她结婚了。房玄龄立刻去问，郑家马上否认。再问陆爽家，陆爽也说两家关系不错，但是没有订婚。陆爽还专门给皇帝上表，否认订婚。皇上疑惑，为什么没有订婚，却有订婚的传言，就问魏徵。魏徵的看法是：应该是已经订婚了，订婚是公开礼仪，许多人参加了。之所以不承认，是因为担心陛下报复。魏徵的说法是对的。唐太宗很是伤心，不过不是因为无法结婚。他说："八年以来，朝廷上下兢兢业业，努力工作，就是要赢得百姓的信任。现在百姓还怀疑我们会无理报复。人家订婚在前，我们在后，错不在对方，我们当然不会报复。可是为什么人家怀疑我们会报复？"唐太宗认为是朝廷的努力不够，不能得到百姓的信任。于是皇帝下令册封取消，并且专门下了一道《停婚诏》。太宗是要让天下人都知道这件事，让天下证明，皇帝是不会无理报复的。皇帝敢于把自己的错误公开，敢于请天下监督，这是自信的表现。

如上两件事，都涉及皇帝的私生活，但是王珪、魏徵都要坚持原则，进谏皇帝，让皇帝知错改错。不仅维护了皇帝的威信，也维护了朝廷的威信。仅从政治利益的角度出发，也有利于国家的长远发展。贞观君臣有良好的政治观念，懂得防微杜渐的道理，所以法律得以维护，道德得以遵守，国家的长远、整体利益能获得保障。

再举一个知错就改，用制度理性防止滥杀官员的例子——由张蕴古之死而制定的死刑复奏制度。

贞观五年（631）八月，河内人李好德患心疾，现在的说法是精神病，一旦发作，胡言乱语，有自大妄想狂的表现。"妄为妖言"，在当时是严重的罪行。于是，李好德被地方政府押送中央，关进大理寺监狱。大理丞张蕴古奏："好德被疾有征，法不当坐。"李好德有精神病，不应该承担法律责任。太宗也明白，让张蕴古依法办事。张蕴古跑到监狱里告诉了李好德，还跟李一起下棋。此事被御史发现并告发，说李好德的哥哥跟张蕴古关系密切，这是有意放纵。太宗勃然大怒，认为张蕴古出卖自己，泄漏禁中语。遂下令，斩张蕴古于东市。手下的人行动迅速，立刻执行。

事后，太宗后悔了。张蕴古有罪，但罪不至死，就这样杀了，是错误的。但是，人死不能复生，如何改正已经发生的错误呢？给张蕴古恢复名誉，让他的儿子做官。但是这样就够了吗？关键的问题是如何防止这样的错误以后不再犯，皇帝下令群臣要想出办法，防止这样的错误再次发生。当时的情况是皇帝怒不可遏，而喜怒哀乐，乃人之常情。李世民平时不怒自威，现在龙颜大怒，谁敢阻拦？于是，一个在当时很高明的规则出台了。凡是死刑犯，下达死刑命令的时候，不能立刻执行。京畿地区，要反复五次复奏，地方上要反复三次。这就是三复奏和五复奏制度。面对死亡处决，要尽力谨慎，这种制度给皇帝留下反悔的机会，给生命留下可能的机会。

这是中国古代著名的法制史事件，说明唐太宗对于法制的重视。他深知自己的直觉是不可靠的，必须创立相应的法律。《旧唐书·刑法志》记载说："自是，全活者甚众。"审慎行刑，这是用制度来限制感情泛滥成灾的生动例证。贞观时代的理性行政精神再次得到体现。

莫高窟第 220 窟帝王像

敦煌壁画中有数量颇多的帝王形象，最具代表性的当属开凿于贞观十六年(642)的第 220 窟维摩诘经变的帝王像。该画位于 220 窟东壁北侧维摩诘经变之文殊来问的下部，图像保存完整，关注者甚多。学界一致认为身穿衮服者为初唐帝王之形象。此外，其画面构图、人物规模、运笔敷彩等与传为阎立本所作《古帝王图》有颇多相似之处。

文官的黑介帻
帝王后面的群臣为文官，戴黑介帻，着袍服。

帝王冕冠与冕服

220 窟帝王像的冕冠垂有六旒。旒，又称玉藻，由垂挂在冕板前后两端的数串玉珠组成。冕服上衣里层为白色，外层深青色，暗饰山树纹章。衣领缘饰白、青、红、黑四层相间。

白底红帮舄

舄，即重木底浅帮鞋。冕服配以赤舄，第 220 窟帝王像所穿为白底红帮之舄，即赤舄。赤舄又多被称为笏头赤舄。

2 | 贞观之治的历史成就

在中国古代历朝帝王中,李世民让帝王的权力表现出了优雅,表现出了理性,使中国古典政治智慧的优秀面得到了充分的展示。

唐太宗到底取得哪些成就?为什么贞观之治至今为人称道,影响深远?具体而言,唐太宗的贞观之治,取得了如下几个方面成就。

君主制度背景下的高度政治文明

国家的治理团队深知社会动乱带来的灾难,重建和平与繁荣,就要从自身做起。

> 君臣同心
> 团结精进

这是一种政治担当,十分难得。制度设计,政策制定,能够尊重历史,尊重民众需要。在具体的政治活动中,以大局为重,服从理性。皇帝带头遵纪守法,大臣敢于进谏。唐太宗极为重视谏官的人选,并提高他们的地位。他规定宰相入阁议事,必使谏官随入,遇有失误,即行论谏。这个时期君臣的纳谏和直谏是其他时代少见的良好的政治风气。如此,形成一个君臣关系十分和谐的罕见景象,大家同心同德,建设国家。贞观这种精神,历史给予了高度评价。贞观政治,因此成为一座历史的灯塔。

1
2
3

1 戴虎头帽的武士 尉迟敬德墓出土
2 彩绘男装女俑 郑仁泰墓出土
3 武官俑 张士贵墓出土

古典君主时代社会和谐的典范

> 关心民生
> 社会和谐

在唐朝以前，中国人一提到中国历史上最光辉的时期，就是上古三代尧舜禹，那个时候社会如何太平，境界如何高尚等，比如说路不拾遗、夜不闭户的描绘。但是，唐朝以后，贞观就成了社会和谐的典范。社会和谐，本质上其实就是国家和老百姓的关系。在这个关系中，政府是矛盾的主要方面，而唐太宗时代，在制定政策、调整社会关系的时候，他们注意到百姓的需求。唐太宗说：为君之道必先存百姓。魏徵告诉唐太宗，治理天下要以百姓之心为心。因此，贞观建成了古典时期社会和谐的榜样。

崇高的国际地位

> 东亚世界
> 天下共主

只要有国际社会存在，国家之间的对比就会自然发生。唐朝从贞观开始，每一代皇帝，另有一个称号叫"天可汗"。"可汗"是北方少数民族政权政治首脑的称号。天可汗，天下可汗之意。这个称号不是自封的，贞观四年（630），西北各国的国君联合起来共同上尊号给唐太宗，就叫"天可汗"。从此以后，唐太宗不仅是中国的皇帝，也是一定国际范围内的天下共主。日本学者认为，天可汗之制，是一项准国际制度。唐朝以后，中国的皇帝再无如此光荣。

以上这三方面的成就，不是随便排列。一定是先有治理团队的团结和精进，然后才有治理成果，社会和谐局面得以呈现，最后影响国际地位。只有强大的、和谐的国家，才会赢得崇高的国际地位。

3 | 贞观之治的制度基础

汉魏以来的制度演化

> 从三公九卿到三省六部
> 纷争中的南北融合与探索

理解贞观之治，不能离开当时的基本制度。

就制度的整体性而言，隋唐的制度是秦汉时期制度的升级版。秦汉时期的三公九卿之制，到隋唐时代，进化为三省六部制，这个行政体制的基本框架一直延续到明清时期。三省比较三公之制，制度化更加严谨，整体性增强。汉代的宰相制发展到隋唐的宰相制，多员宰相代替单一的宰相，宰相决策权力分散，但宰相的决策权力变得更加重要。六部二十四司，是隋唐时代的行政机构，这是比汉代的九卿之制更加细密化的分工。

隋唐时期中国制度能够获得发展，与魏晋南北朝时期的探索有着紧密的联系。政治分裂通常会带来战争与死亡，但另一个方面，各个分裂政权都不希望自己在残酷的竞争中失败，努力探索经济发展和制度改善。这些制度成果，为统一王朝建立之后中国制度的发展提供了重要养分。魏晋南北朝时期，在秦汉的九卿传统与新出现的六部关系上，长期纷争，无法统合。最终隋唐确定了六部统辖九卿的体制。南北朝时期，南方经济获得长足进步，这使得中国内部的经济形势发生了重要改变，南北经济实现大体平衡，让整个中国经济体变得更加强大。这个时期，北方长期战乱，但最终民族关系获得了发展，融合取代纷争，让北方获得巨大的人力资源和发展动力。正是在魏晋南北朝的动荡时期，丝绸之路依然畅通，以佛教为代表的外来文化，纷纷传入中国，丰富了中国文化，增强了中国文化的魅力。

贞观之治，就是在这样的制度背景下发生的。它用具体而微的事实，再一次证明了中国制度及其优越性。以往谈及贞观之治，只是一味强调唐太宗、魏徵等人的自觉，常常忽略中国制度的重要背景，使得对贞观之治的理解和认识，都难免出现人事化的偏差。以魏徵为例，魏徵之所以意见很多，是因为能力超强，忠诚度高，但这只是问题的一个方面。通过魏徵的任职经历可以发现，魏徵从最初的谏官到后来的门下省长官，职务要求就有进谏的内容。理解这一点，就要从贞观时期的相关制度入手。

唐朝中央的决策体系与机制

唐朝的中央，就决策机制而言，概而言之为分层决策。第一层是"八座议事"，即尚书省六部长官：吏部尚书、户部尚书、礼部尚书、兵部尚书、刑部尚书和工部尚书，外加尚书省长官左、右仆射。尚书省是行政中枢，六部下辖二十四司，是全国的行政最高当局，类似今天的国务院和各个部委。八座议事，就是当时的部长会议。一般的行政问题，八座议事就决定了。这是决策的第一层。

> 分层决策
> 八座议事
> 政事堂会议
> 两仪殿会议
> 门下省的独立审核权

八座议事解决不了的问题需要上报，报给"政事堂会议"。政事堂设在门下省，参与政事堂会议的是全体宰相。唐初实行集体宰相制度，三省长官和皇帝指定的官员为宰相。比如魏徵"贞观二年，迁秘书监，参预朝政"，参预朝政就是宰相，有资格参加政事堂会议。政事堂会议是宰相的集体会议，如果政事堂会议也有分歧，就上报皇帝，皇帝会在自己的办公场所召集会议，这就是"两仪殿会议"。因为皇帝参加，是标准的御前会议，任何事情都必须解决。

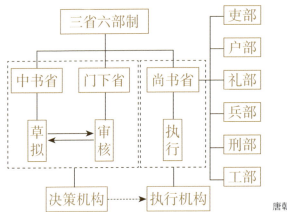

唐朝三省六部制

然而,所有参加各级会议的人,难免会有自己的本位意见,他们可能更重视本部门的利益等。唐太宗为了更有成效,以上三级会议,命令所有的谏官都参加。谏官是专门提意见的官员,虽然会议上没有发言权,但可以会后写报告,提出自己的见解。参加会议的人多了,而谏官没有自己的本位束缚,发挥旁观者清的认识原理,反而更能发现问题、想到办法。魏徵受到皇帝重视,就是在他任谏官的时候,他有二百多通谏议书,得到皇帝高度认可。

魏徵从贞观七年开始担任门下省的长官,直至贞观十七年去世都是门下省的负责人。唐太宗与魏徵的关系,与三省制关系密切,而三省制的运行机制,更值得重视。尚书省是综合行政机构,如同今天的国务院,此外还有门下省和中书省,合称三省。门下省和中书省是皇帝的秘书咨询机构,在协助皇帝决策方面作用突出。某个部门如尚书省的二十四司不管有任何建议,只要是发往全国的,都要经过皇帝同意,变成"王言"来执行。宰相会议的决议或者皇帝和宰相们商议的意见,都由中书省起草,门下省审核,没有意见就发往尚书省去执行。"王言"是中央最高指示,是治理国家的重要渠道,但皇帝的个人意见,也要与宰相们商议,皇帝无法绕过宰相单独向全国下达命令。所有以皇帝名义发布的命令,一定要经过中书、门下两省,然后由尚书省执行。

"王言"形成文字的过程是，先由中书省起草，然后交给门下省审核。中书省通常是根据皇帝的旨意起草。而门下省有权表示反对，制度概念叫作"封驳"。门下省的这个权力是法定的，而这个制度设置的目的是为了让决策更合理，在决策阶段就减少失误，所以门下省的独立审核权十分重要。这是中国式的权力制衡体制。于是，中书省起草，门下省审核，尚书省执行，就成了一个最高权力的生成、执行系统。而门下省是中转核心，政事堂至于门下省，也能说明一定问题。

中书省代表皇帝起草命令，唐太宗的意志得到贯彻。魏徵负责门下省，门下省不通过，就无法到达尚书省去执行。唐太宗与魏徵的关系，通常就在这个环节发生纠葛。虽然魏徵否决了皇帝的很多提议，但最终唐太宗还是信任魏徵，认为只有经过魏徵，他自己也才有信心。魏徵的官职是皇帝任命的，如果唐太宗认为魏徵碍事，一纸命令就可以调走魏徵。贞观的事实是，魏徵始终是门下省的负责人。魏徵去世之后，太宗皇帝说出一段千古名言："夫以铜为镜，可以正衣冠；以古为镜，可以知兴替；以人为镜，可以明得失。朕常保此三镜，以防己过。今魏徵殂逝，遂亡一镜矣！"说了这番话以后，太宗哭了很久。就如同上文所说，不论是魏徵还是唐太宗，对于权力的态度都十分理性，体现了高度的政治文明。日本有学者认为，中书省代表贵族限制君主权力，这完全没有根据。《贞观政要·政体第二》有如下记载：

> 贞观元年，太宗谓黄门侍郎王珪曰："中书所出诏敕，颇有意见不同，或兼错失而相正以否。元置中书、门下，本拟相防过误。人之意见，每或不同，有所是非，本为公事。或有护己之短，忌闻其失，有是有非，衔以为怨。或有苟避私隙，相惜颜面，知非政事，遂即施行。难违一官之小情，顿为万人之大弊。此实亡国之政，卿辈特须在意防也。"

唐太宗所说"元置中书、门下，本拟相防过误"，已经十分清楚明白。

1 昭陵远眺

唐太宗和长孙皇后的墓依山为陵,建在海拔1188米的九嵕山上。山脚下,渭河缓缓流过关中大平原。周围方圆数十里,有房玄龄、尉迟敬德、阿史那忠等文臣武将陪葬墓

2 昭陵外景

贞观制度对后世的巨大影响

唐朝是汉朝之后，中国历史的第二个高峰时代，政治制度的基础性作用在这个时代发挥了重要作用，但近代以来常常被忽略，甚为可惜。

在贞观的历史故事中总是听到皇上和魏徵的分歧。如果从制度的角度理解，实际的情况是：皇帝的意见由中书省表达，魏徵代表门下省反对中书省提的意见，实际上是反对皇帝的意见。唐朝三省制原理非常重要，体现了另一个理性精神——平行的制衡关系。古代中国有类似于现代政府的分工制衡工作原理，在唐代三省制中体现得特别充分。

唐玄宗时历史学家吴兢，撰写《贞观政要》十卷，表彰贞观之治，盛情推荐给唐玄宗。此后，唐后期皇帝无不以熟读《贞观政要》为重要功课。不仅如此，此书在东亚各国多有流传。唐初的制度，不仅影响盛唐，也影响整个唐朝。太宗、高宗之后，唐朝经历过武周政权，而中宗复辟成功，便打出恢复初唐的旗帜。至玄宗时代，制度调整完善，终成开元盛世。贞观制度，正是基础。

推荐阅读

◦ [唐] 吴兢：《贞观政要》，中华书局，2001 年

◦ [宋] 袁枢：《通鉴纪事本末》（唐代部分），中华书局，1964 年

◦ 唐长孺：《魏晋南北朝隋唐史三论》，中华书局，2011 年

◦ 赵克尧、许道勋：《唐太宗传》，人民出版社，2002 年

◦ 孟宪实：《从玄武门之变到贞观之治》，广西师范大学出版社，2007 年

唐招提寺藏《东征传绘卷》（局部）

第四章 写入日本历史的大唐基因

韩 昇

复旦大学历史系教授,多年来一直研究中日关系史。他曾多次前往日本学习、探访和讲学,对历史上的中日文化交流有着非常独到的认识。

在唐代,长安是东亚世界的中心,各国使者蜂拥而来,多达数百人的日本遣唐使不可能尽数进入长安,只有少数人获此幸运,而更多的留学生和留学僧分赴唐朝各地学习。这种情况使得日本对整个中国文化以及各地的文化珍宝有广泛的了解。

1 | 最有名的日本遣唐留学生

在整个中国古代，哪个国家和中国走得最近呢？答案是日本。日本对中国几乎达到亦步亦趋的程度。特别是在唐朝，日本对中国无比地崇敬，对唐朝的文化、制度无所不学，唯恐差那么一点点。

唐朝建立以后，来了大批日本使者，日本历史学家称之为"遣唐使"。说起遣唐使，这是在整个国际关系史上非常少见的现象，我们很难见到一个国家在这么长的时段里持续向另一个国家派遣大规模的文化学习使团。

日本遣唐使的变化

> 白江口之战
> 付出沉重代价的遣唐使
> 粟田真人与阿倍仲麻吕

日本和唐朝的关系可以分为两个阶段。在唐朝和日本爆发白江口之战（663年8月27—28日，唐朝、新罗联军与倭国、百济联军于白江口发生的一次水战。白江口在今韩国锦江入海口）以前，日本派往唐朝的使者主要是来处理国家之间的关系，属于国家间的使者。

白江口之战，日本惨败，此后数十年，日本对唐朝非常警惕，担心唐朝会趁势入侵日本。所以，几十年间日本在全国修筑工事，防备唐朝。然而，唐朝不断向日本表示友好，送还战俘，还输出日本所需要的文化，终于使其认识到白江口之战不仅输在军事，更输在国家的文化制度上，是先进战胜了落后。

于是，日本在702年终于重新向唐朝派出使节。此后使团的性质发生重大改变，把学习唐朝文化作为主要目的。使团除了人数不多的

1 《东征传绘卷》中描绘的日本遣唐使拜会鉴真 唐招提寺藏
2 粟田真人像

外交使节外,主要由留学生、留学僧这两类人员构成,人数众多。遣唐使鼎盛时期,使团人数多达400—600人,持续不断,恨不得把唐朝的东西都搬回国去。

然而,遣唐使付出的代价非常沉重。当时,日本的造船技术很差,船只经不起风浪,往往从中间折断,大约有一半人葬身海底。付出如此巨大的牺牲,日本还是源源不断地派遣使者,前仆后继地来到唐朝。可知这个国家为了追求自身的文化提升是勇于牺牲的。

702年以后的遣唐使就是在这个背景下出现的。其成员是日本国内百里挑一的优秀人才。像武则天时期来的遣唐使,大使名叫粟田真人(日本第八任遣唐使),与武则天在朝堂上应对,让武则天发现日本的使节有了变化。以前来的日本使节经常胡吹海侃,把日本说得如何伟大、如何厉害,唐朝人一听就觉得靠不住,怀疑他们不老实。这一回,粟田真人跟武则天讲的是真话,而且彬彬有礼,出口成章,写一手好书法,还能写汉诗。武则天大为感慨,称

第四章 写入日本历史的大唐基因　85

赞日本是东方君子国,设宴招待粟田真人大使。

众所周知,唐朝在当时是领导东方世界的国家,周边各国的国际地位往往要到唐朝大舞台上展现与定位。获得唐朝的认可,国际地位就可以提升。粟田真人获得唐朝的高度赞赏,为日本赢得了荣誉,因此日本在东方世界的国家地位就获得很大的提升。

有鉴于此,日本此后派遣使节就更加注重这个方面。唐玄宗时期,日本的遣唐大使藤原清河(第十一任日本遣唐使)和阿倍仲麻吕(698—770,汉名朝衡,又作晁衡。日本奈良时代的遣唐留学生)一起来到唐朝,见了唐玄宗。唐玄宗非常感慨,再一次说日本是君子国,宴请日本使者。这里出现了一位非常重要的人物——阿倍仲麻吕。

唐玄宗最看重的日本留学生

阿倍仲麻吕很早来到唐朝。702年以后,日本向唐朝学习,派遣大批人员到唐朝长期留学,除了学习唐朝文化、典章制度,还学习国家管理、内政外交等。阿倍仲麻吕留学时间很长,通过他的介绍,遣唐大使藤原清河受到唐玄宗接见,相谈甚欢,彼此印象深刻。

> 皇帝顾问
> 王维、李白的朋友
> 思念家乡与眷恋唐朝

阿倍仲麻吕在唐朝担任过数个官职,主要在朝廷中枢部门从事文职工作,后来升任秘书监,成为皇帝的顾问。唐初魏徵也曾担任过秘书监,可见其重要性。

阿倍仲麻吕有精湛的文化修养,精于诗歌书法,还结交许多著名诗人,大名鼎鼎的诗人王维和李白都与他有深交,常作诗酬唱。

在唐朝生活数十年后,阿倍仲麻吕怀念家乡,多次申请归国,唐朝一再挽留,直到他年老之时才获得批准。回国时,他十分感慨,写下《衔命还国作》诗篇:

阿倍仲麻吕的《明州望月》

相传，阿倍仲麻吕昔日留学唐土，长久未归。多年后日本又派遣唐使，当他随船回国时，唐朝友人在明州（今浙江宁波）海边为其饯行。夜幕降临，明月当空，阿倍仲麻吕望月吟咏：

远天翘首望，春日故乡情。
三笠山头月，今宵海外明。

这首和歌在日本久负盛名，盛传至今。日本江户时代浮世绘画家葛饰北斋（1760—1894）绘过两幅《阿倍仲麻吕明州望月》图，影响甚广。近代著名画家富冈铁斋（1837—1924）于1914年绘制《阿倍仲麻吕明州望月》屏风，如今已成为日本重要文化遗产。

葛饰北斋《诗歌写真镜》之阿倍仲麻吕　大英博物馆藏

衔命将辞国，非才忝侍臣。
天中恋明主，海外忆慈亲。
伏奏违金阙，騑骖去玉津。
蓬莱乡路远，若木故园林。
西望怀恩日，东归感义辰。
平生一宝剑，留赠结交人。

诗中流露出阿倍仲麻吕对唐玄宗和唐朝的眷恋，此间的挚友这辈子只能在梦里相会了。没想到他搭乘的船一出海就遭遇海难，一行人漂流到南方海岛，难友大多被当地"野人"生吞活剥，仅存阿倍仲麻吕等寥寥数人。此后他艰难辗转回到长安，重新在唐朝任官。

阿倍仲麻吕回国途中遇难的消息传到长安，大家以为他死了，纷纷写诗悼念，哀痛感伤。李白《哭晁卿衡》悲歌：

> 日本晁卿辞帝都，征帆一片绕蓬壶。
> 明月不归沉碧海，白云愁色满苍梧。

阿倍仲麻吕给唐朝留下了一种日本奋发向上、追求文化的深刻印象。唐朝也通过遣唐使，把大量的优秀文化传给日本，推进其社会进步。

杨贵妃逃逸日本的传奇故事

从唐朝直至清朝，日本都崇尚中国，总想着把中国的种种美好带回日本，因此产生了许多故事。比如曾经横扫欧亚的成吉思汗，日本人编出他骑着高头大马跨海进入日本，成为武士统治当地的英雄故事。日本人认为最能代表唐朝美女形象与气质的杨贵妃当然也不能随便死去，于是，诞生了杨贵妃逃出乱军之手潜入日本的故事。

> 古代日本对中国的憧憬
> 日本的杨贵妃墓与神像

谈到安史之乱的真实情况，是唐玄宗所用的杨国忠误国，激反了安禄山。安禄山叛军攻陷长安，唐玄宗仓皇出逃，走到马嵬坡（今陕西省兴平市西）时，卫队发动兵谏，杀死杨国忠。士兵担心唐玄宗秋后算账，要求处死杨贵妃。

唐玄宗力保杨贵妃，再三辩白杨贵妃不问国事，与她无关。但是士兵们依然担忧，坚持要处死杨贵妃。双方僵持一夜，高力士觉得形势危急，冒死劝谏唐玄宗道：如果不处死杨贵妃，恐怕会激成兵变。唐玄宗被迫同意用白绢勒死杨贵妃，并陈尸庭前，让士兵确认。

显而易见，杨贵妃肯定死了。因为大内卫队太熟悉杨贵妃了，不可能发生由别人来顶替的情况。可是，这个故事太凄凉了，让一个美女如此死去，日本人于心不忍。所以他们编造故事，称那天风急夜黑，玄宗找了一个貌似杨贵妃的美女顶替，蒙骗过去。杨贵妃则由阿倍仲麻吕带着，穿过漫漫草原逃到日本，隐姓埋名居住在京都的寺院里。为了这个传说，我几次三番探寻该寺，目睹香客对杨贵妃神像的顶礼膜拜。

1 日本京都御庙泉涌寺"杨贵妃观音堂"
2 被称为"杨贵妃之乡"的日本久津村中杨贵妃之墓

第四章 写入日本历史的大唐基因

杨贵妃日本传奇的另一版本

流传在日本的杨贵妃传说大致有"死里逃生"与"神明化身"两种类型。名古屋热田神宫流传的杨妃传说为：杨贵妃为热田神宫供奉的热田大明神的化身，因唐玄宗企图征伐日本，所以热田大明神便化身为杨贵妃迷惑唐玄宗，并挫败唐玄宗的征日计划，最终使日本得以平安无事。当杨贵妃在马嵬坡被赐死后，其魂魄飞回日本的热田神宫。据传先前在热田神社内有杨贵妃的坟冢，现已不见。

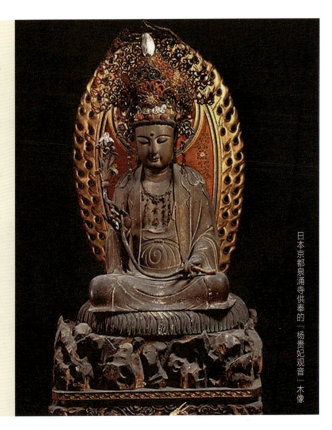

日本京都泉涌寺供奉的"杨贵妃观音"木像

日本人相信杨贵妃到了日本，因此有好几个地方都出现了杨贵妃的墓。从成吉思汗到杨贵妃的故事，反映的是古代日本对中国的憧憬，而不是真实的历史。

日本人对唐朝文化的追求

> 分赴各地的遣唐使
> 集中全力输入文化产品
> 由官方转向民间的中日交往

在唐代，长安是东亚世界的中心，各国使者蜂拥而来，多达数百人的日本遣唐使不可能尽数进入长安，只有少数人获此幸运，而更多的留学生和留学

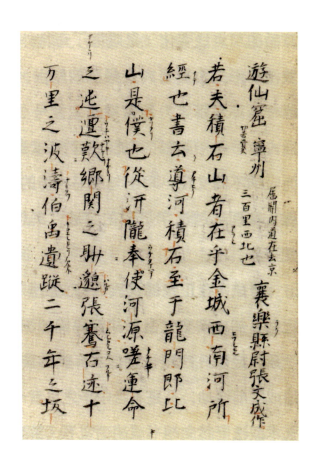

遣唐使时期《游仙窟》抄本 日本京都阳明文库藏

僧分赴唐朝各地学习。这种情况使得日本对整个中国文化以及各地的文化珍宝有广泛的了解。例如日本人很喜欢张鷟（约660—740，著有唐传奇《游仙窟》等）的作品，唐人笔记讲到，有一次张鷟要出门旅行，上船时有人追了上来，要买他的文集。追赶上来的就是日本的遣唐使，他知道在何处购买什么，孜孜以求，不辞辛劳。

日本在吸收先进文化方面从不吝啬。古代日本其实很穷，经济生产远远落后于唐朝，没有什么东西能够卖给唐朝，而希望从唐朝进口的东西不计其数，财力却不足。日本朝野目标很明确，集中全力输入文化产品。当时日本把国内能够挖到的含金量很低的砂金供给遣唐使，让他们到唐朝求学和购书。只要是用在文化方面，钱用完了，日本朝廷会再送过来。金钱换成书籍、文物，一船船运回国去，以至于日本想要的唐朝典籍几乎网罗无遗，如唐朝新编的《大藏经》，甫完成旋购入。日本对提升文化的追求，由来已久。

唐朝末期发生动乱，而此时日本已经建成有系统的文化体系，因此菅原道真向日本朝廷提出停止派出遣唐使。停派遣唐使不是两国关系的终止，而是日本朝廷垄断文化交流的结束。实际上，此后的中日文化交往转由民间承担，寺院、商家、士人频频往来于中日之间，商贸交易的广度远胜于前，宋明文化源源不断输入日本。

2 | 唐朝佛教如何传到日本

铜镜映照出来的佛教传播史

中国对日本文化的影响，佛教方面分量甚重，一脉相承。最早传入日本的佛教形态，并非经论僧侣，而是铜镜上的佛陀雕像。

> 铜镜上的佛陀雕像
> 佛教成为日本国家宗教

日本考古发掘出很多3—4世纪的铜镜，不过它们并非日用品。在古代中国江南民间，镜子有辟邪的作用。楚人墓葬常见两种东西：朱砂和镜子，都具有辟邪的意义，它们都传到了日本。

首先，日本神社使用朱砂红，山水河道上往往架设朱砂红桥，皆可看到古代楚文化的影响。中国出土的楚墓随葬漆器上，其中许多都有黑漆与朱砂红构成的图案。

其次，楚墓棺中死者四周放置镜子以避邪。镜子传入日本后，也被用于宗教祭祀仪式中。比如神道教（日本原始宗教，主要祭祀日本本土天神地衹，以日本皇祖皇宗的遗训为内容，属于泛灵多神信仰），其神社龛中没有任何坐像，空空如也，常常只悬挂一面铜镜。因为日本人认为，人见不到神，只能通过镜子仿佛呈现出神的影子。因此镜子具有神秘性，又带有宗教性。铜镜传入日本后更多用在宗教方面。

日本出土的3—4世纪的镜子有何种雕像呢？常见的是东王公、西王母，属于中国道教信仰。其中更出现了佛陀雕像，如著名的"三角缘佛兽镜"，可知佛像已经通过雕像传入日本了。这比日本学术界判定的6世纪佛教自百济传入，要早两百多年，对此我发表过专门的研究论文。

1 狩猎纹漆樽 湖南长沙颜家岭
  35号楚墓出土
2 三角缘佛兽镜
3 日本庭院中的朱砂红桥

3—9 世纪，亚洲大陆有超过 100 万人迁移到日本，其中大量是中国移民，这无疑将许多中国文化和宗教传到日本。因此，我判定佛教最初就是通过这批人传入的，并且长期保存在大陆移民社会中。

在大陆移民中，有一支从事皮革和冶炼的司马家族。根据日本古代史籍和寺院记载，司马达等（又作司马达止，南朝梁人，被奉为日本佛师之祖）是日本最初的佛教弘扬者，他在日本结草堂奉佛。此后，从朝鲜半岛百济国再次传入佛教，因为社会底层已存在着佛教信众，具有信仰基础，所以日本朝廷可以迅速地将佛教提升为国家宗教。

司马达等和其他司马氏家族成员不但是日本最初的僧尼，而且还是寺院佛像的铸造师。日本最早的佛像（即飞鸟大佛）背后，镌刻的

1 2

1 日本奈良飞鸟寺飞鸟大佛

2 圣德太子与二王子像

铸造师名字就是鞍部止利，其祖父为司马达等。这尊佛像非常高大，代表了当时很高的青铜铸造技术。

在佛教成为日本国家宗教的过程中，发挥巨大作用的是圣德太子（574—622，飞鸟时代的皇族、政治家，用明天皇第二子），他推进了日本向隋朝靠拢，极大地提升了日本国家管理的水平，对日本历史做出了重大贡献。

为什么邀请鉴真去日本

由于国家的提倡，佛教在日本迅速普及，涌现出一大批僧人。无论这些僧人出身贵族或平民，

> 亟待解决的佛教正规化问题
> 鉴真的六次东渡
> 东大寺与唐招提寺

严格地说，他们都叫作"野和尚"。因为佛教有严格的戒律要求和出家的规定，比如说出家需要持戒，僧人的戒有250条，尼姑的戒有348条。不但要受戒，出家还要有剃度仪式。剃度必须有"三师七证"（三师与七证师的并称。指僧尼受具足戒时，戒场必须具足的戒师人数。又称十师、十僧），三个高僧与七个高僧证人正式为你剃度，才称得上是一个合格的和尚，否则都属于"自学成才"的和尚，也就是"野和尚"。

但是，日本没有"三师"，无法按照佛教规定剃度和尚，这是亟待解决的佛教正规化问题。于是遣唐使承担起了到中国寻找大德高僧前往日本的使命，他们先后聘请了几位，诸如江南高僧道璇（702—760，将禅、律、华严传至日本之第一人），他只身来到日本弘法，颇有建树，但仍不足以构成"三师"。遣唐使团的荣睿和普照找到扬州大明寺，拜见鉴真和尚（688—763，律宗南山宗传人，也是日本佛教南山律宗的开山祖师）。

鉴真是律宗和尚，这对于日本非常重要。因为日本既缺少"三师七证"，也缺乏佛教律师。鉴真是江南第一名僧，在佛教界声望隆重。

荣睿和普照壮着胆子尝试聘请鉴真,内心里恐怕不敢想望江南佛教"领袖"会到日本。他俩怯生生地提出邀请,万万没想到鉴真欣然同意了。

为什么同意呢?鉴真说道:我听说天台大师慧思(515—577)转世成为日本的圣德太子,天台大师都转世到了日本,我们更应该发扬光大,到日本弘法。

可是鉴真的弟子们无人愿意追随,他们不想到海岛陋国过艰苦的日子,更不敢冒险去漂洋过海。鉴真很不高兴,说:你们不去,我去!

此时鉴真已经年过五十,可以算得上是"老和尚"了。听到鉴真这么说,弟子们才勉强答应,而其中不想去的弟子竟然偷偷向官府告密,阻止了鉴真的东渡。但是,鉴真意志如铁,过了一段时间,当官府不再注意时,他悄悄启程前往日本。

鉴真东渡前后六次,经历五次失败。最惨的一次是出海后遇到海难,漂流到海南,遇到一群"野人",整船人被吃得所剩无几。但鉴真有很强大的法力,连"野人"看着也不由得敬佩不已,将他供养起来。后来鉴真在海南和广东沿海一带传教,辗转回到扬州。

鉴真第六次东渡终于成功了。他从日本九州鹿儿岛上岸,进入都城奈良,沿途受到隆重欢迎。我当年为了寻访鉴真之路,专门来到他上岸之地摄影纪念,以致敬意。

为了管理全国的佛教僧寺,日本朝廷大兴土木,营建了一座全国佛教总寺院,这就是今天到奈良旅游必去之处——东大寺。日本决定用这座大寺来安置鉴真。在这庄严的道场,鉴真举行了日本第一次的剃度受戒仪式。第一批受戒的是日本的天皇、皇后,以及一大批皇族、贵族子弟。现今东大寺旁还有一个戒坛院,是专门受戒受律的地方。鉴真到日本后,改变了日本的佛教,使其成为符合佛教规定的正规佛教。

鉴真到达日本时已年过花甲,而且双目失明。他深深怀念着家乡,晚年亲自主持修建一座唐朝样式的大伽蓝——唐招提寺(日本佛教律宗建筑群,由鉴真主持修建,于759年建成)。这是保存下来的日本唐式建筑中最美的寺院。

1 《东征传绘卷》中描绘的鉴真的苦难航程 唐招提寺藏
2 鉴真登陆之地 韩昇摄

1 唐招提寺正堂
2 鉴真和尚坐像

鉴真晚年住在这里，也圆寂在这里。如今去唐招提寺，还能看到鉴真的舍利塔。旁边有一个围墙紧紧围住的院子，任何人不得进入，这就是鉴真最后圆寂之地"御影堂"，也是一座优美的唐式建筑。门窗紧闭，寂寥无人，只有唐招提寺的方丈在规定的时间入内洒扫供养。当年我为了介绍鉴真和尚来到唐招提寺，承蒙方丈厚意亲自引领我入内瞻仰，见到了御影堂供奉着的鉴真坐像，那是鉴真生前寺院僧人用绢和漆所做的干漆坐像，栩栩如生，令人感觉到慈悲的鉴真与众同在。根据这尊干漆坐像，唐招提寺还在日本江户时代雕刻了一尊木雕坐像，安置于寺内戒坛院千手堂供人膜拜。

最聪明的空海

> 将密宗带回日本
> 日本平民教育的先驱
> 才华出众的空海

鉴真之后，把日本佛教推向顶峰的有两位大师，一位是天台宗的最澄（767—822，日本天台宗祖师，号"传教大师"），一位是真言宗的空海（774—835，日本密宗祖师，号"弘法大师"）。空海与唐人的交往更加密切，留下许多逸事传说。

空海原本与佛教无关，是一位学习儒学、准备迈向仕途之人。他天分极高，熟读经典。当他正要踏入仕途的时候，路上偶遇一位和尚，指斥儒家为俗世之学，劝他做出世学问，并讲解了佛经，令空海倾倒，从此弃儒学佛。

在修习佛教的过程中，空海总是打不通最关键的节点。佛教与其他宗教不同，必须修行实践，佛法讲得再好，没修行也是白讲。如果修行上面的关键节点打不通，何来开悟得"慧"呢？空海决定跟随遣唐使到唐朝来求法。

不幸的是，他和遣唐大使搭乘的船发生海难，一直漂到今日的福建霞浦。九死一生上岸后，已是一无所有，连证明身份的文件都沉入海底，无法通关入境。遣唐大使虽然是日本精心选拔的文化精英，但他解释了半天，福州观察使都不肯放行，就让他们一行人坐在沙滩上，快被太阳晒成"肉干"了。空海当时只是一个小沙弥，他自告奋勇，提笔写了一篇文情并茂的文章，合理合法，哀婉动人。观察使一读就懂，马上放行。看来不是唐朝官员刁难，而是遣唐大使写的东西唐人看不懂。

空海写的这篇文章保存至今，题为《为大使与福州观察使书》，四六骈文，韵律合辙，用典颇丰。空海的汉文修养显然精湛，这对于他日后在长安修行和交游助益甚大。

空海获准进入长安求法，他途经武夷山、江郎山，翻山越岭走到长安。在京城遍访名刹，最后找到了青龙寺方丈慧果（746—805，唐代密宗高僧）。青龙寺是密宗最早传入唐朝后的结晶之地，方丈慧果胸怀广博，坚持佛前众生平等原则，对前来求法者一视同仁，收下国内外许多僧人弟子，并将密宗正式传给空海，带回日本弘扬。由此唐代密宗弘传海外，逃过不久之后的"武宗灭法"劫难（由唐武宗发起的大规模拆毁佛寺和强迫僧尼还俗的毁佛运动），得以保存至今，堪称幸运。

空海回到日本后，扎扎实实地建设最为纯正的真言宗（密宗）。他在各地修行、建庙、弘法。如今离京都站不远的东寺（也称教王护国寺，位于日本京都车站西南，是联合国教科文组织批准的世界文化遗产），有空海在此地弘法时所建的五重塔，极为优美，成为电视中京都的标志性建筑。

日本人特别喜爱五重塔，它是唐塔诸多样式中的一种，木构斗拱式建筑，工艺复杂，技术难度高，必须用心保养修缮，不似砖土起塔易于保存，故唐朝之后渐渐绝迹。五重塔形态优美，传入日本之后，压倒其他佛塔样式，各大伽蓝竞相建构，几乎成为日本的象征之一。

空海在日本各地坚持不懈地弘法，吸引了众多信徒，他创立的真言宗蒸蒸日上。于是他开始考虑建立真言宗的根本道场，为此巡游各

东寺五重塔

地,终于找到了最适合的地方:高野山。这座山确实很美。它本身并不高,海拔只有 800 多米,但是它周围都是海拔 1000 米以上的高山,环抱其中,犹如一朵盛开的莲花。空海向嵯峨天皇(786—842,日本第五十二代天皇)申请将此山赐予他,在此创建密宗的总本山,成为日本佛教最为殊胜的地方。

在高野山,我们可以观赏到印度佛教寺塔建筑样式,它传到中国之后,再传到日本,看似唐朝风格,却是印度样式,这在其他地方难得一见。

1　高野山寺院建筑
2 3　高野山奥之院沿途的丰臣秀吉、织田信长墓园

空海非常注重平民教育，建立了全日本第一所平民教育学校，称作"综艺种智院"，传承至今。1949年增设大学教育，是日本历史最悠久的一所"大学"。

空海晚年在京都弘法的时候，感觉到身体不适，于是中断弘法，回到高野山，告诉弟子们他将要圆寂了。他安详地走进"奥之院"佛殿后面的小木屋，叮嘱弟子们不要进来打扰他闭关清修。从那一刻起，直到今日也没人踏进这座木屋，只有弟子们天天送饭到屋前，时越千年，依然如故，供养不绝，思念不断，此处成为高野山最神圣的地方。

高野山自开山以来，没有遭受到火灾兵燹，生态保存极佳，杉林茂密，特别是被称为灵魂原乡的"奥之院"，遍布着数人难以抱拢的千年杉树。小道两旁是千年墓园，很多在日本青史留名的人物，乃至高僧、名士、富商、侠客等各界精英，都埋葬于此，因为他们相信空海有超凡的力量，能够保佑并超度众生，所以争相把自己的灵魂寄托于此。"奥之院"被日本人视为灵魂的原乡。只要走一遍"奥之院"，几乎就把整部日本历史浏览一通。

空海《风信帖》

《风信帖》是空海致最澄三通信札并为一卷的总称,是空海归回日本后最重要的书法代表作。据说原有书札五通,每一通各自独立,除现存三通以外,另外两通一通献给关白丰臣,一通失窃佚失。《风信帖》由卷首"风信云书"四字而得名。第一通是寄给最澄的复信,商量佛法大事,共建法钟等。结尾有"东岭金兰"四字。"东岭"是指位居京都东方高耸的比睿山,即最澄创立天台宗道场的所在地。"金兰"语出自《易经·系辞上》:"二人同心,其利断金。同心之言,其臭如兰。"表述了空海对最澄的敬意和彼此之间的友谊如金兰之契。三通信札充分地显示出晋唐笔法风韵。此札被推定为空海四十岁左右时的笔迹。

1 空海书"高野山"
2 日本法隆寺西院伽蓝

空海才华出众，擅长诗歌，精于书法。实际上，他在唐朝跟慧果学密宗只有一年，而一年他就把密宗的所有关节点打通了。慧果非常欣赏他，将衣钵传给他，让他回去开山弘法。青龙寺求法的这一年里，他并不都在苦修，日常生活丰富多彩，结交了许多唐朝名士，赋诗酬唱，还到处宣讲佛法。一个外国人在中国弘法，用什么语言宣讲，唐朝人听得懂吗？

唐朝著名诗人胡伯崇写了一首《赠释空海歌》，描绘了空海讲法的情形：

说四句，演毗尼，凡夫听者尽归依。
天假吾师多伎术，就中草圣最狂逸。

空海弘法，听者全都皈依，他的影响力如此之大。唐朝还有许多诗人与他有诗歌酬答，作品留在《全唐诗》中。上面这首诗的最后一句赞美空海书法绝佳，其草书称为日本"三笔"（指日本平安时代初期三位最著名的书法家：空海、嵯峨天皇、橘逸势）之一。空海写得一手狂草，其他书体也十分精到。今天登上高野山，山门上高悬着他亲笔题写的"高野山"三个大字，精美可鉴。

3 | 为何中国人在日本有熟悉的"故乡感"

原汁原味的唐式建筑

> 壮丽舒展的法隆寺唐式屋顶

到日本,如果时间允许,我一定要去奈良和京都。为什么要去奈良和京都呢?因为那里留下了多座唐代的建筑。建筑是物化的"诗",来到奈良,我没有感觉到了日本古都,反而觉得自己仿佛回到了唐朝。因为除了去日本,我们可能已经找不到完整的唐代建筑了。奈良能够勾起我们对唐朝的追忆和向往。

唐代建筑讲究壮丽,那是一种舒展大气的包容之美。在奈良古寺中,法隆寺是必到之处,这是一处世界文化遗产,走进去,首先是一条长廊把整个院落围起。这种长廊环绕的样式,在东大寺也能见到。长廊大概有羽毛球场那么宽。到了大殿,外围又是宽阔的回廊,整整

第四章 写入日本历史的大唐基因

一圈。长廊宛如纽带，围住寺院，连接各殿；回廊像腰带，缠住殿堂。一条条的长廊，既是建筑本身的构成部分，也是从建筑物到大自然的过渡，坐在廊下欣赏大千世界，仿佛与世界融为一体，别有味道。

殿堂的屋檐突出于建筑物之外，一直向外延伸，仿佛要覆盖住无限的遥远。其线条笔直下斜，相比于宋朝屋檐前端的上卷，虽然少了一些精巧，却呈现一股大气。遥望唐式建筑的屋顶，会感受到气吞山河的气势。

正仓院的前世今生

> 唐代干栏式建筑
> 圣武天皇与光明皇后
> 最完整的唐代文物收藏

同样名列世界文化遗产的奈良东大寺，既然最初是朝廷作为天下佛教总寺院而建，总揽天下，自然要有仓库来存放珍宝。其中一座仓库完整地保存至今，即名闻世界的正仓院。

正仓院乃唐代建筑，底层高架，这种建筑样式来自中国江南，考古学家称之为干栏式建筑。上部唐式大屋顶，屋顶下面有三间大房，分别称作北仓、中仓和南仓。

北仓最为重要，存放着许多唐朝稀世珍宝，为日本皇室捐藏，令人叹为观止。其入藏源于一对醉心于佛教的天皇夫妇，天皇称圣武天皇（701—756，日本奈良时代的第四十五代天皇），皇后称光明皇后（701—760，姓藤原氏）。两人真诚热爱唐朝文化，一起学习唐朝书法，颇有心得，还收藏了许多唐朝顶级器物和艺术品。

圣武天皇去世后，日本朝廷的权力实际掌握在光明皇后手里，她也成为日本历史上最强势的皇后。光明皇后一生的偶像就是武则天，她和武则天在世时间相去不远。传说她仿效武则天让人按自己的容貌雕塑洛阳龙门石窟的卢舍那大佛，也让工匠依自己的容貌雕造了一座观音像，流传至今。

1 正仓院正面
2 正仓院木质建筑构件
3 传说依光明皇后容貌雕刻的观音像

圣武天皇去世后,光明皇后看到丈夫遗物,暗自神伤,遂将圣武天皇生前用过的物品全部捐入正仓院。这些器物涵盖了日本皇族从政治生活到日常生活的方方面面,其中一部分应该是唐朝皇帝赠予日本天皇的,数量之巨,品级之高,世无比肩,故正仓院号称是世界最完整、最全面收藏唐朝传世文物精华的地方,入选世界文化遗产。

世上唯一留存的五弦琵琶

正仓院的文物精美绝伦,这里只能略叙一二。先说举世无双的五弦琵琶。

> 五弦琵琶的音乐史意义
> 汇聚世界珍宝的琵琶
> 五弦琵琶如何流入日本

《唐书·音乐志》记述唐朝乐器有五弦琵琶,今人往往断句为"五弦琵琶",其实应作"五弦""琵琶"。亦即唐朝的琵琶分为五弦和四弦,今日所见皆为四弦,故不知尚有五弦。五弦琵琶自西域传入,流行于魏晋南北朝隋唐时代,宋朝以后逐渐绝迹,唯有四弦琵琶传世。幸好正仓院保存了一面五弦琵琶,令世人得以复睹唐物。

正仓院五弦琵琶的材质为紫檀木,上面涂漆,镶嵌螺钿,构成西域传入的忍冬纹以及唐人喜爱的团花图案。正面拨弦下方有一横条上漆,镶嵌螺钿,用以保护琴身。迄止初唐,琵琶都不是用手指弹拨,而是使用拨板,这容易划伤琴面,所以需涂漆保护。此处螺钿构图为胡人骑骆驼,横弹琵琶,且行且歌,来到唐朝。琵琶的螺钿装饰,红色的是玛瑙,发亮的是夜光贝(即夜光蝶螺),汇集几十种珍宝于一身。

正仓院展在每年十月下旬到十一月上旬举行,一年一次。每当展季,世界各地的参观者涌向这里,列成长队,争相目睹传世千年的文物精华。最珍贵的文物单柜展出,五弦琵琶一露面,熠熠生辉,震慑全场。

这面琵琶肯定来自唐朝。日本考古学家认为,要把几十种世界级

正仓院紫檀螺钿五弦琵琶正背面

的材料汇集在一起，日本不具有这个能力。比如说夜光贝来自南海，那么玛瑙来自哪里？象牙又来自何方？具有汇聚世界奇珍异宝能力的东方国家，唯有大唐。

如此精美珍贵的五弦琵琶是如何流入日本的呢？在唐日交流史中，曾经有一位重要的遣唐使高官醉心于唐朝文化，其子后来也成为遣唐使来到唐朝，拜刘氏为师，学习琵琶曲。刘氏乃唐朝顶级的琵琶师，学费昂贵，仅教两曲。这位日本学员艺术天分很高，很快就学会了。他学得快，曲子弹得美，刘师傅喜欢他，认为是平生难得一见的好学生。遂将琵琶技艺免费传授，甚至把女儿也嫁给了他。学成之后，刘师傅将祖传的珍贵琵琶相赠，让他带着妻子和琵琶回到了日本，成为唐日交流史上的佳话。

从国家交往方面，也可以找到一些线索。武则天、唐玄宗及唐朝的几位皇帝都很礼遇日本遣唐使，不但与他们交谈，还设宴招待，赠送礼物。皇帝出手相赠的礼物定非俗品。因此，可以推测这把珍贵的紫檀琵琶，很可能由唐朝皇室赠送给日本天皇，得以保存在正仓院。

日本的唐朝顶级香炉

> **紫檀金钿柄香炉**
> **法门寺香炉**

佛教讲经筵席上，僧人手持长柄香炉，焚香向法师致敬，称作"行香"。敦煌壁画中见有引路菩萨手持长柄香炉，接引世人喜登天国。魏晋隋唐时代，"行香"在俗世颇为流行，东魏皇帝升堂讲经，后来北齐的创建者高欢亲自行香。行香所用香炉颇为精美，正仓院保存有一柄紫檀金钿柄香炉，炉身铜制，鎏金，柄为紫檀，紫檀柄和香炉的接合部用金属做成一朵莲花的形状，炉沿蹲立一头狮子，回首观看柄上莲花。长柄后端也是一头狮子，遥相呼应。长柄上面覆有黄绣红锦，用黑黄双色丝带缠绕，精美无比。

1 2 3
  4

1 正仓院紫檀金钿柄香炉

2 正仓院紫檀金钿柄香炉（首部）

3 正仓院紫檀金钿柄香炉（尾部）

4 洛阳龙门西山荷泽神会墓出土狮子镇柄香炉（线图）

此类长柄香炉在正仓院共有五柄，中国可有收藏？国内考古发掘填补了存世的空白，从禅宗神会和尚（684—758，禅宗六祖惠能晚期弟子，荷泽宗的创始者）的墓中发掘出一柄香炉，亦是铜制，柄尾蹲坐一头狮子，与正仓院紫檀金钿柄香炉形制相同。

据记载，皇帝嘉奖神会，赐予他一柄香炉，推测便是其墓中出土的这柄。据此可以判定，正仓院收藏的几柄香炉应该同为唐朝所用器物。

此后，中国又出现了新的物证。在陕西省扶风县法门寺地宫发现的唐代佛教金银器物中，也有一把素面长柄银手炉，呈高圈足杯状，柄为如意云头曲折状，香炉与长柄连接处用心形或花瓣形金属片装饰，以两颗圆头钉固定，炉身把手接在手柄上成为受力支柱，同正仓院香炉制法完全相同。对比中日两国收藏的唐朝香炉，可以判断正仓院中的香炉属于唐朝顶级的珍宝。

第四章 写入日本历史的大唐基因

1 正仓院赤铜柄香炉
2 法门寺地宫出土素面长柄银手炉
3 日本高松冢古墓壁画中穿着唐服的人像

正仓院文物涵盖面很广，从日常生活到政治活动的各个方面，通过这些器物可以还原当时日本朝廷最上层的生活，还可以研究唐日之间的高层交往。

日本文化里的唐朝基因

> 现代日语中的"唐音系"
> 和服与唐服
> 唐画东渡

唐朝文化对日本的影响是全方位的，在不经意间都能发现其踪迹，哪怕在现代日语里也保存着许多中国古语言。日语的语音要素有两个：一个称为"吴音"，即唐以前中国江南的语音，在日本佛经唱诵中保存最多。唐朝崛起后，其文化覆盖性地传入日本，大大改变了日语，出现了"唐音"。唐音主要为洛阳语音。不同时代的中国语音先后传入，造成日语中同一个词语有多种读音的现象，"吴音系"和"唐音系"的不同读法，并存于现代日语中。

至于生活层面，同样处处可以发现唐朝文化的影响。如日本的和服，虽然称作"和服"，但追溯到唐朝壁画，就能发现它还是源于唐服。唐朝的服饰千姿百态，今天所能看到的时髦女装，其实在唐朝大多出现了，像露肩、短裙，当然也有包裹全身的长装。其中有一种日本人特别喜欢的样式，从唐朝流传到日本后，日本人进行了符合自己审美观的改造，他们觉得女性的美除了面容和身材以外，脖子也非常美，

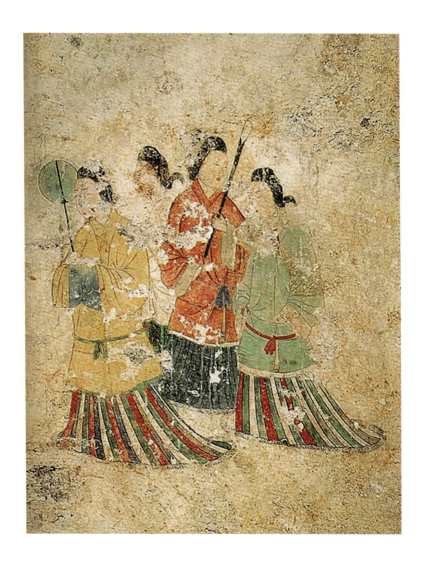

所以将唐服的领子后坠，让脖子到后背的线条呈现出来；另外再加上一条腰带，把腰线提高，显得腿长，掩盖掉身材上的短板；腰带把衣裳束紧后，迈不开大步，正好配上唐朝的木屐；木屐加两个齿，走起路来身体一扭一扭，身姿像柳条飘动，唐服就这样被改造成为适合日本风情的"和服"。

唐朝建筑内部是一个巨大的空间，用拉门或者屏风进行分割。日本奈良、平安时代采用唐式建筑，所以正仓院里保存过一百叠屏风，现在还藏有四十叠，其中一叠特别有名，称作"鸟毛立女屏风"，由

正仓院鸟毛立女屏风
（第2、3扇）

六扇画屏构成，画的是一位标准的唐朝美女：圆滚滚的脸，穿着盛装，屏风描绘了同一个美女的六个侧面，三个站姿、三个坐姿合成了这一组屏风。后来日本对它进行了全方位的研究，首先从画屏的纸张入手，研究发现里面用大量日本纸作里衬，因此可以判定这是日本人的画作，不是从唐朝传入的。

这让我非常吃惊，日本人也掌握了这种唐朝的画法，画得如此传神，惟妙惟肖。这几扇屏风画以往一直被认作唐画，即使拿到中国来鉴定，也会被认定为一流的唐画，有一扇画的造型酷似唐朝周昉的名画《簪花仕女图》。更加奇怪的是她身上穿的衣裳，有一块块像鱼鳞样的斑。这是一件什么衣服呢？日本早稻田大学教授根据壁画进行研究，还原了鱼鳞斑，原来是把各种鸟身上最美的羽毛剪成这个形状再缝上去的。一众美人穿上这样的衣裳翩翩起舞，仿佛百鸟朝凤一般。这件衣裳就是失传已久、却见之于唐人诗文里的"霓裳羽衣"。

所以只要你走进日本的奈良、京都，进入日本的传统世界，在任何一个地方，都可以不经意地发现来自古代中国的文化要素，看到中日两国一衣带水、源远流长的历史与文化。

推荐阅读

◎［日］木宫泰彦：《日中文化交流史》，商务印书馆，1980 年

◎王维坤：《中日文化交流的考古学研究》，陕西人民出版社，2002 年

◎韩昇：《东亚世界形成史论》（增订版），中国方正出版社，2015 年

◎［日］后藤昭雄：《日本古代汉文学与中国文学》，中华书局，2006 年

◎刘晓峰：《东亚的时间——岁时文化的比较研究》，中华书局，2007 年

正仓院中的唐朝文化

黑柿苏芳染金银山水绘箱 中仓 156

该箱被认为是鉴真带来的物品,或是随同鉴真来日的弟子们(二十四人)在日本制作的物品。画面中景以三角结构凸显中央山势高耸,屏风般的三座山石包围低谷,形成圈围式空间,这样的空间构图常见于唐代敦煌壁画与帛画中,多作为佛教故事人物的活动场景。

缥地大唐花文锦琵琶袋 南仓 103

据推测是正仓院南仓里四面琵琶之一的袋子。该锦代表了盛唐时期纬锦(用横线来表现颜色和纹样)的极高水准。缥色底上有直径五十三厘米的富丽唐花,使用了与白、黄、绿、赤、紫等底色加在一起合计九种颜色的纬线,织出莲花、忍冬等花草,左右对称,华美端庄,而当时日本产的锦缎最多不过七色。

墨 中仓 41

正仓院收藏的唐墨当为现存最古的墨,背后有朱书"开元四年"纪年。与常见的明清墨多为方形、圆形,并且画有精致图案不同,唐墨多为舟型。

黄金琉璃钿背十二棱镜 南仓 70

正仓院收藏的黄金琉璃钿背十二棱镜，世人称之为七宝镜，七宝是在金属表面上釉烧制的技法。这面镜子不同于一般以白铜为原料，而采用白银，镜背用贴金银片装饰镜缘，用金银线条勾勒出花瓣，大小花瓣各六枚，层层相叠，中央以花芯为镜纽，花瓣上褐、淡绿和深绿三种颜色的彩釉，色彩鲜艳，极为华美，充分表现出唐人喜爱艳丽饱满色彩的审美取向。

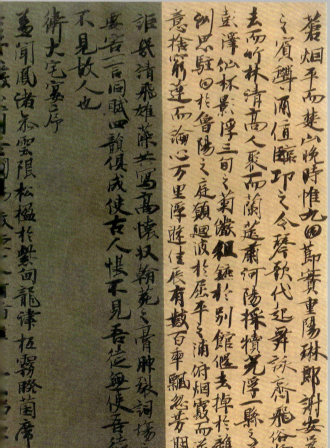

王勃《诗序》 中仓 13

唐朝文化在日本传播之迅速，在正仓院文书中可以得到印证。正仓院中仓保存的初唐诗人王勃的《诗序》，虽有破损，但经过专家修补，可以见到全貌。《诗序》收录序文41篇，书写于白、黄、赤、绿、褐色彩纸上，共计30章。和现在通行的王勃文集对照，有20篇诗序是现行本所未收的，弥足珍贵。还有一点值得注意的是，《诗序》里使用了不少武则天创制的文字。武则天在690年别出心裁创制了一批文字，705年她下台后，这些文字就被取消了。这些昙花一现的文字，竟出现在日本人的写卷里，联系到王勃是一位英年早逝的初唐诗人，他的文集在唐朝流行不久后就传入日本，我们不能不对唐朝文化在日本的迅速传播感到惊叹。

打马球图(局部) 唐 章怀太子墓西壁

第五章 唐朝与西域的文化融合

葛承雍

中国文化遗产研究院教授，陕西师范大学人文社科高等研究院学术委员会主任，对于唐朝的西域文明有深入研究。

唐朝能够吸引各国和邻近民族蜂拥而至，并不是简单的具有开放性，更重要的是具有文明世界的优越性：物质富裕，典章制度完善，中央有权威和军事实力威慑，宗教有理性的宽容，文学艺术有创造性，还有科学技术的领先，乃至穿着装束都很时髦新潮。没有政治、经济、文化各方面走在世界前列的优越性，没有巨大活力的盛唐气象，单凭所谓的开放性不可能形成国际性的特点。

1 | 唐朝为何会成为"世界性"的国家

众所周知,当我们提及古代中国,唐朝的影响最大。全世界有华人的地方都有唐人街。有些美国人喜欢把唐朝比作现代的美国,把唐朝的长安比作美国的纽约。这种说法反映了在文明交流的历史上,唐朝已经达到了世界的高度。

唐朝的"世界性":爱之如一

> 调整传统的华夷秩序
> 打破民族壁垒的七种政策

要了解唐朝作为一个大国的崛起、发展和在古代世界的影响,先要了解一下唐朝的"世界性"。唐朝与以往朝代不同,它是一个天下的国家。唐太宗李世民曾宣称:"自古皆贵中华,贱夷狄,朕独爱之如一,故其种落皆依朕如父母。"(《资治通鉴》)过去汉人建立的中华帝国,多认为周边的民族是"夷狄",所以造成了以国为家的中原王朝与周边民族部落之间的不协调,进而引发矛盾和战争冲突。而唐太宗时期宣扬"爱之如一",即四海一家、混一融洽的思想,打破了传统歧视偏见和民族隔离的界限。所以"世界性"是了解唐朝文明的关键。

所谓"世界性",不仅要跨越实际的边界和国境,而且要打破心理上的信念和民族之间的壁垒。就此而言,对唐朝的文明应该先了解以下几个方面:

首先,唐朝允许外国人入境居住。自汉代以来,大量周边民族和其他外国人得以进入中国。据史书的不完全记载,4世纪到5世纪前期,至少两百多万人进入北方地区,历史上称之为"五胡十六国"时期,也有人站在汉族的立场上称其为"五胡乱华"。当然以现在的视角来看,通过民族融合吸取外来力量,补充新鲜血液,是国家崛起过程中很重要的方面。

继北朝与隋朝后,唐朝又一次出现了大规模的民族迁徙。进入唐朝的各民族有被迫内迁和寻求保护两种情况。当时有15万突厥人进入长安,其中居住在长安城内的就有1万余家。如果按照一家五口人计算,数量可想而知。后来西突厥又有六七万人进入唐朝,因此有很多民族来到了中国内地。历史上的敦煌、凉州等地,以及长安、洛阳一直到太原、苏州、扬州,再到现在北京所在地的范阳(幽州),都有大量外来人口到来,形成一个个移民聚居地。

现代考古挖掘出土了很多墓葬,其中墓主人有安姓、康姓、米姓、何姓、史姓、曹姓、穆姓等,他们都来自中亚,即现在的中亚五国地区。当时把他们叫作粟特人,也叫作昭武九姓。很多人来到这里选择了定居,唐朝对他们持以欢迎的态度,这种外来民族入境居住是在当时非常包容的大环境下才能实现的。

有个很著名的例子。在唐高宗咸亨年间(670—674),有一位波斯王子叫卑路斯,他的国家萨珊波斯被阿拉伯军队所灭,卑路斯跑到唐朝求救。唐朝封他做长安城里的官,叫作右武卫将军。跟随他来的波斯王室成员和贵族子弟有上千人,他们也一直住在长安,并希望唐朝能够帮助他们收复失去的故地,重返波斯。但终因路途遥远未能实现,后来王子在长安去世。虽然在考古发掘中,我们已找到了许多中亚人和一些波斯人的墓葬,但这位王子的墓葬至今尚未发现。如果能够发现,将是中国和波斯交往史上一个很有趣的亮点。

除了允许入境居住,更重要的是唐朝允许他们自主管理,因此在很多唐朝的城市里,他们有自己

唐 外国人象牙头像俑 广州西汉南越王博物馆藏

的"坊",当时称之为"蕃坊"。一个个"蕃坊"就是一个个外来民族的聚落,这在中国历史上是很少见的现象。

其次,允许外国人参政做官。唐朝从中央到地方都有外国人或异族人做官。据统计,唐朝751位(人次)刺史中,异族人就有76位(人次),占十分之一,还不包括已经被汉化的异族人。甚至有一家三代在唐朝做官的。一个康国(今乌兹别克斯坦的撒马尔罕)的商人叫康谦,唐玄宗时期,被授予安南都护,而后又在肃宗时期当过鸿胪卿(相当于现在的外交部副部长)。从南方到北方,他都任过相应的官职。另外还有龟兹人、波斯人、日本人、新罗人等都在唐朝做过官,唐朝对在长安做官的外族人采取了信任的态度,这也是中外历史上不多见的。

第三个方面是重用蕃将统军。出土的墓志中,我们发现外来民族的蕃将有很多,其中最有名的是突厥人:阿史那社尔、阿史那忠、阿史那思摩等。还有一些来自其他国家的人,也都可以担任唐朝军队里的武将,有的在朝任职,有的戍边守疆。唐玄宗时期,曾以外族将领32人代替汉族将领,拱卫中原,他们成为支撑这个帝国的重要柱石。当然这也给一些野心家机会,引发了后来的安史之乱。但从中可以看出,这一时期有很多外族人担任了唐朝军队里的高官,他们效忠朝廷,为唐朝护国守疆,成为史书中记载的"名将"。

第四个方面是法律地位平等。根据《唐六典》的记载,盛唐时有

1 阿史那社尔墓志拓片
2 现存唐乾陵六十一蕃王像
3 彩绘胡人俑 新疆阿斯塔那张雄夫妇墓出土
4 身后背囊打结的胡商俑 大英博物馆藏
5 卧驼及骑驼俑 陕西西安韩森寨出土

70余个国家与唐王朝往来密切,外国人在唐朝居住难免有违法犯罪现象。唐朝对外国侨民在中国领土犯法所产生的法律纠纷,有专门的法律规定。即在唐朝犯法,一律遵循唐朝律法,外族人在法律地位上和汉人完全平等,没有特别的治外法权。这一规定很有意义,因为直到现代社会才有的"属地管辖原则"在当时已经出现。

第五个方面是保护通商贸易。唐朝在贞观初年便规定了公私往来交易不受限制,在边境地区进行交易还享有优惠政策。由此可以看出唐朝对商业活动非常重视,采取措施保护贸易,不仅在西域驻扎军队保护商旅的安全,而且商税较低。在我们现在看来,丝绸之路上的贸易似乎很容易,其实非常艰难。在比较危险的路段,商人一般不敢单独携带货物贸易,有时需要几百人成群结队抱团出发。

商人行走在丝绸之路上,有可能遭遇自然灾害,还可能会遇到盗匪的抢劫。很多商人甚至割开自己的肉体,把携带的珠宝藏在胳膊或大腿的皮肤下,只有到了长安或是到了目的地后才取出,这都是为了防止珍宝丢失。丝绸之路上的通商不是按照里程计算的,往往是按年月计。从长安到撒马尔罕,甚至需要半年的时间,不是我们想象得那样很快就能到,商贸的利润面临着层层盘剥,因此着实不易。

第六个方面是允许通婚联姻。唐朝允许外国人娶妻,与唐人通婚

第五章 唐朝与西域的文化融合

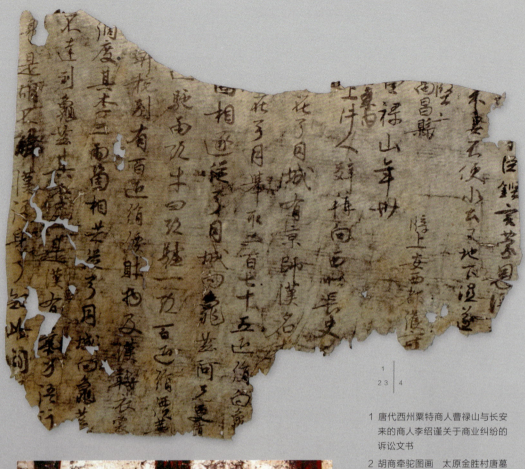

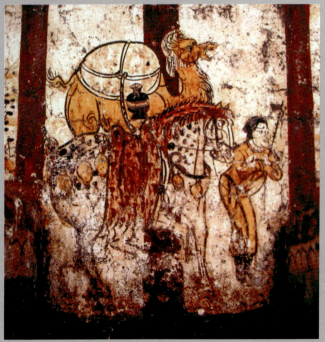

1 唐代西州粟特商人曹禄山与长安来的商人李绍谨关于商业纠纷的诉讼文书

2 胡商牵驼图画　太原金胜村唐墓出土壁画

3 敦煌景教主教画像复原图

4 明天启三年出土的"大秦景教流行中国碑"　西安碑林博物馆藏

联姻。从出土的唐代墓志里可以看到，粟特人即昭武九姓，如安、曹、何、史、康姓等，与汉族刘、韩、高、罗姓联姻都很普遍。特别是在散布内地的粟特移民聚落中，胡汉民族杂居在一起。一些有钱的胡商，他们会久居长安达 40 余年，在长安娶妻、买房、购置田产。即使到了唐代中期，政府为了减轻财政负担而清查户籍让他们离开，他们都不愿意走，将中国视为第二故乡。

胡汉联姻在这个时期非常多。据了解，唐高祖 19 个女儿有 7 个嫁给了胡族，唐太宗 21 个女儿中 8 个有异族的驸马，唐玄宗 30 个女儿里有 5 个嫁给了胡族的大臣，因此胡汉联姻的后代在后来被称作"杂胡"。这些联姻男女的故事非常有意思，在考古出土的墓志和史书的记载中我们能看到很多。

第七个方面是允许外国僧侣来传教。唐朝对外来宗教传播并不加以严厉限制，各种宗教的僧侣都可以进入唐朝。不仅对佛教开放，当时还出现了"三夷教"。"三夷教"是指祆教、景教、摩尼教。祆教是琐罗亚斯德教，产生于波斯；景教产生于叙利亚的聂斯脱里派，是基督教的早期东方教派；此外还有摩尼教（发源于古代波斯萨珊王朝，主要教义为"二宗三际论"，崇尚光明）。一般人对这三种宗教比较陌生，在我们的中学课本中曾出现过景教，西安碑林中最著名的就是矗立了一千多年的"大秦景教流行中国碑"。景教是早期的基督教，直到现在，很多欧洲的基督徒来到西安后，都会抱着碑抚摸着哭泣，他们深切怀念自己的祖先并为他们在千年前来到长安而感到自豪，这是非常动人的场景。现在也发现了越来越多的景教文物和遗址，在当时都是外来民族、外来移民的精神支柱。唐朝允许他们利用宗教达成团结，允许不同的宗教徒入华居住，这也正反映了唐朝国际性的特点。

最后一个方面是留学人员的云集。根据《资治通鉴》记载，仅贞观十四年（640），在长安国子监留学人员多达8000余人。通常这些学生的素质比较高，他们首先要懂汉语，其中有来自日本、高丽、百济、新罗等东亚的学生，也有来自高昌等西域地区的学生。他们不仅在长安读书，而且参加科举考试，在中国境内生活了很多年。他们年轻时来到中国，直到学有成就才回国，甚至有些人在中了"宾贡"进士后才返回。像著名的日本阿倍仲麻吕、吉备真备、僧空海等都是其中的杰出人物，这对唐朝文化的向外传播起到很大作用，在华留学生无疑增加了唐朝的国际色彩。

唐朝特殊的"民族性"

> 唐朝统治集团的鲜卑背景
> 外语交流与多语言环境

唐朝能够吸引各国和邻近民族蜂拥而至，并不是简单的具有开放性，更重要的是具有先进文明的优越性：物质富裕，典章制度完善，中央有权威和军事实力威慑，宗教有理性的宽容，文学艺术有创造性，还有科学技术的领先，乃至穿着装束都很时髦新潮。没有政治、经济、文化各方面都走在世界前列的优越性，没有巨大、充满活力的盛唐气象，单凭所谓的开放性不可能形成国际性的特点。

当然这与唐朝的民族性也有很大关系。因为李唐王朝家族来自北方的胡族，过去称之为鲜卑族。鲜卑族后来消失，完全被汉化，但是他们会说鲜卑语，并与北方的突厥往来非常密切。最有意思的是，唐太宗会说突厥语，他与突厥的可汗在长安北部见面时，两个人相隔渭水用突厥语交谈，最后突厥同意退兵，不再向唐朝发起挑衅。

唐太宗长子叫李承乾（619—645，字高明），他很喜欢突厥的习俗。唐太宗让他好好学习儒家的理论规范，为将来当皇帝做准备。但是李承乾不喜欢这些条条框框拘束自己，他希望自己像草原上的可汗一样自由奔驰。他让皇宫里的卫士装扮成突厥人，分成两队对战；他住在帐篷里，将偷来的羊宰杀，放在大锅里煮，和大家一起吃。他觉得这些很自由很美好，并说与其自己当上唐朝皇帝，还不如到突厥草原上去当一个"设"（"设"是突厥一个有等级的高官）。可见他对突厥的文化习俗的熟悉和痴迷。但唐太宗不满意，认为这样的太子不能继承大统，后来将他废掉。这很可惜，但也充分说明当时双方民族的交往密切，以及与周边各国各族的融洽关系。

李承乾墓志铭　陕西礼泉县烟霞乡马寨村西南李承乾墓出土

同时，唐朝的历史还告诉我们，语言交流非常重要。不要以为那时没有外语交流，比如玄奘到天竺（古印度），如果不会梵语还能去吗？玄奘的梵语学得非常好，他不仅在长安、洛阳学习梵语，还到四川找天竺的僧人学，练就了一口流利的梵语。正因如此，他去天竺，在高僧云集的那烂陀寺（古代中印度摩揭陀国首都王舍城北方之大寺院，《大唐西域记》卷九详载那烂陀寺建寺之由来及沿革），用梵语参与辩论进行交流，印度高僧都很佩服他，可见他外语水平很高。

在唐朝，除了专门的翻译机构——中书省四方馆、鸿胪寺译场里的"舌人""译人"以外，民间会说外语的人很多。因为需要与各国人物以及外来民族进行交往，所以外语非常重要。安禄山为何能迅速地升官？因为他会"六蕃"（六种语言），在当时是一个从事北方边关商贸中介的人才。但最后他野心膨胀，对抗朝廷发动叛乱，造成了社会动荡与国家衰落，那是后话了。总之，在唐朝这样一个世界性的国家里，语言的交流也是非常重要的。

章怀太子墓《客使图》壁画

在章怀太子墓道中部东壁的《客使图》中，前三位是唐朝鸿胪寺官员，均穿着初唐时期的朝服。后面三位，为首一人秃顶，浓眉深目，高鼻阔嘴，身穿翻领紫袍，推断应是来自东罗马的使节。中间一人面庞丰圆，须眉清晰，朱唇，头戴尖状小冠，冠前涂红色，旁边加插鸟羽，身穿宽袖红领白短袍，下穿大口裤、黄皮靴，推断这是来自朝鲜半岛的新罗国使节。最后一位头戴翻耳皮帽，圆脸，身着圆领黄袍，腰间束黑带，外披灰蓝大氅，下穿黄色毛皮窄裤、黄皮靴，应来自我国东北的靺鞨族。

2 | 唐玄宗的"跨国婚姻"

　　胡汉融合最突出的表现就是文化往来、婚姻结合。众所周知,在当时来到唐朝的各色人等中,男女都很多。但奇怪的是,在我们考古挖掘出来的胡人形象(如唐三彩、陶俑等)里,大多都是男性而非女性形象。难道没有女性胡人来到中国吗?这是我们一直疑惑的一个问题。在西安唐金乡县主墓里,出土一件胡人形象的女俑,但这个女子看起来身份不高,可能仅仅是县主家里的婢女。

1 唐"刀形"高髻女俑　西安市灞桥区唐金乡县主墓出土
不似汉人,疑为"胡姬"
2 三彩胡女俑　陕西历史博物馆藏

第五章 唐朝与西域的文化融合　129

"相貌怪异"的寿安公主及曹野那姬之谜

> 唐朝的胡人女性
> 皇帝娶外国女子

虽然女性胡人形象很难看到,但我们找到了这样一个典型的例子。根据《新唐书·诸帝公主传》记载,有一位寿安公主,是唐玄宗李隆基和他的外国妃子曹野那姬所生,因其长相怪异并非中国人的形象,所以起小名为虫娘,并让她长大后到道观里穿羽衣道服修炼。

史书上虽记载有寿安公主,但并没有介绍曹野那姬的出身和来历。因为除了皇后、贵妃等重要人物,宫廷中其他女性一般不做记载。曹野那姬没有封号,甚至连美人、才人等低级封号都没有,仅称作"姬"。曹姓是中亚粟特人入华后改用的姓氏,粟特在今天的塔吉克斯坦和乌兹别克斯坦附近,其发源地在泽拉夫善河以北,离撒马尔罕不远。以曹为姓氏的粟特人在当时很常见,以弹琵琶著称。

最早对此关注的是香港的罗香林先生(1906—1978,历史学家、民族学家)。1942年,为躲避日军轰炸,他在桂林的西山石室中发现安野那的题名。罗先生后来判断安野那是基督教里圣母玛利亚的名字,

作人曹野那 作人安莫延
作人曹延那〔下残〕
何胡数剌

3 4
1 2

1 2 唐 彩绘骑马弹琵琶女俑 西安市灞桥区金乡县主墓出土

3 4 吐鲁番出土文书《唐垂拱元年(685)康尾义罗施等请过所案卷》中有"作人曹延那""作人曹野那"

因此他认为这是基督教教徒所留，与基督教有关。后来的研究证明，"野那"（Yānakk）不是这个意思，特别是日本的一些学者，他们专门破解了粟特语，提出"野那"之意是"最喜欢的人"。

在刻石碑文和吐鲁番文书上，我们发现了很多叫"野那"的人。一般来看，这些人都是外来民族。所以曹野那不是汉人，她来自中亚，是粟特人。

曹野那姬的来历属于宫廷的禁讳，所以我们无从考证她的生平，但是推测有以下三种可能：

第一种可能，曹野那姬是中亚粟特人进贡的胡人女子，或者叫"胡旋女"。据史书记载，当时中亚各国将进贡作为与唐朝保持良好关系的手段，他们向唐朝不断地进贡珠宝、名马、豹子、狮子等，当然也包括"胡旋女"，即跳舞跳得特别好的胡人女子。他们期望当阿拉伯向他们发起进攻时，唐朝能予以援助。据载，康国、米国、史国、曹国等，都进贡过"胡旋女"。所以我们推测曹野那姬可能是被进贡来的漂亮舞女。

第二种可能，在当时的丝绸之路上有很多胡人奴婢被贩卖，这其中包括很多女孩。胡人奴婢的买卖在龟兹、于阗等地都很兴盛，这些交易来的孩子往往被改成汉人的名字，后人对她们的原名不得而知。比如原名可能叫思贝儿，后来就被改成"春儿""桃叶""绿珠"等汉人的名字。出土的粟特语文书记载了这一过程。当时粟特商人是丝绸之路上活跃的商贸民族，转手倒卖奴婢是他们牟利的手段。

最后一种可能，有一些粟特胡人女子在长安居住，她们可能是胡人移民的后代，或是皇家"乐户"

丝绸之路上的胡婢贩卖

唐代龟兹和于阗都设有女肆，西州继承高昌遗留下来的奴婢买卖市场——尤其是胡人奴婢买卖——也很兴盛。吐鲁番文书《唐开元二十年薛十五娘买婢绿珠市券》称："今将胡婢绿珠年十三岁，于西州市出卖与女薛十五娘，得大练肆拾匹。"当时京城长安奴婢价格相当高，每口合绢二百五十匹，是西州的六倍，因而刺激来往中原的行客购买胡婢带往关中、江淮地区。下面这件文书中，婢女春香自辩云："春香等身是突厥（人）"，可见婢女虽用汉人名字，实际却是突厥人。

阿斯塔那61号墓《唐麟德二年（665）婢春香辩辞为张玄逸失盗事》

第五章 唐朝与西域的文化融合

子女,拥有胡人血统。根据唐诗描写,长安酒肆里有不少貌美如花的胡姬,估计也有曹姓女子。

经过对比,我们认为曹野那姬很有可能是进贡来的胡旋女子,因为如果她已在长安长时间居住,就不会用"野那"这样的名字,依然使用原来的名字是一个很好的证明。

我们已经知道,曹野那姬是唐玄宗李隆基的一个嫔妃,他们生下了一个女孩叫虫娘。大家不喜欢虫娘,都觉得虫娘深目高鼻,不是汉人的长相,皇家有所顾忌,故一直没有授给虫娘公主封号。唐玄宗很着急,虫娘年龄渐长,再不授封恐怕影响婚嫁,玄宗找到儿子肃宗,而肃宗没有理会;又找到孙子代宗,让他尽快给大他一辈的姑姑虫娘一个封号,不能再耽误下去。

从父亲的心理来看,唐玄宗肯定很喜欢这个女儿,他让虫娘穿道服去修炼、主香火,也要女儿有个公主的封号,所以虫娘最后被封为寿安公主,嫁给一位苏姓男子。唐玄宗的这个故事成为胡汉融合的典型。

唐代诗人元稹在诗里这样描述胡旋女:"胡人献女能胡旋。旋得明王不觉迷。"(《和李校书新题乐府十二首·胡旋女》)白居易也写道:"胡旋女,心应弦。手应鼓……胡旋女,出康居,徒劳东来万里余。"(《胡旋女》)所以来自异域的女子与汉人相结合的民族融合故事是很有意思的。

其实在当时,进贡的情况很多,不止有胡人女子被进贡。天宝末年有一个叫鲍防(722—790)的进士,他在诗里这样描述胡人进贡:"汉家海内承平久,万国戎王皆稽首。天马常衔苜蓿花,胡人岁献葡萄酒。"(《杂感》)诗中提到胡人每年都来进献葡萄酒。从唐朝建立到唐代宗大历七年(772)的150多年间,域外使人入唐进贡的多达94次。其他国家进贡的东西也很多,但是最重要的是人与物之间的交流。所以我们可以从曹野那姬的来历、寿安公主的经历中看出,当时胡汉民

唐 三彩抱皮囊酒袋女俑 香港文化博物馆徐展堂艺术馆

132　唐:中国历史的黄金时代

族的融合非常紧密。这也是我们看到的，中国历史上少有的中国皇帝娶外国女子为妻的故事。

之后，随着安史之乱的爆发，唐朝人对胡人逐渐产生提防之心。胡人女子到后来往往不知所踪。到宋代，民族融合远不如唐代。在明代时，西方人已经很少见了，所以当意大利天主教耶稣会传教士、学者利玛窦（1552—1610）在明朝万历年间来中国时引起众人围观，利玛窦到西安去看"大秦景教流行中国碑"，他非常生气地躲在驿馆不愿意出来，因为大家把他像怪物一样围观。

源源不断的民族融合

> 粟特移民聚落
> 形形色色的技术移民

实际上像曹野那姬这样的例子并不是个例，唐朝也有很多其他类似这样胡汉融合的故事。因为唐朝有很多外来的侨民和移民。从张掖、敦煌、武威到长安，形成一个个侨民区。史书上记载，他们长得是外国人的样子，但"语实中国"，实际说的是中国话。在西安碑林博物馆保留下来的碑刻中，记录了当时来自粟特、龟兹、匈奴、月氏、突厥以及大食、波斯等地的人，这些人往往被叫作"归化人"，因为他们慢慢地就归化为汉人了。

近年西安周边连续考古发掘了北周安伽墓、史君墓、康业墓等，墓主人都是来自中亚安姓、康姓、史姓的人。还有李诞是印度婆罗门人。在这些人中，有的担任了军队高官，有的做了朝廷文臣，还有很多人继续从事他们擅长的职业，包括宗教传播的工作。

其他的如何国人何稠，以擅长工艺技巧著称，他父亲是"细脚胡"，而他入仕长安后为工部尚书，相当于现在的住房和城乡建设部部长。他为唐朝建宫殿、修陵墓，并且积极参与工匠活动，工艺水平很高。还有一些人从事乐舞活动。像曹野那姬一样，大多数曹国人弹琵琶非

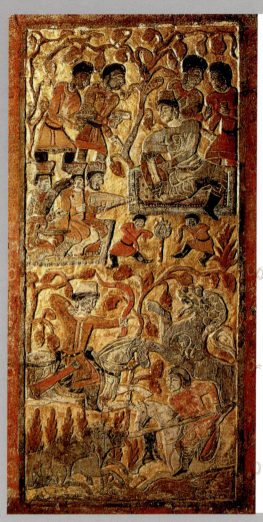

1 北周安伽墓石榻围屏与线描图，描绘粟特人生活场景
2 黄釉昆仑奴俑　辽宁朝阳出土
3 绿釉昆仑奴俑　芝加哥艺术博物馆藏
4 昆仑奴俑　大英博物馆藏
5 昆仑奴俑　多伦多安大略博物馆藏

常有名，如曹宝、曹善才、曹刚一家三代在长安演奏琵琶，名气很大，曾在教坊中大显身手。白居易作诗《听曹刚琵琶兼示重莲》："拨拨弦弦意不同，胡啼番语两玲珑。谁能截得曹刚手，插向重莲衣袖中。"其中的"胡啼番语"就是指他们不仅能说外国话，也能说中国话，这类移民在当时源源不断地来到中国。

我们从出土的各类碑文墓志中看到，对当时的通婚事迹有很多记述。在陕西省华县有一个著名的颂德碑，记述了唐朝名将李元谅（732—793）的故事，他是在唐朝做官的波斯人。萨珊波斯被阿拉伯帝国灭亡后，有很多波斯人来到中国，有的王室成员和贵族子弟被编入拱卫朝廷的神策军中。

1955年，在西安发现了祆教徒苏谅妻马氏墓，墓志为汉文和波斯婆罗钵文合刻，上为波斯婆罗钵文，下为汉文。这方墓志引起学术界非常多的关注，很多人开始做相关问题的研究，迄今已有半个世纪。虽然其中的语言文字还有难点，但可以看出的是，墓主夫妻是通过联姻在中国生活发展的。

当然还有很多我们无从知晓的其他民族融合的例子。比如卷发黑身的昆仑奴黑人陶俑，也发现了很多。这些黑人是从何处来的？有人认为是来自非洲，但经考证并非如此。他们实际上是来自马来半岛、印度尼西亚以及南太平洋岛屿的人种。这些黑人陶俑对于我们理解民族的融合也是非常有意义的。

有融合必有结果，史书记载在长安开花结果的事例不少。如晚唐时期，有一个大食国人李彦昇，实际是已经完全汉化的阿拉伯人，后来他考中了专为外国人开设的"宾贡"进士，他的登科在当时非常受关注，因此史书将他记载下来。

阎立本《职贡图》

传唐阎立本所作《职贡图》卷,以一字长蛇阵的构图描绘了一行27人的行列,皆胡貌梵相,由右向左方行进,中间一人骑马,有奴仆持伞盖掌扇拥簇,其余人步行。有抬鸟笼者、牵长毛长角牛羊者、肩贡象牙者,各人都捧举着珍奇异宝,前往朝贡。据李霖灿考证,此画描绘的应是贞观四年(630)时,南洋的婆利、罗刹、与林邑等国前来唐朝朝贡的景象。苏轼有题画诗《阎立本〈职贡图〉》:贞观之德来万邦,浩如沧海吞河江。音容伧狞服奇厖,横绝岭海逾涛泷。珍禽瑰产争牵扛,名王解辫却盖幢。粉本遗墨开明窗,我嗟而作心未降。魏徵封伦恨不双。

使者双手举座,座上置珊瑚石或假山石,头仰目举,举座齐眉,很像是已经望见了朝贡的内廷。这一献贡奇石的图像,在后世的蛮夷职贡图中亦存在,如明代仇英《职贡图》、河南巩义市北宋皇陵的"客使"石像等。其后有一黑肤矮奴,负一节白色象牙,黑白两色相映。

(传)阎立本《职贡图》 绢本设色 纵61.5厘米 横191.5厘米 台北故宫博物院藏

骑马者为全幅画构图的重心,也应当是朝贡一行人中身份最尊贵者。深目高鼻虬髯,肤色甚黑。头缠黑布尧颈垂及背后,着白衫,右手持竹节马鞭,左手揽辔。其后有一人,只见半身,双手持一曲木伞盖,为马上的使臣遮阴。

两人合抬一方形鸟笼,笼里是一只鹦鹉,据此可推测《职贡图》所绘为西南夷的进贡行列。鹦鹉笼下有一环节长角长毛的偶蹄类动物,身上有斑点。

3 唐朝的胡化现象

我们讲到"胡汉中国",丝绸之路的繁荣对唐代生活习俗的影响广泛而深入。那么胡人在唐代究竟留下了哪些今天可以观察到的胡化现象呢?从风俗影响上看,唐朝风行着异族的服饰、歌舞杂技、宗教信仰等,亦有胡床、胡帐、胡座等日常用具,甚至连饮食器皿以及食品等都出现新变化。

我们都知道,现在坐的椅子是在唐朝才产生的,之前古人都是在榻上坐的。还有胡帐,现在用的帐子也是借鉴四根棍子支撑起来的一种胡帐。还有胡座,就是我们坐的四腿椅子。另外还有胡梯、胡服、胡麻、胡食、胡瓜等,古人称西北少数民族为胡,把从那里传进来的东西都加个"胡"字,可见这个时期交流之频繁、兴盛。

这时外来的东西也非常多,比如外来的汗血马,贡来的花蹄牛、鸵鸟,还有香料、玻璃、珍奇植物等,遍及各个领域。

衣食住行中的异域趣味

> 仿拜占庭的"自雨亭"
> 翻领大袍与女性披肩
> 骑马风尚
> 唐朝对葡萄酒的热爱

建筑方面,当时唐朝的宫殿采用了西亚的风格和建筑材料,最著名的就是唐玄宗模仿拜占庭(即东罗马帝国)修建引水上屋的凉殿。夏天的长安奇热无比,如何乘凉、降温呢?唐玄宗就在凉殿后装了水车,打水上去,积水沿凉殿顶檐的四周飞洒成帘,使房屋得以降温。皇帝采用后,大臣们群起效仿。其中有一位叫王𬭎的大臣,他在太平坊私宅里也建了一座与凉殿一样的建筑,起名叫"自雨亭",自己就能下雨。到了夏天,房檐上飞流四注,如秋天一般凉爽,很是享受。这一建筑的设计灵感与应用技术来源于拜占庭。

还有传用香料为建筑材料的例子。比如将沉香、檀香、麝香、乳香"和"在泥里抹到墙壁上;把一些非常有名的香草(如芸辉香草等)磨成粉抹在墙壁上,一进房子,就有一股清香味散发出来;代宗时宰相元载被赐令自尽,从他家抄出"胡椒至八百石",这么多的胡椒存储,显然不是饮食调味品,而是用于建筑的香料。元载用胡椒入泥涂壁,今人称为"香料建筑"。这种建筑方式多来自西域,或受其他地区建筑文化的影响。

服饰方面,唐朝受西域风气影响很深,远至波斯、吐火罗,近至突厥、吐谷浑和吐蕃等,都成为唐朝模仿的对象。众所周知,服装往往是一个民族开放的先导标志。当时有很多人都穿翻领大袍,这种翻领服装在唐朝非常时髦、非常兴盛,但到了宋代以后,我们就看不到有人再穿翻领的衣服了。在孙中山进行服装改革之前,大家都穿圆领服装;在改革开放以后,翻领衣服才再一次普遍时兴起来。但唐朝时期,

头戴波斯帽身着翻领胡服女俑 德国汉堡私人收藏

穿翻领服装的人非常多，胡人穿，汉人也穿。

史书记载，有一次，唐朝长安城中有个罪犯，潜逃时穿了胡服，导致金吾卫抓捕他时难以辨认。因为汉人穿胡服，胡人也穿汉服，所以了解当时的服装也是非常有意思的。比如那时戴的胡帽，还有羃䍦、羃纱、披纱，都是仿制波斯人用帛所制的大帔。

当时女性披的大披肩，也是沿袭了中亚风格，在唐朝非常普遍。此外，她们还穿翻领的褶袖衫、小腰身（因为女性穿的衣服讲究要看起来腰小）的裙子，甚至袒胸露乳穿低胸裙子的女性也不少。有人认为这种现象是受希腊、罗马的外来服饰影响。从西安、洛阳出土的陶俑、唐三彩里，以及墓葬壁画、石椁线刻画中，都很好地展现了唐朝从贵族到老百姓皆喜好穿胡服的风貌。

为什么喜欢穿胡服？当时大家都需要骑马，穿胡服行动比较利落；如果穿唐朝的长袍则是不容易上马的。从出行上来看，唐朝女性骑马出行非常普遍。虽然那时也有轿子，但是很少。我们都知道《步辇图》，唐太宗的辇是由几个小姑娘抬着的。但实际上这样的情况比较少见，只有帝王患有疾病，或大臣年老体弱，才会用到这样的辇，绝大部分人仍以骑马为主。

骑马在唐朝是一种风气。我们通过《虢国夫人游春图》可以看到，虢国夫人正是骑马出行。特别是每年春天，骑马踏青很常见。女性骑马也是学习胡人的方式，这在唐朝表现得淋漓尽致。到宋代以后，我们就看不到女性骑马的形象了，到后来明清时期就更少了。因此女性骑马只有在唐朝比较显著，其普遍性引人遐想。

再来看饮食方面。当时史书记载："贵人御馔，尽供胡食。"（《新唐书·舆服志》）即唐朝的贵族也吃胡食。那么胡食是什么食物呢？比如像饆饠饭、姜果饭、羊肉烩、驼蹄羹，还有胡麻饼等，所谓"饆饠"有抓饭、面点、面条几种说法。近年有人考证是一种带馅的面点。表面要撒芝麻的胡麻饼，包肉馅的油塔酥，肚子里塞椒豉的烤全羊等，这些在史书中都有记载，可以看出，唐朝时至少北方有吃胡食的风俗。

1 唐 莫高窟第 159 窟西龛西壁
供桌上摆着四盘食品：左上胡饼，左下饦饼，右上馓子，右下䬧䴷。

2 面制食品：千层饼、四角式点心、旋涡纹点心、三角饰旋涡纹点心、叶片形点心、双环式点心 新疆吐鲁番阿斯塔那出土

胡饼

早在东汉末，胡饼就从西域传入中原。一般认为，胡饼即现在的芝麻烧饼。另一种说法认为，唐代的胡饼，种类很多，有大小之分，又有油胡饼、素胡饼之别。敦煌文书"造饼册""食物账"里，一枚胡饼用面半升是常量，可知这样的胡饼个头较大。胡饼是烤制的，也许就和现在新疆烤馕中的素馕一样（油胡饼就相当于油馕）。新疆吐鲁番唐代墓葬中出土的类似今素馕的实物，可能就是唐代胡饼。

当然，最有名的还是葡萄酒。当时高昌的葡萄酒、波斯的三勒浆、西域的龙膏酒都受到百姓的欢迎，而葡萄酒则是更受欢迎。上一节中我们提到鲍防在诗里写："天马常衔苜蓿花，胡人岁献葡萄酒。"（《杂感》）胡人每年都要献葡萄酒。过去我们通常认为唐人可以制造葡萄酒；但另有一种说法，在唐朝收复了高昌之后，高昌制造葡萄酒的8种方法被传到了唐朝，这些制酒法只在皇宫中流行了一段时间，后来就失传了。不过，喝葡萄酒在整个社会上依然流行，从流传千古的名句"葡萄美酒夜光杯"（王翰《凉州词二首·其一》），可见唐人对葡萄酒的讴歌和由衷的赞美。

文化上的影响与传播

> 绘画乐舞
> 体育风尚
> 科技医疗
> 纺织品交流

在绘画领域，当时有很多来自于阗、康国等地的画家侨居长安，他们的风格、技法皆为西式的，都很有意思。据梁思成先生断定，隋唐是中国古代雕塑艺术造诣最高的时期。我们在洛阳龙门石窟、敦煌莫高窟、高昌佛窟等处都能看到，隋唐雕塑对中国艺术变革产生了深刻影响，连西方艺术家都无比赞叹。

文化开放表现最突出的就是乐舞。在唐朝宫廷《十部乐》（唐朝初期，在隋末《九部乐》的基础上发展形成的宫廷宴乐）中，除了《燕乐》《清商》之外，《龟兹乐》《西凉乐》《天竺乐》《安国乐》《疏勒乐》《高昌乐》《康国乐》《高丽乐》均为外来的音乐，筚篥、琵琶、筚篥、毛员鼓、羯鼓等也都是外来乐器。通常以单字命名的乐器往往是中国本土的，比如笙、鼓、箫、笛等；而两个或三个字命名的乐器很可能是从域外传入的。

外来舞蹈也很多，像《回波乐》《苏合香》等软舞曲。此外还有健舞曲，如《柘枝舞》《胡旋舞》《胡腾舞》《拂菻舞》《阿辽舞》《达摩支》

1　2
　　3

1　胡人抱酒皮袋俑　美国西雅图艺术馆藏
2　唐　韩休墓壁画《乐舞图》
　　左部方毯上绘四名女乐伎，自右而左，依次弹筝、拍板、奏竖箜篌、吹笙；中部绘男女舞伎相对而舞；右部方毯上绘跪坐的五名男乐伎，自左而右依次奏竖箜篌、弹曲项琵琶、吹排箫、击小铜钹、吹筚篥
3　唐　胡旋舞蚌饰片　陕西历史博物馆藏

东京国立博物馆藏龟兹乐舞图舍利盒

　　1903 年，日本大谷光瑞探险队在新疆库车东北的苏巴什古寺遗址出土了一具舍利盒。盒盖上有四个用联珠纹组成的环状图案，其中绘有有翼天使，其形象与斯坦因在米兰佛寺遗址发现的有翼天使壁画和阿富汗哈达佛寺遗址窟顶的有翼天使相像。四个童子分别演奏筚篥、竖箜篌、琵琶等乐器。盒身一周则绘由二十一人组成的乐舞图，并开有数个孔洞。对此乐舞图所展现的场景，不少学者以之为苏莫遮，即泼寒胡戏仪式。

等,都是从外邦传入,是有外国特色和异族风格的舞蹈。大家熟知的杨贵妃跳的《霓裳羽衣舞》《菩萨蛮舞》以及男子跳的《浑脱舞》,也都是外来舞蹈。

在这些外来舞蹈中,有一种舞蹈"泼寒胡戏"(源出于大秦国即东罗马帝国的习俗),男子要在冬天脱掉衣服,往身上泼水。还有像流行的《柘枝舞》,都来自石国、康国。以婆罗门胡(印度)为代表的魔术表演及当时的其他幻术也非常有意思,很多魔术吓得皇帝都不敢看,因为他们表演开膛挖肚甚至换人头。魔术多由来自西域的人表演。包括流传至今的每年正月十五看灯会的风俗,灯会的灯也都是从西域传来,所谓"西域灯轮千影合"(张说《杂曲歌辞·踏歌词》)。这类习俗给唐朝的文化带来了很大的影响。

包括大家知道的体育活动——"波罗球"(即现在的马球),唐朝有许多皇帝是打马球的高手,他们在长安城中四处建马球场地,地面上洒油以保证球场的光滑。他们拿的鞠杖(即球杆)都很讲究,也很昂贵。皇宫中每年都要打球,像《打马球图》等壁画在唐代懿德太子(即唐中宗李显的长子李重润,701年与其妹永泰公主同被武则天杖杀)墓、章怀太子(即唐高宗李治的第六子李贤,武则天次子,是高宗朝所立

| 2 |
| 3 |
1 | 4 |
| 5 |

1 打马球图(局部) 唐 章怀太子墓出土壁画

2 唐 打马球菱花形铜镜 扬州博物馆藏

3 唐 鎏金伎乐纹八棱银杯

4 唐 三彩凤首壶 甘肃天水市博物馆藏

5 唐 海兽葡萄纹铜镜 陕西历史博物馆藏

的第三位太子,后遭废杀)墓以及其他唐墓中屡屡发现,成为我们研究当时的美术、体育风尚、娱乐活动非常珍贵的图像材料。

很多人特别喜欢唐朝的文化,文学领域的人经常说:"我们最希望的就是回到唐朝。"他们觉得唐朝是一个文化创造的巅峰时期。

在科学技术方面,长安对外输出了很多中医的医疗方法,也输入了大量印度、阿拉伯以及拜占庭等地的科学知识。特别是印度的天文历学对唐朝影响很大,印度的天文学家参与制作了唐朝的日历、月历、年历,包括《婆罗门阴阳算历》《婆罗门竭伽仙人天文说》等。居住在长安的三个印度天文学家族——迦叶、瞿昙、俱摩罗,世代担任司天台的司天监。当时用天竺历改进的朔法运用极广。一直到唐朝晚期,天文学家修订历法参考的蓝本多来自外国。

在医术方面,来自外国的高僧大德敢于动手术。一位景教的传教士叫秦鸣鹤,他给唐高宗的眼睛动手术。当时很多大臣站在旁边非常紧张,有人甚至拔出刀,如果他手术失败就杀掉他,但后来秦鸣鹤把唐高宗的眼睛治好了。

在这一时期,我们看到有很多考古出土的工艺品,特别是玻璃器、金银器。大家有机会,可以去陕西、洛阳、新疆以及甘肃等地的博物馆,能看到许多精美绝伦的相关文物,大家会对唐朝文化在各个方面的传播交流有更多了解。当然最直观的是深目高鼻的外族胡人陶俑形象,各种造型和动作异常生动有趣。

第五章 唐朝与西域的文化融合

  唐代是中国古代丝绸制造的重要时期,丝绸大量出口,同时外来的织物也非常多,比如波斯毯、吐火罗帛、大食锦等,且花纹图案与我们的不同。波斯人、吐火罗人买了唐人生产的生丝以后,把生丝和他们的羊毛混纺在一起,织出来的波斯锦、波斯毯更为轻巧,且保暖性好。诸如此类的贸易在唐朝的对外交往中也产生了很大的影响。

  在中国境内多地发现了几千枚波斯银币、阿拉伯金币以及拜占庭金币,这些金、银币的传入证明双方有大范围的贸易活动。当时波斯的玉石、吐火罗青金石,以及鸵鸟、狮子、猎豹等动物和石榴、胡麻、胡桃、胡豆、胡瓜、胡荽等植物都是通过贸易大量地传入进来。

1 干物：梨、棉籽、干葡萄、麦穗 新疆吐鲁番阿斯塔那出土

2 正视角度的狮子 唐 榆林窟 25 窟

3 唐 四骑狮子狩文锦 日本奈良法隆寺藏

4 唐 联珠对鸟纹锦 新疆维吾尔自治区博物馆藏

5 琥珀色地狩猎纹印花绢 新疆阿斯塔那 M191 出土

丝绸之路沿线的外国人把唐朝的长安叫作"胡姆丹"（Khumdan，变音又译为"库姆丹"），这称呼沿丝绸之路一直传到欧洲。通过丝绸之路，当时的文化传播体现在方方面面，比如丝绸上的花纹——卷草纹、叶蔓纹以及其他纹饰，都是我们以前没有见过的。像对鸟、对驼、对狮、对狗、对马等花纹图案也很少见，特别是裸体的人像、孔雀及飞禽的一些形象都是当时外来文化传入唐朝的表现，不仅丰富了人们的物质生活，更重要的是带来了思想精神的变化与丰富。

最后，我们知道唐诗中描写的胡人风尚特别多，"幽州胡马客，绿眼虎皮冠"（李白《幽州胡马客歌》）；"宛马随秦草，胡人问汉花"（杨齐哲《入塞曲》）；描写"胡歌夷声""胡啼蕃语""胡云汉月"类诗歌比比皆是，但到了后代这种现象就较少见到了。因此在唐朝，有关胡人文化习俗的记载数量之多是我们无法想象的。

在几千年的中国历史长河里，胡汉融合，特别是胡风、胡音、胡韵的鼎盛时期不过几百年，却为铸造华夏民族多元融合、开放包容的精神气质书写了华丽的篇章。

推荐阅读

◎ 陈寅恪：《隋唐制度渊源略论稿·唐代政治史述论稿》，生活·读书·新知三联书店，2015 年

◎ 向达：《唐代长安与西域文明》，商务印书馆，2015 年

◎ 蔡鸿生：《唐代九姓胡与突厥文化》，中华书局，1998 年

◎ [英] 崔瑞德 主编：《剑桥中国隋唐史》，中国社会科学出版社，1990 年

◎ [美] 薛爱华：《撒马尔罕的金桃：唐代舶来品研究》，社会科学文献出版社，2016 年

唐 张萱《捣练图》（局部）

第六章 美得张扬的唐代女性

于赓哲

陕西师范大学历史文化学院教授，主要研究领域为隋唐社会生活史、女性史、医疗史。

唐朝封建礼教还没有完全固化，儒学没有像宋朝那样渗透到社会各个方面。唐朝的经学是官方的学说，学界很多人认为，唐朝的儒学多停留在官方以及上层社会的层面，并不能够操控人们社会生活的方方面面。这是一个历史的缝隙，在这个缝隙当中，唐代女性找到了自己茁壮发展的空间。

1 | 长安女子的衣饰风尚

唐之所以使中国人梦牵魂绕，一个重要的因素就是那些唐代女性。没有女性历史的唐朝历史是不完整的，没有女性的唐朝也是不精彩的。唐代是中国历史上女性最为自由奔放的时代，那些女性的盛世容颜与所思所想，即便到了今日仍具有无穷魅力。

现在，我们对于唐代女性的认知有一些是准确的，有一些则包含道听途说的内容，容易误导我们对她们真实的了解。这些年随着研究的深入及新资料的发现，历史学界对唐代女性的形象和历史面貌已经有了一些新的认知。在此，我希望介绍一些史学界的新看法和新观点。

女性代表着美，当然男性也有男性的美，而女性的美更能体现一个时代审美的最高峰。所以我们会关注这一系列问题：唐代的女性究竟是何样貌？杨贵妃能否代表一个时代的最高审美？她引领了哪些时尚潮流和生活方式？中国历史上有所谓"四大美女"的说法，版本多样，但无论哪个版本，杨贵妃（719—756）都位列其中，而且她跟其他三美都不一样，她大概是其中最胖的，所以我们才常说唐代女性"以胖为美"。

1 （传）唐 阎立本《步辇图》（局部）
画中女子身材纤细，颇有魏晋遗风

2 初唐女立俑
与日后杨贵妃式的丰肌秀骨的唐朝女性形象很不同

唐代真的以胖为美吗？

> 初唐女子身材纤细
> 中唐"以胖为美"
> 海纳百川的服装样式

这个问题要从文献、考古等多角度来看。首先要明确的是唐朝三百年，其间的审美观一定会发生较大变化。我们生活在 21 世纪，现在的审美眼光较二十年前已有很大改变，与 20 世纪五六十年代相比更是天翻地覆

的变化,所以唐代三百年间审美观自然有变化。从考古资料,如壁画、唐俑等各个角度来看,在唐前期,女性的体型还比较纤细,比如著名的《步辇图》反映的是初唐贞观时期女性的形象,可以看到画中女子身材纤细,颇有魏晋遗风。唐初女俑造型一般身材修长,比例适当,面部清秀、消瘦。流行服装的款式窄狭,似贴在身上以显出身材。

8世纪初,人们的审美观发生了变化。接下来很难见到这种修长类型的女俑,取而代之的是身材丰硕、服饰宽大的女俑。这种审美风尚在8世纪迅

第六章 美得张扬的唐代女性　　151

速风行,西安西郊鲜于庭诲墓和中堡村唐墓的女俑几乎都是以胖为美的标准形象,可用雍容富贵来形容。但无论审美观如何变化,无论身材丰硕或苗条,共同特点都是一张圆脸,这是唐朝女孩的特点。吐鲁番出土有一幅唐代女子画像。女子脸型圆润丰满,还有"三层下巴"。被认为是模仿佛教造像里的"颈项三折"。

一些不确切的说法长期影响着人们对唐代妇女形象的认识,即以为唐朝以胖为美,或根据文献记载认为,因丰腴美人杨贵妃获宠,以胖为美开始成为当时的风尚。这种笼统的说法存在问题。事实上,唐初的女性形象都比较清瘦,而胖女俑的类型早在杨贵妃册立之前就有了。

唐代女性的服装绚丽多彩,一个特点是变化多端,这是受多元文化影响的结果;另一个特点是奔放大胆。从唐前期到唐晚期,服装也在不断发生变化:西域胡服,甚至男装的一些特点,都会对女装产生影响。如陕西历史博物馆藏唐代壁画《观鸟扑蝉图》中的男装仕女。文献记载过太平公主男装歌舞。《旧唐书·舆服制》又记载了开元初女性"俄又露髻驰骋,或有着丈夫衣服靴衫,而尊卑内外,斯一贯矣"。一些官人之妻穿上丈夫的靴衫抛头露面,但妇女穿男装大概始自女艺人,后来是宫中妇女,再流行于普通妇女之中。穿男装也许还和骑马有关,因为只有蹬靴穿裤,才能方便上下。又如永徽至开元年间盛行的帷帽,

1 2 3

1 三彩女立俑　西安市鲜于庭诲墓出土

2 阿斯塔那唐墓舞乐屏风画
画像中女子脸型圆润丰满,而且还有"三层下巴"

3 初唐　莫高窟第401窟持盘菩萨胸像
佛教造像中的"颈项三折"

《观鸟扑蝉图》与男装仕女

唐代女子着男装在贞观时期即有出现,唐玄宗天宝年间(742—756)仍十分盛行。从太宗贞观十七年(643)葬于昭陵的长乐公主墓,到天宝四载(745)的苏思勖墓,无论墓主人是男性还是女性,几乎所有存有清晰壁画、石椁线刻画、彩绘陶俑的墓葬,都有类似《观鸟扑蝉图》中女子身着男装的形象出现。

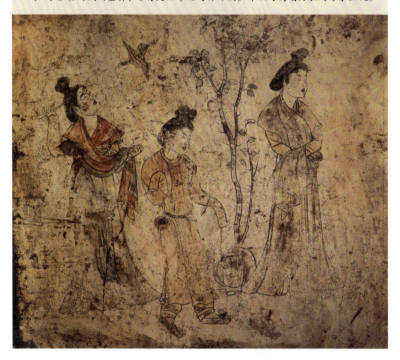

檐下垂一丝网,拖裙及颈,本为吐谷浑男子遮蔽风沙之用,至唐初成为女子出行之服,脱去旧有功能,为一时之风尚。

唐代的服装无论是面料的纹样还是剪裁样式都体现出海纳百川的特点。从出土文物中也会发现,中亚很多地区的民族受到唐朝服装的影响,他们不仅穿用中国输出的丝绸,而且服装款式方面也向唐朝靠拢,影响是双向的。

至于唐朝女性服装大胆的一面,可以来看她们的袒领,类似于今天的低胸晚礼服。

1	2
3	4
5	

1、2 胡服女俑 甘肃庆阳唐穆泰墓出土

3 袒领仕女
袒领是一种领口开得较深的无领式款式，有增长颈部长度、展现肌肤丰润的视觉效果

4 初唐 莫高窟第 329 窟女供养人袒领

5 周昉《簪花仕女图》中的八字眉

妆饰花钿

此系新疆阿斯塔那墓中残存的绢画,残片上的人物面颊丰腴,额描花钿。花钿在隋唐是常见的女性妆容,据《中国历代妇女妆饰》,唐朝女子化妆顺序为"一敷铅粉,二抹敷脂,三涂鹅黄,四画黛眉,五点口脂,六描面靥,七贴花钿"。晚唐时更发展至鼎盛,并延续至五代,敦煌壁画中的晚唐至五代贵族妇女供养人画像就有不少是满面花子。

唐代很多诗歌描绘过这种服装,如谢偃《乐府新歌应教》:"细细轻裙全漏影,离离薄扇讵障尘";白居易《杨柳枝二十韵》:"身轻委回雪,罗薄透凝脂";施肩吾《观美人》:"漆点双眸鬓绕蝉,长留白雪占胸前";方干《赠美人》第一首:"粉胸半掩疑晴雪,醉眼斜回小样刀"。

袒领主要是在盛唐时期,即唐高宗以后逐渐开始出现。在隋代以及初唐的时候,很少见到这样的服装。令人惋惜的是,它只流行了一百多年。到了五代和宋朝以后,女性服装渐趋保守。另外,唐代女性的妆容也非常值得关注。"薄妆桃脸,满面纵横花靥",古今中外的妆容,恐怕以唐、五代的女人最有胆张扬。不过,她们的审美在现代女性看来不见得能接受,比如把眉毛画成倒八字眉。从《簪花仕女图》(此图年代尚有争议)中我们可以看到,这种八字眉是把大部分的眉毛剃掉后保留前面的一小部分,像一小片椭圆形树叶。

唐朝女性还特别重视花钿,贵族女性几乎都会贴。花钿,在唐人文集和诗集中,多称花子或媚子,即女性在眉心处或粘贴或描画各种图案。花钿的材质有金箔、纸、鱼鳃骨、鲫鳞、茶油花饼等多种,颜色有红、绿、黄等。从文献和视觉材料来看,花钿所贴画的图案或为圆形等几何形,或为花、鹤、蝶、星、月等自然物形,或者在实在之物上再行描绘。其中在蜻蜓翅翼上画折枝画者尤为精致鲜活。

此外,唐朝女性用的化妆品也很有意思。比如,唐代医书《外台秘要》中记录了武则天的养颜方,全名叫作"近效则天大圣皇后炼益母草留颜方"。武

1 唐代墓室壁画 陕西乾陵永泰公主墓出土
  描绘了唐代宫女的生活情景
2 唐 张萱《虢国夫人游春图》宋摹本 辽宁省博物馆藏

则天的留颜方材料倒不复杂，主要就是益母草，但是制作过程非常麻烦，需要于五月初五收益母草，将其洗净晒干，而后烘焙，在烘焙的过程中火候不能太大，并且要烤得发白而不能发黄，再置于瓷器中用玉锤碾，碾完后筛，筛完后再经过一番调治，才能够用它来涂脸。

杨贵妃是唐代审美最高峰吗？

我们回到最初的问题，杨贵妃是不是大唐最美的女性？

> 李武韦杨婚姻集团
> 女道士杨贵妃

陈寅恪先生《记唐代之李武韦杨婚姻集团》有过一段论述，意为在唐玄宗时代存在李武韦杨婚姻集团：李氏是李唐皇室，武氏是武则天一脉，还有韦氏和杨氏，他们构成了唐朝的政治关系网，即便是纳妃也要在这个范围内进行选择。因此陈先生认为，杨贵妃是这个集团内最美的女性，应该没有什么异议。但如果我们就此推论她是唐朝最美的女性，恐怕就没有根据了。

相反,杨贵妃的姐姐,著名的虢国夫人就自认为比杨贵妃好看,因此有了"素面朝天"的成语故事。虢国夫人第一次见唐玄宗时是卸妆的,她要让皇上看看什么是真正的素颜美女。《虢国夫人游春图》中的男装女性(右数第一位),很多学者从位置和马匹豪华程度判断,认为这是虢国夫人。

但杨贵妃确实带动了唐朝女性的审美潮流,她在服饰和妆发上的许多偏好都在当时成为最流行的时尚。"上自宫掖,下至匹庶,递相效仿,贵贱无别"。比如石榴裙,一种裙腰高束的红色长裙,唐玄宗最爱看杨玉环身着这种红裙在石榴花丛中跳舞,群臣却很是不满,见到贵妃不愿行礼,玄宗便令大臣们见到杨玉环必须行礼,这正是拜石榴裙的由来。石榴裙的风潮很快扩散到宫外,贵族女性也均以着此裙为时尚。

另外,要说一下杨贵妃的服装。现在所有关于唐代的影视剧中,杨贵妃都是雍容华贵、光彩照人的。电影《妖猫传》导演甚至另辟蹊径,找了一名混血女演员来出演,形象风华绝代,穿着也是华丽异常,

唐 张萱《虢国夫人游春图》

卷首第一骑者身着蟹青色长衫,胸前隐现金线刺绣的凤纹,衣饰描绘上比其他骑者精细得多,许多学者认为这才是虢国夫人。据说虢国夫人对自己的美貌十分自信,她不喜欢流行的妆容,甚至去见玄宗时也只是淡淡地描一下眉而已。杜甫《集灵台》云:"虢国夫人承主恩,平明骑马入宫门。却嫌脂粉污颜色,淡扫蛾眉朝至尊。"由此亦可推知当时上层社会妇女的妆容大多很奢华。

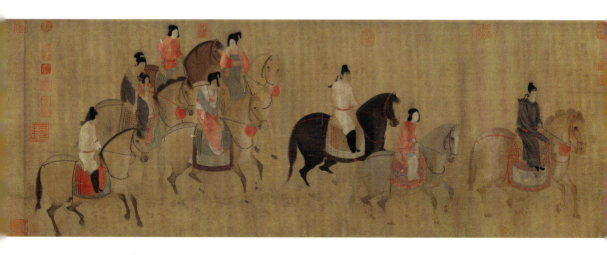

颇符合我们对大唐文化的想象，美则美矣，却不一定符合事实。杨贵妃一定有很多光彩照人的时刻，但需要澄清的是，杨贵妃在宫中经常穿道士服装。当年她与寿王李瑁（一作李玛）离婚的时候，是先作为女道士入道观，再到宫中。

杨贵妃先入道观，而后留在宫里，所以她有个称号"杨真人"。史料记载，杨贵妃所穿道袍是黄色的，因此，杨贵妃在后宫有时可能雍容华贵，有时则是简单的一袭道袍。这是投唐玄宗之所好。因为唐玄宗本人是虔诚的道教信徒。白居易的《长恨歌》是描述他们爱情故事的千古名篇，诗作后面仙界的想象部分，体现的是唐玄宗的道教信仰。因此，白居易是真正懂得唐玄宗和杨贵妃这对夫妻，他的诗歌也是按照两个人的精神面貌来描写的。

1 内蒙古宝山辽墓壁画《杨贵妃教鹦鹉颂经图》
2 劳作女泥俑群　新疆吐鲁番市阿斯塔那201号墓出土
这些女性在从事家务劳动，按逆时针方向分别在擀面、用石磨磨粉、杵谷物、用簸箕筛谷物

时尚方面的贫富差距

另外我们还要关注到贫富差距的问题。

> 史料话语权的偏差
> 严重的贫富差距

前面讲了这么多唐代女性的雍容华贵、富丽堂皇，但是，这里有史料话语权偏差的问题。第一，从文献角度来说，印刷术虽然发明于唐代，但在唐代并不流行，印刷术大行其道是五代以后的事情。现在能够见到的唐代史料多是名士撰写。而他们的生活层次是比较高的，诗歌当中所描绘的女性形象，主要是中上层社会女性的形象，她们恐怕代表不了万千的唐代女性吧？

现在有唐代女性形象的壁画一般来自古代的墓葬；唐俑也多半来自高等级的墓葬，这些东西又会给我们造成错觉。壁画墓本身是一种身份的象征，它们所代表的是上层社会女性的形象。因此无论是从传世文献还是出土资料的角度，都很难说我们所见的形象能代表唐代妇女整体的状况。

下层社会的女性往往是"出入无完裙"(杜甫《石壕吏》)。要知道,即便是承平时代,贫富差距也相当严重。唐代有位著名民间诗人王梵志曾经描绘过一对穷苦的唐代夫妻,"幞头巾子露,衫破肚皮开。体上无裈袴,足下复无鞋。……如此硬穷汉,村村一两枚"。贫富差距非常严重。

《唐人宫乐图》

《宫乐图》画宫中仕女宴饮奏乐场面。十二人环案适坐，或品茗，或行酒令；中四人，并吹乐助兴，所持用的乐器，自右而左，分别为胡笳（又名筚篥）、琵琶、筝与笙。侍立的二人中，复有一女击打拍板，以为节奏。本幅未系作者名款，原本的签题标为《元人宫乐图》。但观察画中人物的发式，有的发髻梳向一侧，是为"坠马髻"，有的把发髻向两边梳开，在耳朵旁束成球形的"垂髻"，有的则头戴"花冠"，凡此都符合唐代女性的装束。另外，绷竹席的长方案、腰子状的月牙几子、饮酒用的羽觞，还有琵琶横持，并以手持拨子的方式来弹奏等，亦与晚唐的时尚相符。故新版《故宫书画图录》已更名为《唐人宫乐图》。

横弹琵琶

仕女横抱琵琶弹奏，左手执柄，右手直握着拨子。她横抱琵琶的姿势以及用拨子演奏的方法，与现在极为不同，弹奏的方式较自由，就算是在马背上也可以轻松拨弹。现在福建南音的琵琶与日本琵琶依然保留横抱的弹奏方式。

坠马髻

坠马髻仿骑马坠落之态，欲坠而又不散，与右手旁这位仕女的"抛家髻"有相同的风格。抛家髻是将发束髻于顶后抛向一侧，再将耳边的鬓发处理成薄薄的一层，紧贴双颊。

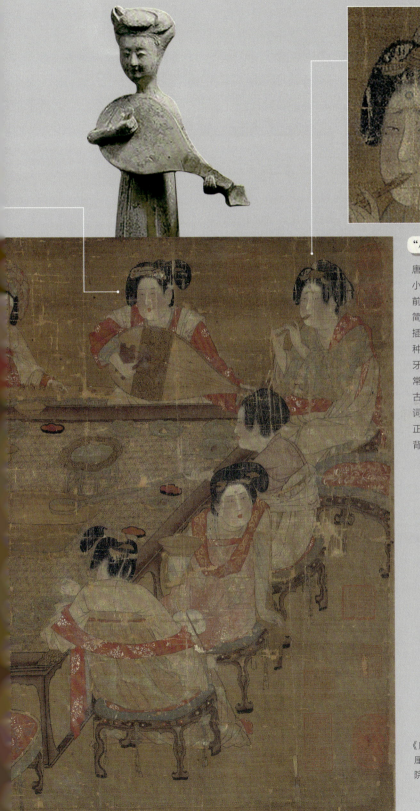

"小山重叠金明灭"

唐代妇女喜欢在发髻上插几把小小的梳子作为装饰，起初只在髻前单插一把，梳背的纹饰也比较简单，后来又在髻上部或髻后增插几把梳子，如图中的仕女。这种小梳子是用金、银、犀、玉、牙等不同材料做成的，陕洛唐墓常有实物出土。沈从文在《中国古代服饰研究》中提出，温庭筠词"小山重叠金明灭"所形容的，正是当时妇女头上金银牙玉小梳背在头发间重叠闪烁的情形。

《唐人宫乐图》 绢本设色 纵48.5厘米 横70厘米 台北故宫博物院藏

2 唐代女性的婚姻与家庭

家庭是社会的细胞,婚姻、家庭是一个社会精神面貌的折射。所以要了解一个时代,最好的切入点就是婚姻与家庭。唐代女性的社会地位、种族升降等一切社会问题,几乎都可以在婚姻家庭中得到展现。

唐代的离婚"模板"

> "放妻书"折射出的价值观
> 女性保护

唐代"放妻书"与现在的离婚协议书有什么不一样呢?唐代"放妻书"都体现出一种温情脉脉的感觉。比如,"二心不同,难归一意。快会及诸亲,以求一别。物色书之,各还本道"。又如,"一别两宽,各生欢喜",还有"三年衣粮,便献柔仪。伏愿娘子千秋万岁"。好像即便离婚,也可以做朋友。离婚不是互相埋怨,而是承认双方有矛盾,无法共同生活,但仍祝愿对方未来更美好。看起来很温情,但这里还有史料话语权的偏差问题。

现在已经很难看到唐代基层社会夫妻离婚的真实面貌。在敦煌文献当中发现的多份"放妻书",其实是书仪,即此类文书的模板。唐代受过教育的人有限,一旦要离婚就要写"放妻书",就是今天的离婚协议。简便的方法是根据模板抄写,填上双方姓名和离婚的年月日即可。

既然是模板,当然可以不带感情,并且写得相对比较柔和。至于夫妻二人是不是闹得不相往来,就无从知晓。总之,不能仅靠模板推断当时离婚都充满温情。但是,模板也能折射出唐代的价值观。可以看出,模板体现出对女性的尊重。它总是强调夫妻二人感情不和,互有仇隙,而没有站在大男子主义的角度,指责女性淫泆、不侍舅姑、盗窃、口舌、妒忌等。文书中只说夫妻二人反目生嫌,"猫鼠相憎,狼羊一处",即两人无法相处,而非将过错全归于女性。

还存在另外版本的"放妻书",体现出对女性的一种保护。比如在 S.6537 号"放妻书"中特别提到,离婚后禁止骚扰对方:"忽有不照验约,倚巷曲街,点眼弄眉,思寻旧事,便招解脱之罪。为留后凭,谨立。"如果离婚后继续骚扰对方,在大街上阻拦,冲对方点眼弄眉,就有"解脱之罪",即违背文书。

所以,"放妻书"虽是标准文本,不能完全体现出唐代离婚的状况,但它所折射出的价值观能让我们感受到唐朝女性的地位。

唐代婚姻的门当户对

由此切入,我们来谈唐朝的婚姻。唐朝整体的婚姻状况非常具有时代特点。首先,唐朝婚姻特别讲究门当户对。

> 士族圈内婚
> "我乃禁婚家"

唐朝作为一个承上启下的时代,前面接承的是魏晋南北朝,后面开启的是赵宋以降的新局面。魏晋南北朝是中国历史上著名的贵族政治时代。贵族对婚姻要求非常高,到了唐代,就体现在唐代的山东旧士族中。这里所说的山东,并不仅仅指今天山东省,而是崤山以东,换句话说,是广大的华北地区。山东有很多旧士族,这些旧士族到唐代已经没

离婚协议

按照《唐律》的规定,与妻子离婚有七个条件,即"七出":"无子""淫泆""不事舅姑""口舌""盗窃""妒忌""恶疾"。但若同时存在"三不去"者,丈夫仍不得与妻子离婚,即"经持舅姑之丧"(妻子曾替家翁姑服丧三年)、"娶时贱后贵"(糟糠之妻不可弃)、"有所受无所归"(妻子无娘家可归)。

敦煌出土文卷《放妻书》

有什么高官在朝中,但是,好多家族从东汉或者是魏晋时期开始做官,数百年积攒下的名望很难一朝散去。

到了唐代,这些旧士族虽然没有在朝中任高官,但是社会名望极高。当朝宰相去求婚都不见得同意。比如唐朝高宗时期,当红的宰相李义府向山东旧士族求婚就遭到拒绝。另外,唐朝前期的宰相李勣、魏徵,都有向山东旧士族求婚的经历,或成或败。当朝宰相在旧士族看来,无非是些政治新贵。门槛虽高,却比不得自家源远流长,因此不愿通婚。这些旧士族不愿与达官显贵通婚,而是愿意互相通婚。不但唐朝的达官显贵向旧士族求婚不见得能成功,甚至唐朝皇室想联姻也不一定如愿。唐文宗要嫁女儿,山东旧士族没有一个愿意,"开成初,文宗欲以真源、临真二公主降士族,谓宰相曰:'民间修昏姻,不计官品而上阀阅。我家二百年天子,顾不及崔、卢耶?'"(《新唐书·杜中立传》)唐文宗已经是唐后期的皇帝了,但是旧士族们依旧骄傲。

《氏族志》与《姓氏录》的编撰

继承前代传统的山东士族,在唐初仍享有很高的社会声望。面对此局面,唐太宗令礼部尚书高士廉、御史大夫韦挺、礼部侍郎令狐德棻、中书侍郎岑文本等修《氏族志》,排列门第次序。唐太宗曾为《氏族志》规定的编撰原则是:"参考史传,检正真伪;进忠贤,退悖恶;先宗室,后外戚;退新门,进旧望;右膏粱,左寒畯。"但在贞观十二年(638)初次上呈的《氏族志》中,山东大姓崔民干仍为第一等,高居于皇姓、外戚之上。太宗看后,令"止取今日官爵高下作等级",要求重修。最终,几经周折而撰定的《氏族志》分为九等,计二百九十三姓,一千六百五十一家,皇姓为首,外戚次之,崔民干为第三等。

唐高宗时,许敬宗、李义府以《氏族志》中没有武氏一族及李义府一族的世系,奏请改修《氏族志》。高宗命孔志约、杨仁卿、史玄道、吕才等人重新刊定,合计二百三十五姓,二千二百八十七家,显庆四年(659)书成,高宗亲自撰写书序,改名为《姓氏录》,凡本朝官至五品以上均得列为士族。为使《姓氏录》能取代《氏族志》,李义府又奏请将《氏族志》全部收回并焚毁。

唐朝的皇帝要维持皇权和统治集团的尊严，就一定要打击山东旧士族。太宗和高宗时期分别修撰《氏族志》和《姓氏录》，以官品高下区分家族等级，但是社会观念不是靠一纸政令就能改变的。无论怎么打击，在唐朝后期的唐文宗时期，这种社会观念仍然根深蒂固。

武则天为了惩治这些家族，颁布"禁婚家"，就是禁止旧士族互相通婚的命令。被禁止通婚的有博陵崔氏、赵郡李氏、荥阳郑氏、太原王氏等家族。结果这个命令后来反倒成了他们彰显门第的一种手段。"我乃禁婚家"意味着光荣，被皇上专门下旨禁止通婚，反倒成为一枚勋章。

武则天一方面反对山东旧士族，另一方面又有根深蒂固的门当户对思想。她将女儿太平公主嫁给薛绍之前，听说薛绍的两个兄弟的媳妇，一个姓程，一个姓萧，她认为程氏和萧氏都是小姓，说："我女岂可使与田舍女为妯娌邪！"（《资治通鉴》卷202）因此她要求薛氏家族休妻，后来有人来劝她并指出萧氏是南朝萧氏皇室后裔，武则天这才作罢。

从中可以看出，武则天一方面是门第观念的受害者，一方面却又是门第观念的维护者。可见社会观念的改变有多么困难。

婚姻中的经济关系

> 彩礼和嫁妆
> 陪门财

婚姻离不开经济关系，唐朝婚姻家庭中的经济也是非常显著的问题，主要体现在嫁妆和彩礼上。唐朝的婚姻"有出有入"，在婚姻面前，男性要掏彩礼，女性要掏嫁妆。唐代女性的嫁妆，在很大程度上是女性嫁到夫家之后的私人财产，丈夫有权享用，但是公婆是否有权享用要看女方的意愿。唐代毕竟是男权社会，女性本来就没有独立的经济来源，如果再没有一点儿家底的话，在家庭当中根本没有地位可言。

> **《莺莺传》中的门第观念**
>
> 陈寅恪在《元白诗笺证稿》中分析《莺莺传》悲剧产生的社会根源时认为:"莺莺所出并非高门,实无可疑也","惟其非名家之女,舍之而别娶,乃可见谅于时人"。莺莺并非出身高门,与之联姻,无法获得门第的提升,因此即使莺莺家财万贯,也不能满足张生对仕途门第的追求。张生弃莺莺而别娶的行为,在当时却未受到世人的谴责。由此可见,时人普遍对门第婚姻持认可态度。

唐代还有一种现象叫"陪门财"。唐代特别讲门当户对,可是如果门第之间有差距怎么办?就通过"陪门财"来解决,可以把它理解为垫脚石。既然门第不如对方,就多掏彩礼,用高于社会一般标准的重金来陪门。唐太宗曾在《贞观政要》中嘲讽士族"每嫁女他族,必广索聘财,以多为贵"。这种嫁女必索重金的现象甚至蔓延到民间。对此,唐朝统治者也是深恶痛绝,认为这样婚姻就等同于买卖,所以唐太宗和唐高宗分别于贞观十六年(642)和显庆四年(659)下令禁止"陪门财",但是屡禁不止。政府政令在对抗社会观念和社会风俗方面有时候起到的作用非常有限。

唐代女性的自由恋爱

> 唐代女性的社交自由
> 李林甫的"选婿窗"

唐代女性的择偶,总体仍受父母之命、媒妁之言的限制,与其他时代没有大的区别。但是,唐代自由恋爱的故事的确比较多,唐代女性有比其他时代更多的社交自由。在白居易著名的《琵琶行》里,诗人会友之际听见旁边船上有女性弹琵琶,就"移船相近邀相见",而且还写到诗歌中,这在其他时代是不可想象的。女性有社交的自由,抛头露面的很多,所

晚唐婚嫁图

左侧礼席客人已就座,右侧跪拜地上者为新郎,一旁作揖站立者是新娘,后面是众傧相。画面正中陈列的是新郎送给新娘的彩礼,左前方是前来贺婚者。

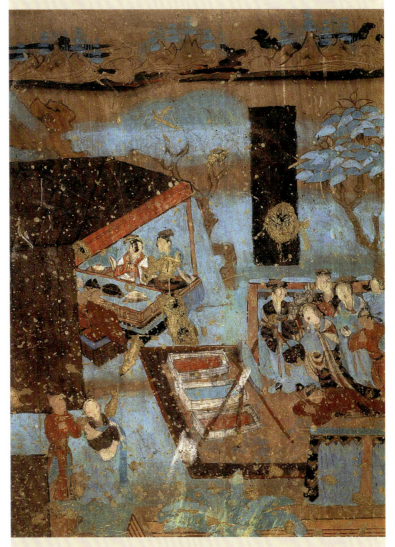

晚唐　莫高窟第12窟　南壁

以在婚姻家庭方面，也有一定自由。家长比较开明，会尊重子女的意见，甚至创造条件让子女能够在谈婚论嫁前看一看未来配偶的模样，发表自己的意见。著名的宰相李林甫经常在家里办公，在墙上开了个洞。他家一共有六个女儿，到了谈婚论嫁的年龄，他就让女儿坐在洞后面看。每当有未婚的年轻官员进来奏事，女儿相中哪个，李林甫就找人去说合。人们把那个洞命名为"选婿窗"。

当然，父母之命媒妁之言依旧是基本的婚姻规则，等到谈婚论嫁之际，也得走程序，即"六礼"：纳采、问名、纳吉、纳征、请期、亲迎。一定要有媒妁上门，走完这套程序后，婚姻才得到社会的认可和法律的保护。这与其他时代没有什么大的区别。所以从这点上来说，唐朝的婚姻与家庭既有时代的特色，又没有脱离整个中国历史发展的轨道。

3 女皇武则天的出现有何社会基础

唐代女性的社会地位

> 唐代著名的政治女性
> 女性的受教育程度
> 宽松良性的社会风气

在中国几千年的王朝史中，唐代女性的地位相对来说较高。武则天（624—705）出现在这个时代并非偶然，有着庞大的群众基础，而她是金字塔的塔尖。正因为唐代的女性地位较高，突破了很多社会观念，所以才能催生出女皇武则天。那么，唐朝女性的社会地位较高体现在哪些方面？

在政治方面，除了武则天之外，唐朝还有很多非常著名的政治女性。如武则天的女儿太平公主（约655—713）、巾帼宰相上官婉儿（664—710），还有长孙皇后（601—636）等。我们历来都把长孙皇后视为温良贤淑的典范，实际上，也可以把她视为一个政治人物。她对夫君太宗开创贞观之治功不可没，对夫君的性格塑造和政治风气的养成等方面，都做出了自己杰出的贡献。长孙皇后生活节俭，而且遵守法度，做事从来不逾矩。她在劝解自己的夫君方面也颇有办法。比如皇上被魏徵逼急，说"会须杀此田舍翁"，长孙皇后就穿上礼服行大礼，对太宗说："妾闻主明臣直；今魏徵直，由陛下之明故也，妾敢不贺！"（《资治通鉴》卷194）从中可以看出，长孙皇后能够巧妙地利用她的温柔，把太宗的施政行为引向良好的方向。

第二，唐代出现一些颇具才华的女性。一个时代女性的社会地位高低，有一重要的衡量标准，就是受教育程度。在唐朝绝无"女子无才便是德"的说法和观念，女孩子上学与否及其受教育程度更多与家庭财力相关，而非性别。所以唐代女性的受教育普及率虽然不如男性，但是比起其他时代的女性还是要高些。因此唐代才女辈出，如唐太宗的徐贤妃、长孙皇后的文笔都很好，更不必说上官婉儿，武则天本人也是精于诗歌和书法，还有薛涛、鱼玄机、宋氏姐妹等人。

不过毕竟还是在男权社会，才女数量多、水平高也是相对而言，有些篱障仍然突破不了。如唐代的女性无权参加科举，鱼玄机专门有首诗表达过自己的哀怨，名为《游崇真观南楼，睹新及第题名处》，她看到了新科进士们的提名，感慨万千，诗歌当中有两句，"自恨罗衣掩诗句，举头空羡榜中名"。是指自己的才华被身上这套女装束缚住，只能羡慕新科进士，而无权参加科举。

《镜花缘》里写，武则天在科举中开设了女科。这个说法还颇有市场，但并非事实。武则天即便贵为皇帝，也不能给女性专门开女科。唐代有针对外国人的宾贡科，也有针对小孩子的童子科，但是没有女科，可见这个界限还是无法突破。

从社会风气角度讲，唐代女性地位也很高，她们有社交的自由、抛头露面的自由、四处游玩的自由。中国古代社会后期的裹脚，除了满足畸形的审美观之外，一个很大的作用就是限制女性的活动，把她们局限在家庭当中，剥夺其社交自由。而唐代没有这样的现象。

我们可以看到唐代女孩子春天去踏春、清明节出去扫墓、三月三到水边去游玩、新年和正月十五上街去观花灯，这些行为与男性没有什么差别。所以，唐代的女孩子性格比较自由奔放。在唐诗和绘画中，经常能够看到女性骑马的描写和画面。

唐代女性的贞操观及再嫁

> 墓志中的信息
> 贞操观的时代差异

唐代女性社会地位高，还有一点体现在婚姻家庭上。唐代女性在择偶以及离婚上，相对来说比较自由，另外还体现在唐代女性的贞操观和再嫁问题上。

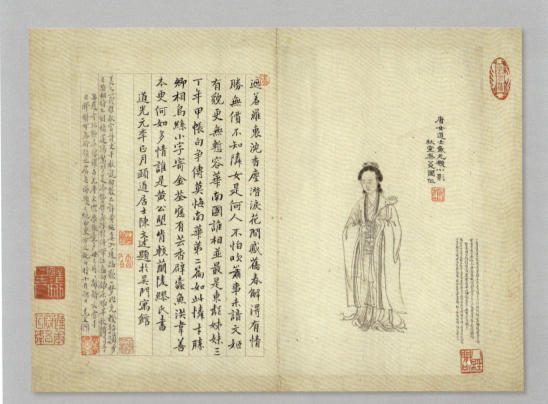

1 《唐女郎鱼玄机诗》 宋临安府陈宅书籍铺刻本
2 唐 戴帷帽骑马仕女俑

如果仅看传世文献，会感觉唐代女性再嫁现象很普遍，但是辩证来看，这仍是史料话语权留给我们的一种印象偏差。现在有更多的出土资料（如墓志）能说明这个问题。首先，墓志比起正史和士大夫留下的文稿，更能广泛代表社会整体状况。其二，从墓志当中，我们可以发现唐代妇女，尤其是中下层妇女，仍有较浓厚的三从四德观念和从一而终的思想。唐代也有贞节烈女，只是程度不如其他时代而已。而且，政府也表彰过孝子烈女，烈女的衡量标准，往往就是所谓的从一而终。越是中下层的妇女，这种观念反倒越加浓厚，而上层社会的妇女，因为有较好的经济基础，因此婚姻的自由度也比较大。

唐朝女性虽然也有从一而终的贞操观，但是与其他时代有一些区别。比如，唐代诗人张籍写过《节妇吟·寄东平李司空师道》，节度使李师道曾招张籍入幕府，张籍借妇女的口吻写《节妇吟》以拒绝。暂且不提政治背景，诗里折射出唐代妇女的贞操观。诗中表达了女性受到了一个男性的追求，男性送了很多礼物，但是女性百般犹豫之后，还是拒绝了。重点在诗的最后两句上——"还君明珠双泪垂，恨不相逢未嫁时"。

在唐人眼中，这样就可以叫作节妇，而其他时代的人就难以接受。明末唐汝洵写了本书叫《唐诗解》，他批评这首诗"彼妇之节不几岌岌乎"，还有清代贺贻孙《水田居诗筏》也提到"节妇之节危矣哉"，沈德潜写《唐诗别裁》，说"然玩辞意，恐失节妇之旨"。这就是时代的差异。

> **守节与改嫁**
>
> 从墓志来看，唐朝的平民女性注重贞洁观念，守节亦受到广泛称赞。例如开元廿八年六月十七日《唐故吴真妻席夫人墓志铭》云："不幸祸钟，良人早丧，疚怀永悼，毁瘠偷生。孤胤幼冲，孀居鞠育，寒暑勤弊，过廿年，训诸义方，至乎成立。"又如大和三年七月十三日《杨氏墓志并序》云："杨氏松心霜操，孤贞守节，不亏妇义。"而《唐代墓志汇编》收入记录有改嫁、再嫁的墓志仅有十余例。

唐代女性地位高的原因

> 北朝文化对女性的影响
> 尚未固化的礼教

唐朝的女子为什么地位高？这与唐朝的文化来源密切相关。唐朝文化的主要来源有北方草原游牧民族文化和南朝华夏汉族文化。南朝更多保留的是汉魏以来的中国传统文化，而北朝的文化对女性的影响特别大。

颜之推的《颜氏家训》号称"中国家训之祖"，颜之推（531—约597）鼎鼎有名，他的后代名气更大，如颜真卿、颜杲卿（692—756）。颜之推本人生活在南北朝至隋代早期，家训中专门提到过妇女形象的问题。因为他在南北方都生活过，有对比有体验，他认为南方的女性，相对是汉魏以来中国传统女性的样子，温良恭俭让。而北朝的女性——他用了"妇持门户"来形容，家庭中女人说了算。北朝女性不仅抛头露面，而且性格豪爽，以至于有为自己丈夫要官之举。这种风气他觉得难以理解。从《颜氏家训》能够看出，唐朝女性自由奔放的性格特点，更多来自北朝妇女，尤其是游牧民族的女性。《木兰辞》也是北朝的作品，到了唐代正式定稿。《木兰辞》出现在这个年代并非偶然，那个时代的北

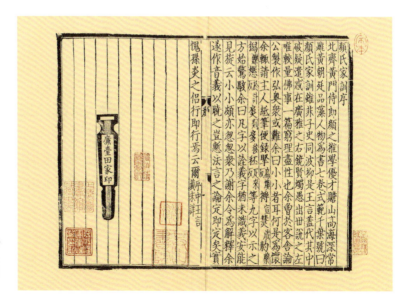

颜之推《颜氏家训》
宋淳熙台州公库刻，
元廉台田氏补修重印本

第六章 美得张扬的唐代女性

方女性能够出现一个替父从军、上阵杀敌的女英雄,很能说明问题。

唐高祖李渊的女儿平阳公主也是典型例证。李渊从太原举兵,还没有打到长安的时候,平阳公主就已经在长安附近举兵,和李神通等人配合,几乎把长安城的外围扫荡干净了,等到李渊入关中后,长安已经像一个熟透了的果子,直接从树上就摘下来了。平阳公主就是一个放大版的木兰。从这点上能够看出,她身上也继承了北朝游牧民族女性骁勇善战的特质。

另外,唐朝封建礼教还没有完全固化,儒学没有像宋朝渗透到社会各个方面。唐朝的经学是官方的学说,学界很多人认为,唐朝的儒学多停留在官方以及上层社会的层面,并不能操控人们社会生活的方方面面。这是一个历史的缝隙,在这个缝隙当中,唐代女性找到了自己茁壮发展的空间。

唐代女性地位的变化

> 男性对女性从政的压制
> 安史之乱后的变化

不过,唐朝一共三百年,社会阶级复杂,各种情况都不可一概而论。武则天之后,唐朝的女性政治人物层出不穷,有女儿太平公主、儿媳妇韦皇后、孙女安乐公主,还有上官婉儿等。但是同时,男性统治者对女性从政开始打压。唐玄宗前半生的政治斗争对象都是女性,包括上述韦皇后、安乐公主、上官婉儿、太平公主,甚至还有他自己的王皇后。为什么?因为唐玄宗自己的母亲死于武则天之手,所以他对强势的祖母颇有怨言。唐玄宗不仅铲除了多个女性政治人物,而且废掉王皇后之后就再也不立皇后了。

唐玄宗在位将近五十年,这么长的时间内,除了早期有王皇后之外,之后受宠的武惠妃、杨贵妃,全都没有被立为皇后,这就从制度上杜绝女性通过皇后之位掌权的可能性。唐玄宗之后也有生前被立为皇后的，比如唐肃宗的张皇后。但是从张皇后以后，唐朝后半期的历史上，较少出现生前就被立为皇后的现象，大多数皇后都是死后追赠的。这说明武则天之后，唐朝的男性已经开始压制女性从政的空间，唐朝后期也再没有出现像武则天这样的强势女性政治人物了。

安史之乱以后，以《春秋》学派为代表的儒家开始整顿思想，强调儒家的价值观。他们主要是讲忠孝，尤其是讲忠。但是讲忠孝不可能不提三从四德，儒家的价值观开始逐渐得到强化。唐朝后期的唐宣宗就是一个特别讲儒家礼教的皇帝。他下了一道命令，禁止公主再嫁。从此以后唐朝没有公主再嫁的事情发生。由此可以看出，统治阶级已经开始限制女性的自由，唐朝女性的社会地位就逐渐走向了下坡路。

推荐阅读

◦ 葛承雍：《女性与盛唐气象》，安徽人民出版社，2013 年

◦ 高世瑜：《唐代妇女》，三秦出版社，2011 年

◦ 胡戟：《武则天本传》，三秦出版社，1986 年

◦ 雷家骥：《武则天传》，人民出版社，2001 年

◦ 于赓哲：《巾帼宰相上官婉儿》，陕西师范大学出版社，2014 年

◦ 陈弱水：《隐蔽的光景：唐代的妇女文化与家庭生活》，广西师范大学出版社，2009 年

洛阳龙门石窟卢舍那大佛

第七章 佛教与大唐气象

李四龙

北京大学哲学系（宗教学系）教授，曾对佛教走向民间社会的历程作过精彩论述。主要研究天台宗与中古佛教，对于欧美佛学的发展，也颇有研究。

宗教的传播，从来就会有两种截然不同的方式：一是原典化，主张要在最初的宗教经典里找到准确的文本依据；二是本土化，注重宗教经典在当地的演化与转型，重视经典的思想而不甚重视经典的文本。玄奘与惠能，恰好代表了这样两种倾向。玄奘所开创的唯识宗，有很强的原典化倾向；惠能则是地地道道的本土化。最终的结果，本土化的道路一定会比原典化更受欢迎，更具生命力。而像天台宗、华严宗这样的宗派，则在这两种倾向中间徘徊。

1 玄奘如何成为史上最有名的和尚

中国人大概从记事起,就会接触《西游记》,知道有一位"唐僧"。这位被艺术化了的"唐僧",并不是历史上真实的玄奘。两者的相通之处,就是玄奘确实曾九死一生,冒着生命危险西行求法,历时十七年,往返古天竺(今印度)求取真经。在今天的佛教徒看来,玄奘是《心经》的译者,是法相唯识宗的开创者。在中国思想史上,玄奘是中印文化交流的典范,是大翻译家、大思想家。

玄奘,俗姓陈,名祎,河南洛州缑氏县(今河南偃师)人。一般认为,玄奘生于隋文帝开皇二十年(600)。[1] 少时家境困难,跟随已出家的哥哥住在洛阳净土寺,学习佛经。十一岁,他就能熟记《法华经》《维摩经》。后来听闻法师讲解《涅槃经》《摄大乘论》,他不仅自己能听明白,还能给别的法师讲解,博得大家的钦佩。隋炀帝大业末年(618),兵荒马乱,玄奘随兄前往长安,后去成都,遍访名师,虚心学习。唐高祖武德五年(622),玄奘在成都受具足戒,[2] 成为一名真正的法师。随后离开成都,先后到湖北荆州、河北赵州、江苏扬州、陕西长安等地,跟随不同的法师学习佛典,博闻强记,融会贯通,逐渐崭露头角,备受称赞。但因当时重大的佛学理论困惑,玄奘毅然决定西行求法。

玄奘西行求法图

日本著名的绢画《玄奘西行求法图》绘制于镰仓时代(1185—1333),画中玄奘身着束腰外衣、凉鞋,背着竹制经箧,有一个小东西挂在竹架上,一些人认为是香炉,一些人认为是舍利盒,还有人认为是一盏小灯。他一手持拂尘一手持经卷,脖子上挂有一串骷髅,尽管细节并不明显。这与西安兴教寺大遍觉堂内的"玄奘法师像石碑"的造型几乎完全一致。

西行求法

> 众说纷纭的"佛性"
> 玄奘的西行路线
> 印度曲女城辩论

在玄奘年轻的时期，中国佛教界流行两本讲解唯识学的佛典，《摄大乘论》和《十地经论》。围绕这两部书，从南北朝后期开始，两派法师各执一词，互不相让，一派叫"摄论师"，另一派叫"地论师"。年轻的玄奘四处学习，大家对众生何时有"佛性"，意见很不一致。有的说现在就有，有的说将来才有，修了以后慢慢生起。到底该怎么理解？当时刚到中国的印度法师说，印度有一部巨著——《瑜伽师地论》还没有传到中国，那本书对这些问题都有详细的解释。听到这样的信息，玄奘决心西行求法，准备去印度留学。

玄奘取道现在的兰州，经河西走廊，到达瓜州，计划沿着我们现在所讲的"丝绸之路"去印度求法。出境的过程并不顺利，但凭着他坚定的毅力和卓越的才华，出了玉门关以后，玄奘一路上得到了沿线地区统治者和老百姓的欢迎和帮助。尤其是高昌王麴文泰（？—640）的支持，最真诚也最关键。虽然没有太多人为的阻力，但这一路上自然条件恶劣，语言风俗差异很大，玄奘需要克服种种困难。

他从西北印度入境，在印度的多个佛教重镇停留，遍访名师，认真学习。尤其是在那烂陀寺（古代中印度摩揭陀国首都王舍城北方的寺院，遗址位于现在印度比哈尔邦的巴达加欧[Baragaon]），拜访他心仪已久的印度高僧戒贤（528—651），系统学习当时在印度盛行的佛学理论，譬如中观学、唯识学、因明学，以及印度部派佛教说一切有部、经部等派别的重要著作。他的学习重点，是听戒贤讲解《瑜伽师地论》。

---

1 有关玄奘的生平，历来有多种说法。建议读者主要参考《大慈恩寺三藏法师传》。
2 具足戒，又称"大戒"，指佛教出家人正式取得比丘、比丘尼资格所应受持的戒律。一般而言，比丘戒有 250 戒，比丘尼戒有 348 戒。

1 玄奘西行与回国路线图
2 《菩提迦耶菩提树下的精舍》 大英图书馆藏
3 那烂陀寺遗址
4 印度那烂陀玄奘纪念堂

传说,当时跟他一起听课的同学,多达数千人,这位印度老师花了一年五个月,才讲完一遍。

刻苦读书之余,玄奘也到印度各地旅行,巡礼那些著名的佛教圣迹,尤其是跟释迦牟尼直接有关的圣地,譬如菩提迦耶(位于今印度比哈尔邦伽耶城南),那是玄奘那个年代中国法师们心中最神圣的地方——佛陀在菩提树下觉悟的圣地。和那些高深的佛理一样,这样的参访,能给玄奘一种强烈的宗教感染力,鼓舞他以毕生的努力去译经和讲经。

印度戒日王

印度古代著名君王戒日王(Harsavardhana 或 Śīlāditya),是中印交流史上的重要人物。隋唐年间,中印的民间交往日益频繁,而玄奘与戒日王的会晤最终促成了中印的官方往来。自641年至648年的八年间,戒日王与唐太宗互派使臣达六次之多,其中二人各发使三次,平均一年零四个月一次。

在玄奘的故事里,他在印度曲女城(位于今印度北方邦卡瑙杰县[Kannauj])的辩论备受关注。学成归国之前,641年,当时印度的戒日王(590—647,戒日王朝的建立者)在曲女城,专门为玄奘组织了一场声势浩大的学术盛会,邀请全印度的沙门、婆罗门和各种外道的理论高手参加。据说,最后到会的代表和观众,有印度各地的18个国王、3000多名僧人,还有那烂陀寺僧人1000余人,婆罗门教和耆那教徒2000余人。这场辩论给玄奘带来了前所未有的殊荣。

好学深思的玄奘,不仅能在理论上融会贯通大乘佛教内部的瑜伽行派和中观派两家的论争,著有《会宗论》三千颂,得到他的老师戒贤的称赞;而且他还应戒日王的邀请,从理论上破斥小乘正量部论师的观点,撰写《制恶见论》一千六百颂。在这场盛会上,玄奘宣讲了他的《会宗论》《制恶见论》。会议召开了整整18天,居然没有一人对玄奘的观点提出有效的挑战。

经历了这样严苛的考验,玄奘被授予"大乘天"和"解脱天"的尊称。尽管玄奘那两篇伟大的论文没有流传下来,但他的英名留在了印度。在那烂陀寺遗址附近,矗立着一座"玄奘纪念堂"。

唐太宗与《大唐西域记》

西行求法十七年后，贞观十九年（645）正月，玄奘回到长安，受到热烈欢迎，开启他人生最辉煌的十九年。他的成就，与唐太宗的赏识密不可分。

> 唐太宗与玄奘
> 《大唐西域记》的历史地位
> 唐朝佛教政策的改变

唐太宗，这位有着雄才大略的伟大皇帝，对玄奘的归国表现出极大的热情。其实，太宗皇帝在他登基之初并不怎么欣赏佛教，他和道士的来往，要比和法师来往更多一些，唐朝皇帝总在想象自己和传说中的道家创始人老子——李耳有血缘关系。

这位极其聪明的皇帝，很擅长借用佛教的影响笼络人心。他请法师们给大唐的阵亡将士举行隆重的超度法会，甚至还让长安的僧人每月背诵《仁王经》和《大云经》。或许有人告诉这位皇帝，这两部经典能保佑帝国免于灾难。不过，这位自以为是老子后人的皇帝，在公元637年发布诏书，宣布道士、女冠排在僧尼之前。这件事曾引起了法师们的强烈不满。

太宗皇帝真正改变对佛教的态度，大家普遍认为，这要归功于他对玄奘的崇拜。与其说唐太宗护持佛教，还不如说，唐太宗护持玄奘。他对这位和尚有一份欣赏，欣赏他能不远万里亲身走一趟"丝绸之路"，玄奘是在那个时代真正能"开眼看世界"的中国人；还有一份感动，太宗皇帝多次许以高官厚禄，玄奘法师始终孜孜以求，潜心佛法。尤其是在这位皇帝病重的最后时光，他对玄奘的信赖，几乎到了形影不离的程度。

645年元月，刚回到大唐的玄奘，被唐太宗召到洛阳的宫殿。这位有着"天可汗"称号的皇帝，

《道士女冠在僧尼之上诏》

贞观十一年（637）正月，唐朝颁布《道士女冠在僧尼之上诏》，规定"自今以后，斋供行立法，至于称谓，道士女冠，可在僧尼之前"，明确道先佛后的次序。诏书指出，道教作为本土宗教，有"经邦致治，反朴还淳"的功能，且道教对于李唐建国也是居功至伟。而东汉时方才入华的佛教，凭借"神变之理""报应之缘"风靡社会，走到了本土宗教的前面，这让太宗十分忧心。

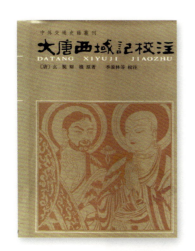

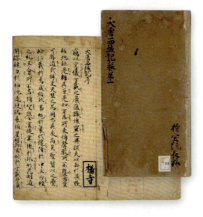

1 《大唐西域记校注》书影，季羡林等校注
2 京都大学人文科学研究所藏《大唐西域记》橘寺本封面及序

在中亚享有崇高的威望，他对玄奘的求法经历非常好奇，详细了解其西行路上的见闻，仔细询问印度的气候、风俗和物产等情况。当时的西北边陲，突厥人势力强大，是唐太宗的心腹之患。据说，这次见面持续到深夜，皇帝对佛教并没有太多的兴趣，但对法师的经历兴致益然。他劝导玄奘还俗，但皇帝没有成功，只能退而求其次，请玄奘留在长安，住在皇帝为纪念母亲而修造的弘福寺。

此后的三年多时间，唐太宗一直没有召见玄奘，但明令朝廷要给玄奘提供他所需要的财物、人手。玄奘不负众望，高效地完成了《大唐西域记》。贞观二十年，他仅用一年时间，把这部长达12卷的巨著《大唐西域记》交给了太宗皇帝。该书主要记载玄奘赴印度亲历的和传闻的138个国家、城邦和地区，保留了当时中亚、南亚地区的大量珍贵史料，是当前国际学术界研究古代亚洲史最重要的经典名著之一。他对各地的记载有详有略，但有相对固定的章法，包括幅员大小、都城大小、地理形势、农业、商业、风俗、文艺、语言、文字、货币、国王和宗教等。同时，该书也对印度历史上很多重要理论问题的争论有扼要的记载，是研究印度古代思想史的"金钥匙"。

公元648年六月，病重的唐太宗，在玉华宫召见玄奘，再一次请他还俗。当时大唐对中亚、印度的外交工作，很需要像玄奘这样的高级人才。玄奘依旧表示愿矢志译经，这使皇帝对玄奘的工作产生浓厚兴趣，并对这位不贪恋世俗名利的高僧十分敬重，亲自为他新译的佛经作序，这就是著名的《大唐三藏圣教序》。

唐 《怀仁集王羲之大唐三藏圣教序》大碑拓片 原碑现存西安碑林

在这篇《圣教序》里,唐太宗盛赞玄奘是"法门之领袖","松风水月,未足比其清华;仙露明珠,讵能方其朗润",认为这位法师"千古而无对"。太宗皇帝以他的帝王之威,赞叹玄奘是"千古一人",无论是玄奘的悲心、决心,还是玄奘的佛学、智慧,都达到了登峰造极的境界。他说玄奘"承至言于先圣,受真教于上贤",表扬他跋山涉水留学印度,学到了真正的佛法,他说玄奘"一乘五律之道,驰骤于心田;八藏三箧之文,波涛于口海",表扬他博学通透,辩论无敌。

玄奘的才华和敬业精神,感染了唐太宗。不久再次召见玄奘,唐太宗声称自己虔诚信仰佛教,还下诏允许在全国三千余所寺庙里分别度僧五人。据说,皇帝在此之后经常请玄奘去陪伴他。大唐的佛教政策,就此发生了根本的转变。

公元649年四月,重病中的太宗皇帝感到自己的大限快到了,越来越离不开玄奘,一直让玄奘在宫中陪伴他,悔恨自己以前没有"广兴佛事"。今天,我们已经很难想象,一代帝王和一代宗师还能有如此融洽、如此温馨的场景。

译经事业与唯识学

> 空前绝后的译经工作
> 佛教唯识学与佛教逻辑学

648年十二月,大慈恩寺在长安落成。当时的太子,即后来的唐高宗为了纪念自己的母亲,修建了这座雄伟的佛寺,玄奘成了这座新庙的住持,他在佛教史上因此常被称为"大慈恩寺三藏法师",甚至于他所开创的法相唯识宗也被称为"慈恩宗"。

在太宗皇帝去世以后,玄奘住回大慈恩寺,一直到657年,他被高宗请到洛阳居住。659年十月,玄奘入住玉华寺,这是当年太宗皇帝的行宫。玄奘在那里度过了生命中最后的四年半,译出了《成唯识论》《唯识二十颂》,以及最著名的《大般若经》600卷。

玄奘一生，从贞观十九年二月至龙朔三年十月，十九年间，共译佛经七十五部，1335卷，大致相当于那个时代所有汉译佛经的四分之一。平均下来，玄奘每个月要译5~6卷佛经，尤其是他生命的最后四年多，每年平均译经170卷。其译经之多，在佛教史上空前绝后。

在他所翻的七十五部佛经里，般若中观类有六部615卷，占译经总卷数的46%；唯识类经典有二十一部201卷，约占译经总卷数的15%。尽管唯识译经所占的比例不大，但玄奘对此做出了系统的译介，许多典籍由他最先译出，特别是《瑜伽师地论》100卷，完成了他千辛万苦远赴印度求法的心愿。

玄奘是中国历史上最著名的佛经翻译家，同时也以他对印度唯识学的深入研究成为佛教史上最重要的佛教哲学家之一，这以他所糅译的《成唯识论》为代表。该书体现了法相唯识宗最主要的教义，系统介绍"八识、三自性、五法、转识成智"等概念。其中，最核心的理论是所谓的"唯识无境"，认为世界上的一切事物都是"识"所变现出来的假相。

印度佛教最初的时候，只讲六识——眼识、耳识、鼻识、舌识、身识和意识。前五识实际上是我们的感觉认识，第六识则是对前五识的统合作用，这样的分类比较清楚。但到后来，佛教进一步思考，这样的统合作用到底怎么展开？这就出现了第七识末那识。"末那识"的意思是指一种意识活动，但这种意识活动是以自我为中心，导致烦恼的出现。以自我为中心的心理活动，佛教称之为"我执"。

为什么会出现"我执"？有没有可能消除这样的心理活动？佛教

大雁塔初创形制图

唐高宗即位后，玄奘奏请朝廷批准他按照从印度带回来的石造大塔的图样，在长安大慈恩寺内造石浮屠。石结构建筑防火，可以永葆他带回的珍贵原版梵文经卷安全地储藏和供奉。永徽三年（652）高宗准奏，但结构改为砖表土心。大雁塔在历史上经过多次大修，层高屡次增减，现在看到的已经不是唐代样式了。杨鸿勋考证了玄奘所建塔依据的原型为5世纪印度笈多王朝时期的"佛陀伽耶精舍"，并据此绘制了大雁塔初创形制图。

日本大谷探险队所获敦煌6世纪尼律藏第二分卷，纸本梵文汉文对照墨书

因此提出了一种潜藏得最深的心理活动——第八识阿赖耶识。"阿赖耶识"是"藏识"的意思，包括所有的一切可能性，有染污的种子，有清净的种子，前者是"有漏种子"，后者是"无漏种子"。有漏种子在适当的条件下发生作用，就会出现"我执"，现起种种烦恼。若要消除这些烦恼，则要通过刻苦的修行，给无漏种子创造合适的条件发生作用。在佛教唯识学看来，世界上一切事物，都是在"八识"中变现出来的假相。如果能觉悟到其中的虚幻性，就有可能体验到真正的佛性，把前面提到的"八识"彻底转化为人生觉悟的智慧。除此之外，玄奘还特别翻译了与法相唯识学密切相关的因明学经典，也就是现在所谓的"佛教逻辑学"，也在东亚佛教史上影响深远。

664年四月五日，玄奘走完了他光辉的一生，圆寂了。唐高宗为失去这样的一位高僧而无比伤心，为他举行了国葬。玄奘的博学、坚毅与勤奋，在中国历史上是罕见的，鲁迅含蓄地赞美玄奘是"中华民族的脊梁"。即使是出家了的和尚，也没有多少人愿意一辈子学习佛经、翻译和教书，但玄奘做到了。他往返印度，经历很丰富，让人敬佩；他回国以后，生活很单纯，同样让人敬佩。这种玄奘精神，超越了时代，超越了宗教，可以激励中华儿女奋发向上！

在出家的佛教徒中间，几乎每天都要念诵他译的《心经》，虽然仅有267字，但几乎是东亚佛教徒的精神指南。而在民间，由于《西游记》的缘故，他被老百姓当作唐僧，变得家喻户晓，成为中国历史上最出名的和尚。

2 | 肉身千年不腐的六祖禅师

隋唐时期的高僧大德，悟性卓绝，垂范后世。不像早期的中国佛教由外来高僧占据主导地位，隋唐佛教的中流砥柱，多数是土生土长的中国人。尤其是禅宗的创始人惠能（638—713），更是佛教中国化的典范。这位传说目不识丁的和尚，创立了最有中国特色、最有影响的一个佛教宗派——禅宗。"禅"，因此在东亚社会几乎成了佛教的代名词。

惠能，俗姓卢，祖上是河北范阳（今涿州市）人，他父亲被贬官到岭南新州（今广东新兴县东）。年幼的惠能很早失去了父亲，母子相依为命，传说靠卖柴为生。年轻的惠能，到一家客店送柴，刚要离开，听到有人诵经，立即有所领悟，急问客人这是什么佛经。客人告诉他这是《金刚经》，湖北黄梅的五祖弘忍大师（602—675）在讲这部佛经。这位客人甚至还说，弘忍大师常给大家讲，"但持《金刚经》，即自见性，直了成佛"。读一部仅有五千多字的《金刚经》就能成佛，这对信众的吸引力实在太大。

到了湖北的惠能，礼拜五祖，告诉他"弟子是岭南新州百姓，远来礼师，惟求作佛，不求余物"。原来，惠能想要成佛，这样说话的年轻人还真不多见。五祖故意激他："你从十分边远的岭南过来，也没有什么文化，平常就是一个砍砍柴的'獦獠'（古代对南方少数民族的称呼），怎么就想成佛？"惠能的回

| 1 | 2 3 |

1 惠能禅师的真身，供奉于广东韶关南华寺
2 南宋 梁楷《六祖截竹图》 东京国立博物馆藏
3 光孝寺《六祖像碑》拓本

答干脆利落,"人虽有南北,佛性本无南北",獦獠的体相虽然和大师不一样,但"佛性有何差别"?五祖心里明白,来了一个聪明的学生,但他不露声色,把刚来的惠能安排在后院做些杂活,在碓房舂米。

后来,惠能的佛学体会得到了五祖弘忍大师的认可。深更半夜,师父给惠能单独讲解《金刚经》,讲到"应无所住而生其心"这句经文的时候,惠能言下大悟。这就是禅宗史上所讲的"三更受法"。在弘忍大师的指点下,惠能随即离开黄梅,一路往南,回到广东。先和一群猎人混在一起,隐姓埋名十五年。后来到现在的广州光孝寺,剃度出家,开始弘法,创宗立说。他的法语,被后人汇集成册,称为《坛经》。

《坛经》与《金刚经》

> 《坛经》：南宗禅集体智慧的结晶
> 偈颂展现的禅学思想重大转折
> 《金刚经》与《坛经》之关系

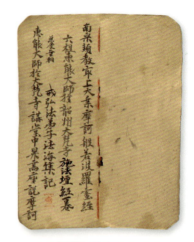

印度传来的佛典包括三大类——经藏、律藏、论藏，即所谓的"三藏"。只有佛陀所说的经典，译成汉语时才被尊称为"经"。《坛经》是唯一被尊为"经"的中国佛教典籍，惠能已被尊为佛陀的化身，应化于世，代佛说法。

严格地说，通行的《坛经》并不完全是惠能所说，还包括后代禅师的加工与改编，甚至可以说是南宗禅集体智慧的结晶。最早的敦煌本仅有一万两千字，现在通行的元代宗宝本则有两万多字，无论内容上还是篇幅上都有很大的变化。据我国当代最著名的禅宗学者杨曾文先生整理，现存的《坛经》版本多达近三十种。最主要的版本有四种：唐代敦煌本、宋代惠昕本、契嵩本、元代宗宝本。保存在敦煌遗书里的《坛经》写本最接近原貌，基本上是惠能的语录；惠昕本大约改编于晚唐或宋初，契嵩本大约成书于宋仁宗至和三年（1056），整部《坛经》开始分成现在通行的十品。现在流行的《坛经》属于契嵩本系统，大约在元世祖至元二十八年（1291），由当时的光孝寺僧人宗宝进一步改编而成。

《坛经》的"坛"，有戒坛也有法坛之意，指惠能在寺院讲堂升座说法，授无相戒。《坛经》汇总了惠能在韶州大梵寺、南华寺、国恩寺的说法。通

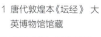

1 唐代敦煌本《坛经》大英博物馆藏
2 南华寺第一门额曹溪 关野贞摄

行的《坛经》分成十品：行由品、般若品、疑问品、定慧品、坐禅品、忏悔品、机缘品、顿渐品、护法品、付嘱品，按照佛经的体例编排，戏剧化地介绍惠能从一个不识字的砍柴青年转变为一代禅门宗师的精神之旅，有条理地讲述惠能自己的佛学思想，以及师徒之间的种种问答抉择。通行的《坛经》虽在内容上与惠能当年的原话有所出入，但更方便我们把握历史上的禅宗思想。

稍有文化的中国人，大多都会背惠能那个著名的偈颂——"菩提本无树，明镜亦非台；本来无一物，何处惹尘埃！"在北大哲学系有一个传言，当初冯友兰先生在"文革"中被批斗时，靠心里默念这个偈颂，化解内心的屈辱。

所有的禅宗史，对这个偈颂的来历都会大书特书，充满戏剧性。五祖弘忍有一天突然想选接班人，告诉弟子们，回去每人写一份心得，谁要是能领悟佛法大意，就把代表法脉正统的袈裟传授给他。众弟子实在不敢奢望师父给自己传法，唯有上座和尚神秀（606—706）是大家公认的高人。到底写还是不写，经过一番思想斗争，神秀不敢把自己的偈颂直接交给师父，最后写在墙壁上："身是菩提树，心如明镜台；

时时勤拂拭，莫使惹尘埃。"

文如其人。一看就知道这位法师平时非常勤奋，但五祖弘忍知道自己的这位高足还没有悟道，心里还有好多尘埃尚未摆脱。慈悲的弘忍大师劝弟子们好好背诵神秀的偈颂，要以他为榜样努力精进。当时还在后院打杂的惠能，听到了小和尚们在背神秀的偈颂，立即觉得写得不合适，他请人同样在墙上题写自己的偈颂："菩提本无树，明镜亦非台；本来无一物，何处惹尘埃！"

若从版本学的角度看，这个偈颂的第三句，在敦煌本里作"佛性常清净"，语意更通顺。不过，改过以后的偈颂，境界更显空灵。佛教最基本的思想，是讲"缘起性空"。万法都是因缘而起，菩提树、明镜台，所有的一切缘聚缘散，本性是空。照此说来，哪有什么菩提树？若能觉悟，所有的树皆可被称作"菩提树"。又哪有什么明镜台？若能照物，何必枉分有台无台？如果能有这样的理解，一切皆空，本心清净，一尘不染，哪有什么必要天天擦来擦去？

敦煌出土的唐代《金刚经》 大英图书馆藏
现存最早的印刷品之一

神秀、惠能这两个偈颂都很通俗,却在一前一后展现了禅学思想的重大转折。神秀代表了专心打坐的佛学传统,强调本心清净,但有客尘染污,所以需要"看心守净",这是渐修渐悟的过程。但在惠能看来,哪有什么客尘、本心的差别?客尘因缘而起,本性是空;本心亦空,真可谓"本来无一物"。倘若真能觉悟,怎么会有尘埃?惠能的这些思想,提出了禅宗顿悟顿修的法门,发挥了《金刚经》的"无相"论。《金刚经》有一句名言,"凡所有相皆是虚妄"。但凡能看到、听到、想到的现象,都是因缘而起的暂时假象,本性是空。所以,不管我们的内心有多少烦恼,实际上都是被这些无谓的假象束缚了。在平常的修行中,我们"应无所住而生其心"。一切皆空,本心清净,怎么还会有烦恼、妄念?

从这个意义上说,惠能所讲的《坛经》是《金刚经》的读后感。《坛经》里说"无相为体、无住为本",其实是对《金刚经》核心思想的凝练。

第七章 佛教与大唐气象　　193

明心见性与禅宗

> 禅宗的人文精神
> 具有强大生命力的本土化宗教传播

惠能所开创的禅宗，被视为佛教史上的一场革命，既不主张一味地坐禅，也不主张简单地诵经，而是强调明心见性，顿悟成佛。他说："佛是自性作，莫向身外求。自性迷，佛即是众生；自性悟，众生即是佛。"在他看来，"迷即渐劝，悟人顿修"。他甚至告诫弟子们，在心地不明白的时候，即使学习佛经也不会有帮助。他说："诸佛妙理，非关文字。"（《坛经》）

惠能正式剃度出家，是在广州法性寺（今光孝寺）。在他进寺院的时候，当时的方丈印宗法师在讲《涅槃经》，却有两位僧人在辩论——风吹幡动，到底是风动还是幡动？惠能一语道破玄机，"不是风动，不是幡动，仁者心动"。这是禅宗史上极其著名的"风幡之议"。如果内心不清净，就会受到外部的干扰，风动幡动都是外在的假象，若能识得一切皆空，哪有什么风动幡动？

光孝寺内的风幡堂
关野贞摄

听到这番议论的印宗法师，料定是惠能来访，就问惠能，弘忍大师有没有给他特别的叮嘱？惠能说"惟论见性，不论禅定解脱"。也就是说，弘忍传给惠能的佛学，并不重视坐禅和入解脱的法门，而是特别关注明心见性，要在当下的一念之间觉悟自性清净。在此基础上，《坛经》进一步提出"自性自度"的观念。惠能说，"迷时师度，悟了自度。度名虽一，用处不同"。在学习的初级阶段，确实需要师父的点拨引导，但等到了高级阶段，虽然在理论上已有领悟，但最后的觉悟必须要由自己通过具体的实践去获得。惠能的禅宗，洋溢着一种通过自身努力获得觉悟的自信，特别强调禅师自己的主观能动性。可以说，这是一种禅宗的人文精神。

从此以后，明心见性，成了学佛的根本与关键，也成了佛教对中国文化最重要的思想贡献。禅宗主张本心清净，"心"不仅有认识功能，还有本体论上的生灭功能。这种心性论对宋明儒学，尤其是阳明心学的发展起了直接的推动作用，促成了儒学思想的重大转型。

不过，学者们普遍认为，惠能在生前并没有太大的社会影响。当时，率先被列为"六祖"的仍是神秀，而不是惠能，武则天对神秀十分尊敬。约在惠能死后二十年，他的弟子荷泽神会（668—760）北上弘法，开元十八年（730），他在洛阳定南北宗是非大会上，极力批评北宗禅为"师承是旁，法门是渐"，认为只有惠能得了真传，才能被尊为六祖。经过神会在北方的弘扬，惠能的思想才在北方占据主流，南宗渐成禅门正统，神秀所代表的北宗禅逐渐退出历史。

在中唐以后，禅宗分化出许多支脉，即"五家七宗"：沩仰宗、临济宗、云门宗、曹洞宗、法眼宗，临济宗还在宋代发展出杨歧宗与黄龙宗二支。南宋以后，禅宗只剩下临济、曹洞两家，临济势力最盛。而在晚唐五代，禅门兴旺，人才济济。他们充分演绎惠能的顿悟思想，把禅门修行融入日常生活之中，随缘任运。禅门的公案故事，含义隽永，脍炙人口，深受大家的喜爱。禅宗，因此成为中国佛教最富活力、最有代表性的宗派，渗透到了中国人的生活方式与思维习惯，特别是对中国的文学艺术、士大夫的审美情趣影响深远。

《坛经》还记载了许多奇特的现象，主要是各种各样的预言，学者们普遍认为这是禅宗后学编造的故事。但有一件事情，即使是学者也不敢轻言真假，那就是在现在的广东南华寺保存着六祖惠能的肉身像，千年不腐。

在佛教里，肉身菩萨也被称为"全身舍利"，在我国好多地方都有发现，著名的有安徽九华山，另外，山西、广东、福建、四川等地也有肉身菩萨的记载和实物。南华寺的惠能肉身像，在佛教徒的眼里，代表了六祖惠能境界高深，甚至是他已经成佛的重要证据。

宗教的传播，从来就会有两种截然不同的方式：一是原典化，主张要在最初的宗教经典里找到准确的文本依据；二是本土化，注重宗教经典在当地的演化与转型，重视经典的思想而不甚重视经典的文本。玄奘与惠能，恰好代表了这样两种倾向。玄奘所开创的唯识宗，有很强的原典化倾向；惠能则是地地道道的本土化。最终的结果，本土化的道路一定会比原典化更受欢迎，更具生命力。而像天台宗、华严宗这样的宗派，则在这两种倾向中间徘徊。

《梵像卷》中的荷泽神会　台北故宫博物院藏

3 卢舍那佛为何以武则天为原型

武则天（624—705）是中国历史上唯一的女皇帝。在唐高宗和武则天治理时期，社会安定繁荣，上承"贞观之治"，下启"开元盛世"，大唐的疆域和国际地位，臻于鼎盛，可以远及现在中亚的乌兹别克斯坦撒马尔罕一带。此时的唐朝，超越汉朝，达到了中原王朝在疆域上的历史顶峰。

大唐的佛教，在武则天时期达到了顶峰。玄奘、惠能、义净、法藏等，这些历史上卓绝非凡的高僧与她多有关联；龙门石窟的开凿，在她手下迎来第二个高峰，卢舍那大佛以她为原型，那神秘的微笑穿越时空，静静地展现大唐的自信与从容。

武则天，原名"武珝"，后来她做皇太后，自己改名"武曌"，"则天"是她的谥号"则天大圣皇后"的简称。唐高宗永徽六年（655），她受封为皇后，逐渐总揽朝政，与唐高宗并称"二圣"。特别是在660年唐高宗中风之后，实际的政治权力落到了武后手里。690年，武则天自称"圣神皇帝"，改国号为周。

武则天的父亲武士彟（577—635），曾经跟随唐高祖李渊一起反隋，是大唐的开国功臣。她的母亲是隋朝皇室重臣杨雄的侄女，是一位信佛十分虔诚的贵族女性。武则天自小美貌非凡，十三岁就被选为唐太宗的宫女，外号"武媚娘"。在太宗皇帝去世以后，这位宫女被送进感业寺，被迫削发为尼。好在不久，她就被唐高宗召回，成为这位新皇帝的宠妃，最后还成了他的皇后。

在武则天的生活里，与佛教密切相关的元素实在太多：她的母亲，史书上称"荣国夫人"，一直是佛教的积极支持者，直接影响武则天的佛教信仰；成为唐高宗皇后才一年，她请求玄奘给自己授菩萨戒，还让自己即将出生的儿子，也就是后来的唐中宗，一出生就皈依玄奘，法名"佛光王"。

唐高宗咸亨三年（672），武则天捐资雕造龙门石窟卢舍那大佛，成了她极度信佛的标志。历史学家做了精心的统计，从唐朝建立到武则天封后，即从 618 年到 655 年的近四十年里，龙门石窟共开凿了近 70 座佛像。但在她实际掌权的五十多年里，从 655 年到 705 年，龙门石窟多了 380 座佛像。而以后的唐朝二百多年里，龙门石窟的佛像仅只增加 76 座。这样的数据，可以直观地表明她在唐朝佛教史上的地位。

卢舍那大佛

卢舍那大佛，位于龙门石窟的奉先寺。这尊佛像，称得上是"国宝中的国宝"，通高

> 九尊式造像组合
> 雍容华贵的女性特征
> 炮制《大云经》与《大云经义疏》

17.14 米，头高 4 米，耳长 1.9 米，是龙门石窟中艺术水平最高、规模最大的一处佛像，是中国历史上第二个佛教造像高峰的代表作。

据卢舍那佛像座北侧唐玄宗开元十年（722）补刻的《河洛上都龙门山之阳大卢舍那像龛记》记载，应该是先造大佛，后修佛寺。最初在开窟造像时，并不采用全部开凿洞窟的方式，而是依山就势在露天的崖壁上雕造佛像，有一种浑然天成的浩然大气。摩崖像龛南北宽 36 米，东西进深 40.7 米，为一巨型露天窟龛。大佛像始造于咸亨三年（672）四月，此时虽为唐高宗在位期间，但武则天已经握有实权，她以皇后之名布施两万贯脂粉钱赞助修建，至上元二年（675）十二月完工，历时 3 年 9 个月。整个像龛包括一佛、二弟子、二菩萨、二天王、二力士，是一铺九尊式造像组合，规模宏大，气势庄严。

大奉先寺的建造，始于唐高宗调露元年（679），一直到唐玄宗开

元十年,把附近一座寺院合并到大奉先寺。寺名"奉先",表明了唐高宗或唐中宗、唐睿宗建寺有纪念父母先人的寓意。但有的学者认为,这也有可能是武则天纪念自己的父母。不难想象,这座寺院对李唐或武周具有不同寻常的象征意义。建庙的动机恐难复原,但留下的这尊大佛像,则成了佛教艺术瑰宝。这尊大佛具有雍容华贵的女性特征,因此经常有这样的说法:大佛是按武则天的容貌雕造的。有的学者甚至直接说,龙门石窟的卢舍那大佛就是武则天的"模拟像"。其中的真相,恐怕也只能作为历史谜团了。

卢舍那,梵语"毗卢遮那"的简称,意为"光明遍照""遍一切处"。佛教认为,佛有三身,化身、报身和法身。按照华严宗的诠释,卢舍那佛是指报身佛,可以解释为"清净圆满",以其无碍光明遍照法界。卢舍那佛信仰,兼具法身佛与化身佛的特点,在中国流传颇广,主要是与《华严经》有关。武则天的佛教信仰,与《华严经》、华严宗关系密切。卢舍那佛的雕造,也是一个例证。684年,武则天给自己起名"武

奉先寺造像组合

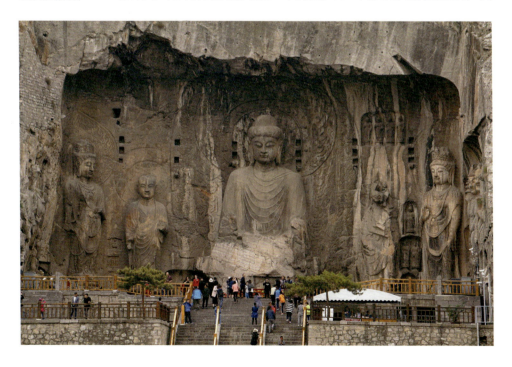

第七章 佛教与大唐气象　199

曌"，意思是日月当空，这与卢舍那佛的含义相通。

比起卢舍那佛，武则天或许更愿意作为下凡救世的弥勒佛。这就与她利用伪造的《大云经》预言，让自己登基当上皇帝有关。《大云经》原本是地道的印度佛典，最早是北凉昙无谶（385—433）译的6卷本《大方等大云经》。其中，卷4提到净光天女，前世是国王夫人，因跟随佛听讲《大涅槃经》，今世生为天女。又说，"值我出世，复闻深义，舍是天形，即以女身当王国土，得转轮王所统领处四分之一"。这里的"四分之一"，特指四大部洲之一的阎浮提。该书卷6，佛还预言此女将来"作佛"。

但是，武则天引以为据的《大云经》预言则是伪造的。垂拱初年

甘肃泾川大云寺的考古发现

武则天在得到《大云经》和《大云经疏》后非常高兴，命长安和洛阳两京及诸州都要修建大云寺，甚至远处唐朝辖境西陲的碎叶城也修建了大云寺，寺内藏《大云经》及舍利函、雕像、法器等珍品，并使僧升高座讲解《大云经》，遍布全国各地的大云寺经常会有意外的考古发现。1964年，甘肃泾川大云寺地宫被发现，里面装有一个大理石石函，石函上刻有花纹和千余字铭文，铭文末有建塔官员和僧众的姓名，纪年为"延载元年"（694）。石函顶上正中刻一方框，框内刻着："大周泾州大云寺舍利之函总一十四粒。"另有珍藏舍利的金棺、银椁、鎏金铜匣、琉璃瓶、金钗、银钗和铜钱等珍宝，均为重量级文物。

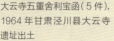

大云寺五重舍利宝函（5件），1964年甘肃泾川县大云寺遗址出土

(685)，当时的白马寺寺主薛怀义（662—694），与僧人法明等重译《大云经》，还编撰《大云经神皇授记义疏》(简称《大云经义疏》)，说武则天是"弥勒下生，作阎浮提主，唐氏合微，故则天革命称周"。在这部"义疏"里，收录了当时各地旨在劝进的谶语，譬如说"以女身当王国土，所谓圣母神皇是也"；"菩萨利生，形无定准，随机应物，故现女身也"。

这样一类的政治预言，在中国政治史上并不新鲜，而是有着悠久的历史传统。西汉末年，这类东西被称为"谶纬"，十分兴盛。中国的社会心理素来迷信这类预言，有时还称之为"符瑞"。唐高宗去世的第二年（684），武后就开始在民间收集这方面的素材。与其说是"收集"，不如说是鼓动各地制造祥瑞，迎合她的政治需要。譬如，垂拱四年四月，名义上是唐睿宗执政时期，武后的侄子武承嗣（649—698）派人上报朝廷，说是在洛水发现石碑，上写"圣母临人，永昌帝业"。

洛水在中国文化传统里具有特殊的意味，传说在大禹时代，洛河浮出神龟，驮着所谓"洛书"，大禹因此得以治水。在洛水发现的这块石碑被武则天称为"宝图"。不久，五月十一日，她组织文武大臣祭祀洛河，正式接受"圣母神皇"的称号。帮助武则天进行政治宣传的佛经，在《大云经》之外，还有《宝雨经》。

最重要的发现，是由十位僧人打着《大云经》的旗号提供的。唐睿宗载初元年（690）七月，怀义、法明等十人表奏他们炮制的《大云经》及其《大云经义疏》，大谈"神皇受命"，称武则天是弥勒佛的化身。武则天大悦，颁行《大云经》于天下，改国号为周，自称"圣神皇帝"。在儒家的政治传统里，执政的合法性来自于"天命"。《大云经》的出现，证实了"天命"的真实性。天下各州随后皆建大云寺，并藏《大云经》，广为宣讲。

十位僧人上奏《大云经义疏》后两个月，九月初九，在出现了各种祥瑞之后，在文武百官、各界代表的劝进声中，武则天宣布大赦天下，改唐为周，改元"天授"，开始她真正意义上的女皇生涯。

佛学时代与华严宗

炮制预言和编造伪经的薛怀义，是一位假和尚。武则天对他的来历非常清楚，在她的地位稳固之后，薛怀义的下场当然很惨。处死了薛怀义，武则天并没有改变她对佛教的信仰。她在玄奘那里看到了佛教的伟大，在自己的母亲那里看到了信仰的真诚。不像她的丈夫唐高宗那样中断了大唐的译经事业，武则天延请印度、于阗等地高僧翻译佛经，地婆诃罗（613—687）、实叉难陀（652—710）受到了她的礼遇。

> 武则天对《华严经》的浓厚兴趣
> 佛教的积极支持者

695年，当在外留学24年、一直以玄奘为榜样的义净（635—713）法师，从印度归国回到洛阳，这位女皇亲自到洛阳东门迎接。义净像玄奘那样，回国以后潜心译经，共译佛经六十一部239卷。

在所有的译经里，武则天对《华严经》表现出浓厚的兴趣。圣历二年（699），她为新译80卷《华严经》撰序，在译经的过程中她甚至还亲自协助抄写。她对以弘扬《华严经》为己任的华严宗情有独钟，对当时的华严宗代表人物法藏（643—712）给予了极大的支持。甚至可以说，法藏的全部宗教生涯得到了武则天的悉心关照。

法藏生于长安，祖先是位于中亚的康居国人，十五岁时去法门寺礼佛，居然燃指供养那里的佛指舍利。年轻的法藏，去太白山跟随华严宗二祖智俨法师（602—668）学习，后来被尊为华严宗三祖。670年，他被推荐给武后。当时还没有得到制度的法藏，在武后的干预下正式出家，并被聘为太原寺住持。这是武后为纪念她的母亲而修建的寺庙，法藏从此成为武则天特别依赖的法师，被赐尊号"贤首"。在中国佛教史上，法藏给武则天讲解《华

义净的译经事业

义净是佛教史上著名的翻译家。唐高宗时取道南海赴印度求经弘法，共历时20余年方回国。证圣元年（695）夏天，义净到达洛阳，武则天亲自出城迎接，以表示对他的尊重。此后他得到武则天的支持，在长安荐福寺和洛阳佛授记寺主持译经工作。义净与鸠摩罗什、真谛、玄奘并称为中国佛教史上的四大翻译家，义净译经的特点是在译文或正文下面加写注解，保留了许多珍贵的史料。

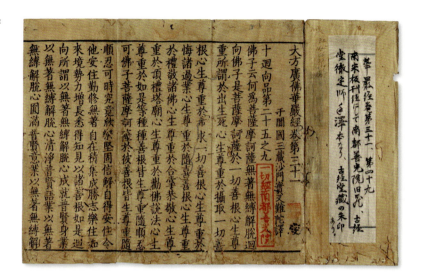

唐《大方广佛华严经》 实叉难陀译 宋刊本

严经》思想的记录，就成了宣扬华严宗教义的经典名篇——《华严金师子章》。

在武则天的年代，禅宗已经非常兴盛。五祖弘忍的嗣法弟子惠能，已经在现在的广州一带弘法。在中原地区，代表禅宗正统法脉的还是弘忍的另一位弟子神秀，在著名诗人宋之问（约656—712）的介绍下，700年，武则天邀请神秀到京城弘法。面对这位九十多岁的老禅师，武则天居然在大殿上当众跪拜，极尽虔诚。弘忍的其他弟子，像慧安（582—709）、智诜（609—702），也被召到朝廷讲经，甚至受到了"国师"的礼遇。

法藏的祖籍在现在中亚乌兹别克斯坦的撒马尔罕一带，他对那里的风土人情多少有些了解；他还有一位同学，智俨门下的义湘（625—702），是新罗（今韩国）的僧人，回国以后成为海东华严宗初祖。法藏是武则天最看重的法师，也是那个时代最有思想的佛学大师，并有开阔的国际视野。

《华严经》是法藏最推崇的佛经，是华严宗创宗立派的依据，出任太原寺住持以后他几乎年年讲解《华严经》。当初还没有登上帝位的武则天，把法藏召到长生殿请教"六相""十玄"等华严宗思想要义。

法师就以殿角上的金师子为喻，说："一一毛头，各有金师子；一一毛头师子，同时顿入一毛中。一一毛中皆有无边师子，如是重重无尽。"

法藏在这里讲述了华严宗"无尽缘起"的思想。在他看来，只有认识到一切事物各自有体有用，各随因缘而起，又能各守自性，事与事看似互为相对，却又互为相应，彼此互相交涉，自在无碍而无尽，万物相融无碍，这才是最圆满的"事事无碍法界"。

作为《华严金师子章》的对话者，武则天进入了佛教思想史。华严宗，在她执政时期得到了前所未有的支持。法藏成为华严宗的集大成者，这得益于武则天的积极护持。至于武则天是弥勒佛的化身，还是自命为卢舍那佛，其实也不那么重要了。

总在摇摆的三教关系

> 统治者如何平衡三教
> 佛教与大唐气象

几乎所有的书，都会把武则天说成佛教徒。她对佛教的支持几乎毫不掩饰，但这并不意味着她要排斥道教或儒家。作为一代帝王，她总是在平衡，只是有时候有些偏心。为什么武则天能够利用佛教的预言成功地为自己篡权造势？这是社会形势使然。即使是帝王，也无法左右社会心理。

唐太宗去世以后继位的唐高宗，常被说成生性懦弱，对佛教不打压也不扶持，几乎漠不关心，到了晚年他甚至把自己居住的大明宫改名"蓬莱宫"。其实不然，唐高宗很有作为，他对道教确实偏心，但对玄奘十分尊敬，保护佛教势力。674 年八月，已经全面掌权的武后被封为"天后"，她以高宗的名义下诏：僧人与道士位列同等，不分先后。三十多年前太宗皇帝颁布的诏书中，道士高于僧人的规定终于被废除了。这曾经是压在玄奘心头的一块巨石，他在 656 年借自己病重曾向唐高宗求情，希望消除佛道之间的不平等。但在当时，唐高宗以"前朝旧制"为由，维持道前僧后的顺序。现在，武后改变了佛教与道教的排名次序。

武则天十分支持佛教，695 年元月，武则天给自己加封为"慈氏越古金轮圣神皇帝"，表明她既是俗世的帝王，也是佛教的未来佛弥勒（"慈氏"是弥勒的另一种说法）。但没多久，她又把自己改为"天册金轮大圣皇帝"，明显淡化了她与佛教的关系，强化儒家的天命思想。同时，她也很会拉拢道教。复杂的三教关系，总是在帝王那里摇摆不定。

历代统治者看到了佛教在民间的群众基础。他们不仅借用佛教的思想教化百姓，还用佛教徒的身份资源、关系网络积极从事民间外交，营造和巩固周边稳定的外部政治环境。无论是在东亚，还是在中亚，大唐的威望在唐高宗、武则天执政时期达到了辉煌的顶点。而在政治、经济、社会、文化、艺术等方面，武则天时期则为稍后到来的唐玄宗开元盛世铺平了道路。与此同时，佛教完全融入了中国文化，成为其中不可分割的组成部分。

玄奘、惠能的成就，无愧于中华民族历史上一个最伟大的时代。唐太宗、唐高宗、武则天所治理的中国，既在全力向外展现中华文明的风采，又在不遗余力地吸收外来文明，呈现出我们至今还在心向往之的"大唐气象"。

推荐阅读

◎ 惠立、彦悰：《大慈恩寺三藏法师传》，中华书局，2000 年

◎ 惠能：《坛经校释》，中华书局，2012 年

◎ 杨曾文：《隋唐佛教史》，中国社会科学出版社，2014 年

◎ [美] 斯坦利·威斯坦因：《唐代佛教》，上海古籍出版社，2010 年

◎ [荷] 许理和：《佛教征服中国：佛教在中国中古早期的传播与适应》，江苏人民出版社，2017 年

◎ 方立天：《法藏与〈金师子章〉》，中国人民大学出版社，2012 年

◎ 李四龙：《天台智者研究》，北京大学出版社，2003 年

初唐长安佛寺大事年表

引自龚国强《隋唐长安城佛寺研究》附录，文物出版社 2006 年版

公元年	历史纪年	唐长安佛寺大事
618	唐武德元年	于朱雀门南通衢之上，普建道场，设无遮大会，士女云集 会昌寺、证果尼寺、集仙尼寺、兴圣尼寺、胜业寺、慈悲寺立 命沙门道士各 69 人于太极殿七日行道，散席之日设千僧斋 又命沙门 49 人入内行道
624	七	遣刑部尚书沈叔安携天尊像赠高丽
625	八	诏叙三教先后，老先，次孔，末释
626	九	下诏沙汰僧尼及道士。京城留寺 3 所，观 2 所。诏竟不行 中天竺沙门波颇赍梵经至长安兴善寺
627	贞观元年	诏京城德行沙门并令入殿行道七日 普光寺立
628	二	乃令京城及天下僧尼道士等七日七夜转经行道，每年正月七月视此为式
629	三	玄奘法师往天竺求经
631	五	慈德寺、普光寺立 请开法门寺塔出舍利示道俗
634	八	建弘福寺
641	十五	净土宗沙门善导至京师，在光明寺说法
643	十七	遣李义表、王玄策使西域，游历百余国
644	十八	李义表、王玄策于天竺摩伽陀国摩诃菩提寺立碑，并于王舍城勒铭 玄奘法师自天竺求法，返抵长安
645	十九	太宗亲撰《大唐三藏圣教序》 玄奘劝太宗以度僧，乃诏京城及天下州寺各度五人，弘福寺五十人 皇太子作《述圣记》。慈恩寺成
646	二十	太宗幸翠微宫召玄奘陪往，谈玄论道。至五月太宗卒
651	永徽二	废玉华宫为佛寺
652	三	建慈恩寺砖浮屠（大雁塔） 中天竺沙门无极高至长安，于慧日寺译《陀罗尼集经》
655	六	中天竺沙门那提（福生）携经律论来长安慈恩寺
656	显庆元年	请玄奘为高祖婕妤薛道衡女尼宝乘于鹤林寺授戒 高宗亲撰《慈恩寺碑》 高宗御安福门观玄奘迎慈恩寺碑文
657	二	命建西明寺楼台廊庑四千区，以道宣律师为上座 命王玄策送佛袈裟至天竺
658	三	玄奘徙居新建西明寺 王玄策撰《中天竺国图》
659	四	诏玉华宫为寺，命玄奘法师居之译经。沙门智俨于云华寺讲《华严》，名遍寰内
660	五	诏迎法门寺佛骨至东都供养。龙朔二年送还本塔
661	龙朔元年	王玄策进天竺所得佛顶舍利

公元年	历史纪年	唐长安佛寺大事
663	三	命于敬爱道场写一切经典
664	麟德元年	命西明寺道宣撰《大唐内典录》
666	乾封元年	诏天下诸州置观寺一所
667	二	道宣律师建灵感戒坛于清官屯精舍 道宣律师卒
668	总章元年	沙门道世撰成《法苑珠林》
673	咸亨四	沙门义净至东天竺
676	上元三、仪凤元年	中天竺沙门地婆诃罗（日照）来长安译经
682	永淳元年	命天下寺院各度僧尼5人
684	文明元年、光宅元年	立大献佛寺，后改为荐福寺。自神龙后翻译佛经并于此寺
688	垂拱四	沙门彦悰据慧立旧作，重编成《大慈恩三藏法师传》传序
689	永昌元年	命僧等于玄武门建华严高座八会道场讲经，设斋会
690	载初元年、天授元年	令两京诸州各置大云寺
691	天授二	则天令释教在道法之上，令神秀禅师入京行道，内道场丰其供施
692	天授三、如意元年、长寿元年	奉制东都大福先寺检校无尽藏 沙门义净遣大津返长安，携归《新译经论》《南海寄归内法传》及《西域求法高僧传》
694	长寿三、延载元年	天下僧尼旧隶司宾，令改隶祠部，敕文谓佛教有护国救人造福解厄之德
695	证圣元年、天册万岁元年	沙门义净返至洛阳
699	圣历二	敕华严法宗法藏于佛授记寺讲新译《华严经》，封藏为贤首菩萨戒师 颁禁葬舍利骨制
700	久视元年	《旧唐书》卷八十九《狄仁杰传》，略谓"今之伽蓝，制过宫阙……"
704	长安四	遣往岐州无忧王寺迎舍利
705	长安五、神龙元年	中宗命受菩萨戒

五代 周文矩《文苑图》(局部)

第八章 书写时代的唐代诗人

西 川

诗人、散文和随笔作家、翻译家，80年代，他曾投身于全国性的青年诗歌运动，与海子、骆一禾被誉为"北大三诗人"。

我特别强调诗歌写作的现场。所谓现场，就是指当代、当下。每一位唐朝诗人都有他的当下，都有他的文化、政治、经济环境。

我们发现唐朝普通才华的诗人们在出门送别、参加宴会时，总会遇到一个小难题，就是大家要现场作诗。但所有写诗的人都知道，人不是随时都有灵感，那在没有灵感的情况下要怎么写？所以唐朝这些中等才华的读书人出门，实际上是带着参考书的。

1 | 唐代诗歌与诗人的规模

我是诗人,也做外国诗歌的翻译。我最近出了一本小书,叫作《唐诗的读法》,好像就变成了一个研究唐诗的人。但我并不是研究唐诗的专家,只是对唐代诗歌的生成感兴趣,因此我是从一个写作者的角度来介入唐诗这个话题。

2018年秋天,我去了趟日本,正好在奈良赶上了正仓院的一个展览。在这个展览上,我看到了两件唐代的器物:一个是嵌螺钿的漆盒,一个是嵌螺钿的镜子。据说这些东西都是当年唐玄宗、杨贵妃送给日本天皇的。我虽然以前在书里见过非常华丽的唐代镜子的图像,但当见到这个器物本身的时候,我依然非常吃惊。因为它很大,跟我印象中的一般中国古代镜子的尺寸不同,它有如一个小脸盆般大小。我当时就愣住了,原来宫廷中使用的镜子是这个样子的,杨贵妃梳妆打扮时使用的镜子居然如此之大。镜子的背面,镶嵌的螺钿让我感受到唐代生活中华丽的一面。

唐朝存在了近三百年。这三百年也分成了不同的时段:一般人对唐朝的印象永远停留在它最华丽的时候,唐玄宗时期,即开元盛世。在盛唐之前还有初唐,而在755年爆发的安史之乱之后,就进入中唐时期,随后进入晚唐。

在唐朝不同的时段中有不同的诗人,诗人的风格亦有不同。一般说起唐诗,我们就会想到王维(701—761,有争议)、李白(701—762)、杜甫(712—770),可能再加上白居易(772—846),这是我们对唐诗的大概印象。但当你接近唐朝时,就会发现,唐朝早中晚期还是有些不同。具体看诗歌,我们会注意到唐代诗歌的一些变化。

从初唐到晚唐的诗风变化

> 由宫廷审美转向欣赏自然诗风
> 中唐时诗歌长度的增长
> 晚唐诗高超的技艺
> 三百年间的两千三百位诗人

在唐朝初年，比较流行宫体诗，因为唐朝延续六朝风气，达官贵人们的主流审美依然指向宫体诗，是充满脂粉气、形式感的宫廷趣味。至盛唐时期，诗风开始有所变化，我们会在盛唐诗人的诗歌中发现他们对于天然、天真、清真这种风格的热爱。李白《古风·大雅久不作》云："圣代复元古，垂衣贵清真。"清真就是自然之美，本是道家的说法。

至中唐，诗歌又发生了一些变化：七言诗写得更多，而五言诗变得相对较少，诗歌长度开始加长，诗人们开始写长诗。白居易给他的好友元稹（779—831）写过一首诗，诗中他提到："制从长庆辞高古，诗到元和体变新。"（《余思未尽加为六韵重寄微之》）连白居易自己都亲口说，这一时期的诗歌有了很大的变化，他和他朋友的诗歌写作开始变长，称为"长韵"。虽然杜甫早已开始写排律（长篇的律诗，又称长律），但这并非时代风气。

至晚唐时期，最主要的诗人就是李商隐。晚唐的诗歌相对弱一些，唐以后的诗人们都觉得晚唐诗人又重新回到了那个华丽、喜欢用典的时代，他们写很多消极、伤感的情绪，但诗歌技艺都非常高超。这大概是晚唐诗歌的一个特点。所以即使我们说唐诗，也应该意识到不同时段的唐诗是不一样的。

那么唐朝人自己是怎么说的呢？盛唐时期有一部非常重要的诗歌选集，叫作《河岳英灵集》，编者是殷璠。他在书的《叙》中说道："自萧氏（南朝萧道成、萧衍）以还，尤增矫饰。武德初，微波尚在。贞观末，标格渐高。景云中，颇通远调。开元十五年后，声律风骨始备矣。"也就是说，真正好的唐诗是在开元十五年（727）以后出现的。这段话能帮助我们打破对于唐诗的囫囵吞枣的印象，唐诗也有一个发展过程。

螺钿莲花八出葵花镜　直径 27.4 厘米　日本奈良东大寺正仓院藏

唐诗选本《河岳英灵集》

《河岳英灵集》仿梁昭明太子编《文选》的方式，选录盛唐开元二年（714）至安史之乱前夕（天宝十二载，753）的诗人，自常建至阎防等二十四人，共收诗二百三十四首。今存二百三十首，有殷璠的《叙》和《论》。《河岳英灵集》所选诗人历仕坎坷，"皆沦寒之士"，其职官品阶最高是王维，这或许与殷璠本人仕途不顺达有关。《河岳英灵集》为现存盛唐诗最重要的选本。

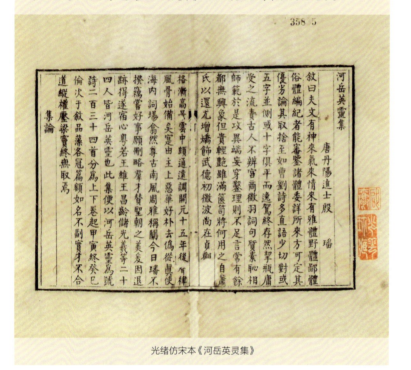

光绪仿宋本《河岳英灵集》

这一发展过程可以追溯到隋代，甚至更久远的南朝沈约（441—513）等人。因为这些人为中国诗歌的声律做出了巨大贡献。隋代陆法言所著《切韵》，在唐初被定为官韵。统一了南北方的语言和声韵，于是才能有一个声韵标准来写诗。可见前人为唐代诗歌的长足进步做了很多铺垫。

现在可知的唐诗大概有多少首，我们只能根据《全唐诗》来推断。《全唐诗》在清康熙年间编成，收录的唐朝诗歌约五万首，囊括了约两千三百位诗人。直至今天，我们的学者还在搜集那些散佚于世的唐诗。对《全唐诗》做了许多补编工作。

如果以《全唐诗》的数字为基础，唐朝三百年间有两千三百位诗人，平均每年有八个左右。我们姑且说二十年算一个时代，那么一个时代实际上活跃的诗人，也就是一百余位。如果不去计算，你会觉得唐朝有很多的诗人，但一经计算，就会发现诗歌的圈子其实没有多大。

唐朝的诗人们旅行，去了很多地方。我在网上也看到，有人把李白、杜甫、韩愈（768—824）、白居易等人所走过的足迹在地图上标出来，可以看到这些诗人一个个都是行过万里路的。但这并不意味着当时有很多诗人，只能说明他们的生活是这样一个情况。唐朝的诗人们大多是官员，除去战乱带来的颠沛流离，他们之所以踏足多地，一定是被朝廷不断地调遣，或被朝廷贬官。

进士文化与唐诗

> 进士集团的崛起
> 进士身份与诗人身份

在唐朝做官，可以走不同的路径。其中有一条路是"恩荫"系统，走这条路的人是贵族，但如果不是贵族，进士及第也可以做官。在唐朝，贵族和进士这两拨人的存在很有意思。一个家族成为贵族，一般都是由于祖上的军功，贵族本来都是武人，但是后代变得越来越文人化。而唐朝的贵族都干什么呢？实际上他们喜欢绘画，比如阎立本（约601—673）是大画家，连"奸相"李林甫（683—753）也是大画家，贵族大多是玩绘画的。而不少进士由于出身平平，家里没有那么多的资产和收藏，所以玩诗歌。当然这是一个很粗疏的说法。

进士文化之所以对唐朝如此重要，也涉及唐朝历史上的一个巨大变迁。虽然科举考试是从隋朝开始，但它的地位变得如此重要，与武则天（624—705）有关。因为武则天要把大唐变成大周，会遇到很多阻力，因此就要发展自己的势力，扶持自己的亲信。而那些跟着李家打天下的贵族，肯定不愿把江山交给武则天，所以武则天得起用那些与李家没有深厚渊源的人，也就是进士集团的人。顺便说一句：佛教在中国彻底站住脚，也和废唐立周又复唐的武则天有关，因为李唐亲近道教。——许多文化问题的背后都隐藏着政治因素，历史就是这个样子。

由此，进士的文化角色、政治角色变得越来越重要。自然而然，我们也能看出进士身份与诗人身份之间的关系。当时进士科的考试中有一项考试内容叫杂文，是要考诗赋的，这也与唐朝诗歌的发达有一定关系。杂文考诗赋被取消是到宋代搞变法的王安石（1021—1086）手上，苏轼（1037—1101）还曾经反对过。

王安石编《唐百家诗选》 日本静嘉堂文库藏北宋刊本

所以我们可以看到，唐朝的诗人们很多都是进士出身。王安石在编《唐百家诗选》时，收录的诗人中90%都参加过科举考试，但并非所有人都进士及第。其中进士及第者62人，占了入选诗人总数的72%；后世广为传播的《唐诗三百首》，共选录77位诗人，进士出身的有46位。

王安石与"罢诗赋"

宋初的科举考试，进士科以考查诗赋为主，其他诸科以考查帖经、墨义为主。王安石主持变法，在贡举改革中提出"罢诗赋、帖经、墨义"，专以经义试士，要求考生认真钻研《诗》《书》《易》《周礼》《礼记》等儒家经典，从而具备运用儒家思想解决现实政治问题的能力。宋代的经义体，结构上大致包括冒子、原题、大讲、余意、原经、结尾等部分，目前学界普遍认为，宋代经义体是明清八股文的源头。

我们根据《全唐诗》得知唐朝诗人大概有两千三百人，但这两千三百人中真正写得好的诗人仅有七十余位。整个唐朝三百年间，值得我们记住并反复诵读其作品的诗人不过七十余位。当我们在脑海中建立起相关数字的概念后，就会对唐诗写作的现场有一个更客观的看法。

《唐诗三百首》与诗歌审美趣味

《唐诗三百首》的编者孙洙（1711—1778），他更为人所知的名号是蘅塘退士，是乾隆时期的进士，而这本书流行开来已是清中期。

> 作为课本的选编准则
> 清中期的文学趣味
> 诗歌趣味的变迁

我们中国人对于唐诗的基本阅读，实际是建立在《唐诗三百首》的基础上。这样一来我们产生一个印象，即唐诗仅仅是《唐诗三百首》，这是不对的。因为《唐诗三百首》是蘅塘退士为发蒙儿童所编，他的目的是编一个课本。课本的编纂有一定的原则，所录入的文章或诗歌的语言一定是标准且平易的：第一，不能太难，否则小孩读不懂；第二，在道德上一定是没有问题的。那些在形式上更复杂，语言上更加怪、险，包含危险性的诗歌就会被剔除掉。

再有，《唐诗三百首》的文学趣味实际上是清中期的趣味。清中期已经跟唐诗的发生现场隔了很长一段时间。我们用一个清朝中期的文学趣味，读的是距此一千年左右的诗歌，这中间实际上绕了一个很大的圈子。所以如果我们真的要进入唐诗、接触唐诗，必须有这么一个警惕。

说到诗歌、诗意，实际在历史上是有一些变化的。从《诗经》到汉代五言诗，到六朝的诗歌，到唐朝的诗歌以及宋朝的诗词，再到元代的元曲——元曲去掉音乐，那也是诗歌——然后就到了明清。明代的大诗人不多，而在清初，大家的趣味被几种说法给带偏了。清初有一位重要的文坛人物叫王士禛（1634—1711），主张"神韵说"。还有一位稍晚于王士禛但直至现在也赫赫有名的人物，就是袁枚（1716—1798），袁枚主张"性灵说"。"神韵说"实际上推崇像孟浩然（689—740）、王维等人比较清淡的风格；而"性灵说"强调的是性灵，它对中国古代诗歌中一些非常粗犷宏大的东西视而不见，开始选择逃避。我们一般认为《秋兴八首》是杜甫诗的最高峰，而杜甫本人的最高峰也是唐诗的最高峰。"玉露凋伤枫树林，巫山巫峡气萧森。江间波浪兼天涌，塞上风云接地阴。"这是《秋兴八首》第一首的前四句。袁枚觉得这只是杜甫随便写下的诗句，并非杜甫最重要的成就，可见袁枚的趣味。

又比如说在唐代诗人中，韩愈是一个重要的人物，但是按照清人的标准，韩愈作为一个诗人的重要性就不及宋朝人的看法。宋人认为唐代最有才华的三个人是杜甫、李白和韩愈。到了清代以后，韩愈当然还重要，他所代表的"文以载道"的传统，一直到桐城派都是被尊崇的。但是在整个的诗歌评价体系中，韩愈的重要性相对来讲是被降低了，这就是清朝的趣味。在唐诗写作真正发生的时候和发生以后，大家对唐诗的看法还是有一些变化的。这个变化是逐渐形成的，从宋朝就开始了，比如说南宋严羽的《沧浪诗话》，已经是"论诗如论禅"了。

中国人评价诗歌的标准与评价绘画有所不同。我们现在说起中国古代的绘画，首先想到的是文人画——花鸟山水。但是文人画的建立时间相对比较晚近。文人画的老祖宗可以追溯到王维，而实际上最早的一批真正的文人画画家应该是在元后期，大概在1350年左右出现的。我们知道的倪瓒（1301—1374）、黄公望（1269—1354）等人都是元后期的人物。

而对于诗歌的标准，如果说中国诗歌的最高位置上坐着一个人，那么这个人是杜甫。杜甫在唐朝写下诗歌与倪瓒等人在元后期真正确立文人画标准，其间大概差了550年的时间。当我们想到文人画的时候，会想到文人画上有很多题诗。在唐朝甚至宋朝的绘画作品中，画家是不往画上题诗的（宋徽宗例外），而文人画上就开始有题诗了，可见后期文人画与诗歌的关系要更加密切。不过，准确地说应该是某一类诗歌，能够题到画上的诗歌大多是王维、孟浩然一路。如果你读倪瓒的文集《清閟阁集》，你会发现倪瓒的诗歌天地与他的绘画天地有很大的不同：倪瓒可以写杜甫那样的诗，甚至可以写楚辞形式的诗。但你从他散淡的山水画中看不到这一点。所以我们可以说文人画本身也对诗歌有所选择。这也多多少少改变了我们对诗歌的看法。我们现在说"诗书画印"，但诗、画与书法融合在一起，这是一件相对比较晚近的事情。

　　清代的很多诗歌是可以直接题到画上的，而唐代的诗歌有个别句子可以往画上题，但是唐朝诗人们写诗并非为了题画。唐朝贵族是玩画的，唐朝进士出身的诗人和官员是写诗的，那个时候还没有融合。所以这就是文化中的一些变化，在文化发展的不同节点上，审美趣味不同。

长沙窑诗文瓷器

长沙窑主要窑口遗存（指分布于湖南长沙铜官镇一带的遗存）发现于20世纪50年代中期，1983年进行了第一次大规模考古发掘，后在长江流域、海上航线等考古工作中又陆续发现了一批长沙窑瓷器。迄今共发现各类器物近两千件，有题诗、题字和款识的共248件，持续时间从中唐至晚唐约150年。题写唐诗的瓷器以壶瓶为主，所题诗多为五言绝句，仅有十余首在《全唐诗》中能找到相同或基本相同的诗句，其余有照录古诗的，亦有民间创作。这些题诗瓷大多是作为盛酒的器皿，面向酒肆销售，而遍及各州郡的酒肆亦对唐诗的传播起到推动作用。

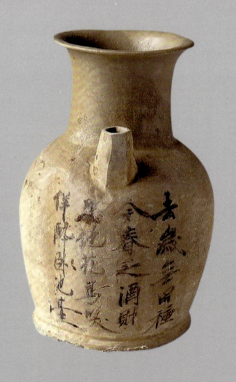

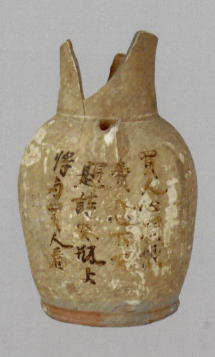

青釉褐彩"去岁无田种"诗文壶，高17.9厘米，口径9厘米，底径10厘米

喇叭口，多棱柱短流，瓜棱腹，平底，流下题褐彩五言诗一首："去岁无田种，今春乏酒财。恐他花鸟笑，伴醉卧池台。"此为《全唐诗》卷八五二张蠙《醉吟三首》之一。以一种自嘲的语调调侃了无酒可喝的尴尬。

青釉褐彩"买人心惆怅"诗文壶，残高18.9厘米，底径9.5厘米

口沿残，多棱柱短流，瓜棱腹，平底假圈足，流下方腹部以褐彩题五言诗一首："买人心惆怅，卖人心不安。题诗安瓶上，将与买人看。"惟妙惟肖地刻画了交易过程中买卖双方心理互动的过程。

青釉褐彩"岭上平看月"诗文碗，高4.5厘米，口径14.4厘米

坦腹，通体施青釉，釉色稍泛黄，碗心釉下褐彩题五言诗一首："岭上平看月，山头坐唆风。心中一片气，不与女人同。"

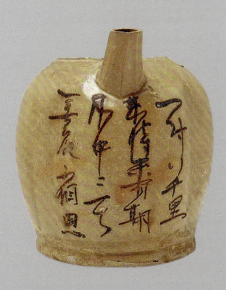

青釉褐彩"一别行千里"诗文壶，残高25.1厘米，口径11.1厘米，底径13.3厘米

流下五言诗为："一别行千里，来时未有期。月中三十日，无夜不相思。"

青釉褐彩"人归万里外"诗文壶，残高19.2厘米，腹径13.7厘米，底径10.6厘米

口沿及颈残缺，多棱柱短流，柄残缺，瓜棱腹，平底假圈足，流下方腹部以褐彩题五言诗一首："人归万里外，心画一杯中。莫虑前途远，闻讯逐便风。"展现商业经营者四海开拓的宏愿及充满信心的乐观精神。

2 | 唐人写诗的技术性秘密

人人都知道李白有一首诗："床前明月光，疑是地上霜。举头望明月，低头思故乡。"（《静夜思》）"床前明月光"的"床"究竟是什么意思？如果他（李白）是躺在床上，为什么还要举头？所以那个"床"肯定不是人躺在上面的床。唐朝有一种胡床，类似于现在的马扎，但可能尺寸要大些，可以坐在上面；这个"床"也可以指井床，就是井沿外的砖石。多数人倾向于认为李白的这个"床"应该指的是井床。

其实这个诗也有别的版本，此句为"举头望山月，低头思故乡"。就是这样一首小诗，也有一个"当时是怎么写下来"的问题。现在已经成为经典的"举头望明月"，可能不是李白"举头望山月"的原文，是后来被人改了。

这是一个有趣的情况：古代并没有现代意义上的出版社，虽然宋代以后中国的印刷业很发达，但在唐朝并非如此。那时有雕版印刷，但主要是用来印佛经的，印出的书也很贵。更多的情况下是传抄，在传抄过程中有可能抄错了，因此古代诗歌就会出现不同版本。所以古代诗人的手稿就显得非常重要了，因为只有一份或两份，丢了就是丢了。比如说杜甫的诗歌，留存于世的大概是一千三四百首，李白的诗歌大概有九百多首。李白的诗歌散掉很多，随写随吟随丢。当然李白自己也存留了一些，到晚

胡床

中国古代的坐具，经历了一个从低到高的过程。古人席地而坐，以床、榻为坐具。东汉末，胡床传入黄河流域。魏晋以后，胡床多在行军打仗或其他户外活动时使用，供一人坐，轻便，可折叠，易于携带，类似于现代的"马扎"。唐以后，胡床逐渐成为汉人常用的坐具，又因其形制的变化而衍化出"绳床""交椅"等。坐胡床都是垂脚着地，从此，汉人进入高坐具的时代。

年时曾托付给他的一个"粉丝",这个人叫魏颢。他曾经跑了三千里地去找李白,李白把手稿交给他,让他来编自己的诗集。李白有一个族叔叫李阳冰,也帮李白编过一个集子,叫《草堂集》。除此之外,李白的后人还掌握一些手稿。中唐范传正给李白写的碑文中也提到,李白的后人手里还保存了一些手稿。

我们现在一说起古代文化,想到的都是经典,很少有人谈到经典在成为经典之前是什么样。这个问题涉及文学作品、艺术作品是如何被创作以及传播的。这与今天的情况很不一样。

随身卷子中的"灵感"

一般读古典文学,一定是瞄着那些最大的名家,比如李白、杜甫、王维、白居易、韩愈、李商隐等大诗人。如果要了解一个时代的文化背景,我们应该拿出一部分注意力,投向那些中等才华的人。正是这些中等才华的人,使这个时代的精神或风尚得以传递。

> 关注中等才华诗人的作品
> 诗歌的写作现场
> 空海《文镜秘府论》
> 意象加格律

说到唐朝的诗人们怎么写诗,由于距那个时代太远,已经很模糊了,唐朝诗人们自己好像也没有做太多的记录。当然在南宋计有功编的《唐诗纪事》一书中能找到当时的一些现场记录,虽然这也是后人追溯的,但还是能够找到一些现场图景。但具体到怎么落笔,还是找不到。

这个情况其实也很好理解,就像今天的作家们不会在写一本书时告诉你,他第一行为什么这么写,或者一首诗的灵感是从何而来。据我的经验,诗歌里有一些是"母意象",它生出"子意象";某一首诗也可能不是从第一行开始写的,而是从第三行开始写的,通过倒推,写出第一行、第二行。所以即使是今天,也没有诗人会告诉你,他的这首诗具体是怎么写出来的。

但什么人会将诗人们的小秘密全部记录下来呢？是那些完全不会写诗却又想学写诗的人。当时的唐朝长安已是世界之都，有人说长安的人口可能有一百多万，是当时世界上最大规模的城市了。长安城中也生活着很多外国人，其中有一些是从日本来的遣唐使、留学生、学问僧。有一个日本僧人，后被尊称为弘法法师（774—835，又叫空海大师、遍照金刚），他来到唐朝的目的就是为了把唐朝的这一套都搬回日本，所以他事无巨细，全部记录下来了。

空海写了一本书，叫《文镜秘府论》。在书中你可以找到唐朝人是怎么写诗的，很有意思。根据《文镜秘府论》，我们发现，唐朝普通才华的诗人们在出门送别、参加宴会时，总会遇到一个小难题，就是大家要现场作诗。但所有写诗的人都知道，人不是随时都有灵感，那在没有灵感的情况下要怎么写？所以唐朝这些中等才华的读书人出门，实际上是带着参考书的。当时有"秀句"一类的书，又叫"随身卷子"——当你没有灵感的时候，可以翻翻随身卷子，这时就会激发灵感。随身卷子中的内容一般来说都是抄写古今的好句子、好意象。

我们现在还能看到的随身卷子里，会列出来春天怎么写，秋天怎么写，夏天怎么写，包括了写诗能用到的好词。我手边有一部日本汉文书，叫作《增补诗学金粉》，它于明治十七年（1884）首版，三十年再版，为作诗所用。翻开这部书，古诗写作里隐藏起来的内容在书中都出现了。翻到"诗语"部分，关于冬天，书中列出来的两字词有：霜峰、天寒、

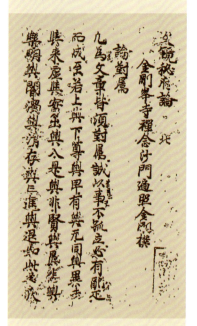

《文镜秘府论》

分作"调四声谱""调声""诗章中用声法式""八种韵""四声论"等五节。地卷论述诗文的具体作法及风体，分"十七势""十四例""十体""六义""八阶""六志""九意"等七节。东卷主要论二十九种对属。南卷总述诗文写作的一般性理论技巧问题。西卷论诗文的二十八种病及文笔十病得失。北卷分"论对属""句端""帝德录"三节，再论对属问题，并提供了一些诗文写作时用到的体制及用词。

《文镜秘府论》北卷"论对属" 东方文化学院珂罗版影印宫内厅藏日本古抄本

《增补诗学金粉》日本明治十七年首版、三十年再版

冻月、狂风、雪深、裂肤、云飞、水素等；还有三字词：朋来处、同酌酒、互题诗、日夜思等。根据这些词可以编成比如"霜峰冻月同酌酒"的句子，这就是七言，可见古人是有办法的。我们在中国好像找不到类似的书了，但日本人却把这一套方法全部继承过去。我手边的这本已经是比较晚近的书了。在这之前一定还有类似的写作参考书。

除此之外，唐朝人开始写近体诗，即格律诗。很多人都觉着掌握不了格律，但格律实际上也是有规律的，掌握了它的基本规律后就非常简单。比如"平平仄仄平平仄"，下句相对的一定是"仄仄平平仄仄平"，然后是"仄仄平平平仄仄，平平仄仄仄平平"。一旦掌握了平仄规律，加之唐初就有了一本书叫《切韵》，又有随身卷子，对那些中等才华的诗人来说，诗其实很容易编。我知道写格律诗的朋友可能对我的这个看法会很不屑，但我指的是对那些普通人来说，诗就这么写，像个游戏。

中唐以后，唐朝的诗歌写作相对来讲就比较普及了。要是连老百姓都能诌两句的话，它一定是有门道的，我这样点明以后，大家就会发现没有那么复杂。当然如果你是一个真正的好诗人，只掌握一些单纯的技巧是远远不够的。

第八章 书写时代的唐代诗人　　223

长安的诗歌圈子

> 写诗给谁看？
> 李白与王维

我特别强调诗歌写作的现场。所谓现场，就是指当代、当下。每一位唐朝诗人都有他的当下，都有他的文化、政治、经济环境。我刚才提到的只是现场的一部分，那么现场的另外一部分就是：唐朝诗人们写出来给谁看？给谁写？他们互相之间是什么样的关系？

在第一节中，我提到了唐朝诗人的人数。经过计算我们发现，每一个时期、每个阶段并没有那么多诗人，尤其是好诗人。整个唐朝一共只有七十多位经典的诗人，能够分配到每个时期的人很少。由于人少，所以生活在同一个时期的诗人们，实际上是相互认识的，或者多多少少都会有一些关系，要么同朝为官，要么沾亲带故，要么路上会相遇。这里面暗含着阶级问题。而阶级问题，经过高强度的"阶级斗争"以后，我们现在已经很少讨论了，但它一直都是存在的。

这是我在读杜甫诗的时候，脑子里产生的一个问题。那时没有电话，杜甫又是一个颠沛流离的人，在不同的地方总有一些官员跟杜甫见面。我自问，杜甫怎么知道一个官员要从这里路过，那个官员又怎么知道杜甫正好在这里？然后我就意识到一个问题，就是他们之间一定是有一些关系，远的近的都是朋友。这就涉及当时长安的文化圈子或诗歌圈子的状况。

王维跟李白都在长安，从他们各自的诗集中，我们找不到两人交往的证据。可能他们之间没什么关系，但他们属于同一个时代下的长安，李白和王维的年龄差不多，大概是同一年生也是同一年去世的，两人的气质性格太不一样了，所以好像没有什么交集，但是他们有一些共同的朋友。比如，阿倍仲麻吕（698—770）。

阿倍仲麻吕是日本留学生，进过太学，考取了进士。安史之乱爆发后，唐玄宗幸蜀，随行的队伍里有外国人，其中一个人就是阿倍仲麻吕，所以杨贵妃死的时候，阿倍仲麻吕应该是在场的。

1 和歌集《小仓百人一首》中的阿倍仲麻吕
2 8世纪阿倍仲麻吕《古今和歌集》草书　日本千叶国立历史民俗博物馆藏

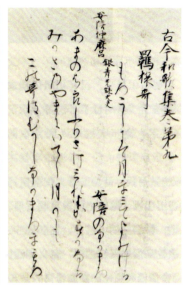

　　李白也认识阿倍仲麻吕，他写过一首诗叫《哭晁卿衡》。晁衡是阿倍仲麻吕的中文名字。阿倍仲麻吕跟王维也认识，李白和王维两人都认识孟浩然。李白非常尊崇孟浩然，所谓"吾爱孟夫子"（《赠孟浩然》），而孟浩然跟王维的关系很好。尽管王维跟李白两人之间的关系不太好，但都是在同一个文化背景之下。所以你要是琢磨琢磨当时的唐朝诗人，他们身边都是什么人，每一个人的家庭背景，就会发现非常有意思。

　　这就涉及王维跟李白有什么不同。王维是生在大户人家。唐朝有五大家族，即崔、卢、王、李、郑。王家一个是琅琊王氏，一个是太原王氏，王维属于太原王氏。王维的母亲是博陵崔氏，而博陵崔氏也是大家族。所以王维就是从这样一个家庭出来的。

　　盛唐时期的宫廷趣味可以说是跟着王维走的。王维对当时的宫廷、上流社会的诗歌趣味有巨大的影响。王维诗写得好，又通音律，据说是弹琵琶的高手，还是大画家，所以到了明代，董其昌（1555—1636）把文人画的老祖宗一直追溯到王维。当时唐代的大画家，还有"大小李将军"，即李思训（651—716，一作648—713）和李昭道，但他们

北宋 郭忠恕 《临王维辋川图》（局部）台北故宫博物院藏

是画青绿山水的，而王维的山水画已经接近于水墨画了。

虽然王维是大画家，但现在我们能够看到的他的画作几乎没有。日本藏了两幅，一幅叫《伏生授经图》，另外一幅叫《辋川图》。从《辋川图》上你能够感受到王维的画法仍是唐朝画法，与后来水墨画还是不一样的。

作为艺术家，王维是个全才，写诗只是他才华的一部分。他曾经说自己是：

宿世谬词客，前身应画师。

不能舍余习，偶被世人知。 （《偶然作六首·其六》）

"雅人"与"野蛮人"

> "野蛮人"如何写诗
> "老狂客"与"谪仙人"

历代大家对于王维都有评述，用得最多的一个字就是"雅"。李亮伟先生的《涵泳大雅——王维与中国文化》一书中收集了历代诗人或评论家对王维的评述，用词包括：雅、娴雅、优雅、尔雅、冲雅、惊雅、俊雅、秀雅、典雅、淡雅、清雅、温雅、舒雅、安雅、纯雅、高雅、雅意、雅正、雅词、雅调等，——都是用来形容王维的。

王维作为一个"雅人"，碰上李白一定不喜欢，因为李白基本上像个"野蛮人"。美国学者斯蒂芬·欧文（Stephen Owen），中文名字宇文所安，在《盛唐诗》一书中写道："高适（704—765）和李白是最著名的真正的外来者。他们在开元时期与京城诗人实际上没有接触，从而形成了完全独立的诗歌风格。"我相信这个看法。因为没有太多的交往，所以他们保持了"野蛮人"的写法和活法。李白最大的神话是贺知章（约659—约744）称他为"谪仙人"。我们一般都把注意力放在了李白如"谪仙人"般飘逸、神采飞扬，但我们好像不太观察贺知章是什么样的人，以及他为什么说李白是"谪仙人"。贺知章自己号称"四明狂客"，可见他也是个特别狂放的人。李白跟王维是同龄人，一般同龄人相处起来都有点困难，而贺知章的年龄比李白和王维都大。当一个"老狂客"看见一个"小狂客"的时候，他因欣赏和兴奋有这样一个说法，即李太白是"谪仙人"。贺知章欣赏李白是顺理成章的，而王维不能接受李白也顺理成章。

这时我们就会发现，唐代诗人之间的关系不是一团和气的，其中一定有矛盾，且互相瞧不上，但也有些人互相引为知音。这与很多因素有关，比如家族背景、年龄、学识等。李白跟杜甫的关系比较好，一是因为杜甫对李白很包容，二是李白比杜甫大十一岁，当一个人比另外一个人大十一岁的时候，一般就不太计较了。李白和杜甫两人有共同的朋友，比如高适。

李白有很多追随者，但都不是很出名。比如说李白有一首诗《赠汪伦》，可汪伦并不是一个士子。我去过安徽泾县的桃花潭。当地人告诉我，汪伦就是当时的一个地主。但也有学者猜他可能是道教中人物。李白在士子圈里没有那么多朋友，却有一些道士朋友。李白所走的道士之路，让他认识了玉真公主（692—762，唐玄宗的妹妹）。经过玉真公主与贺知章一同举荐，唐玄宗就觉着李白了不得，所以李白得以见到唐玄宗，有了那么多故事。其中最有名的故事是高力士给李白脱靴。但我不相信这是真的：在陕西的泰陵——玄宗和皇后杨氏合葬陵墓，唯一的陪葬墓就是高力士的墓。墓碑上的官职是：开府仪同三司兼内侍监上柱国齐国公赠扬州大都督。阿倍仲麻吕是赠潞州大都督；被李林甫扳倒的张九龄赠的是荆州大都督，而他是丞相。

非典型长安诗人李白

> 超越主流审美标尺
> 互相交叠的人际网络

当时的唐朝宫廷文化以及审美趣味之高级，我们通过流传至今的器物以及唐玄宗的字迹等都能看出来。李白后来被赐金放还，我想他不得不被赐金放还。如此"野蛮"或者说如此有创造力的一个人，不符合当时唐朝主流审美标尺的一个人，一定是会被放还的。

在这个意义上说，李白真的不是典型的唐朝长安诗人。我的这个说法是从阿根廷作家博尔赫斯（1899—1986）那里借来的。他曾说："莎士比亚不是典型的英语作家，雨果不是典型的法语作家，塞万提斯不是典型的西班牙语作家。"就是说他们都超越了自己的语言。李白也是这样一个超越性的人物。——我是从这个意义上说李白不是典型的唐朝长安诗人，因为长安的宫廷趣味掌握在王维的手里。

李白和杜甫二人都去拜见过当时士子的领袖人物，北海太守李邕（678—747）。李白有一首诗叫作《上李邕》：

> 大鹏一日同风起，扶摇直上九万里。
> 假令风歇时下来，犹能簸却沧溟水。
> 世人见我恒殊调，闻余大言皆冷笑。
> 宣父犹能畏后生，丈夫未可轻年少。

"宣父犹能畏后生"，"宣父"指孔夫子，意为孔夫子还能对后生有尊敬；"丈夫未可轻年少"，是说"你可不能小看了我"。看到李白如此豪言，抑或称之为"胡扯"，李邕受不了，一定是不喜欢李白。但李邕很喜欢杜甫，因为杜甫性格温和，但后来杜甫也有特别"邪门"的一面，所以他跟李白才能走到一起，成为好朋友。

李白跟士子们总是相处得不太好，相处得好的一般都不是士子，比如前面提到的汪伦。李白当然在山东曾有一帮朋友，"竹溪六逸"（开元二十五年李白移家东鲁，与山东名士孔巢父、韩准、裴政、张叔明、陶沔在泰安府徂徕山下的竹溪隐居，被世人称为"竹溪六逸"）。李白在长安的朋友包括书法家张旭（约675—约750）和贺知章等人，他们又被叫作"饮中八仙"（《新唐书·李白传》记载，李白、贺知章、李适之、汝阳王李琎、崔宗之、苏晋、张旭、焦遂为"酒中八仙人"）。李白的交游大概就是这样一个情况。

唐朝诗人的圈子其实不大，互相之间要么沾亲带故，要么就是朝廷上的朋友。我们想到唐朝这些人物的时候，其实很难想象他们之间的关系。比如杜甫是诗人，颜真卿（709—784）是书法家，两人是否认识？他们是认识的，因为他们曾同在朝廷任职。唐肃宗（711—762）时期有一个宰相叫房琯（697—763），因两场败仗加之其他事，唐肃宗要处罚他。杜甫当时是七品官左拾遗，他要救房琯，这让唐肃宗很不高兴，于是杜甫就犯了错误。犯事后要审讯杜甫，三个审讯人中，有一个就是颜真卿。

杜甫应该也认识王维，因为他晚年时在诗中称王维"高人王右丞"。

(《解闷十二首》)杜甫知道王维是一个高人,但他跟王维并没有那么亲密。杜甫的朋友还包括高适、岑参(约715—770)等,还有一个也是王维的朋友,叫裴迪。杜甫在成都遇见裴迪,两人也能聊到一起。杜甫还有一些朋友很有意思,比如他跟后来的李贺(约791—约817)完全不是一个时代的人,好像也没什么关系,但是李贺的父亲叫李晋肃,他认识杜甫。杜甫好像跟韦应物(737—792)也没什么关系,但是韦应物的叔叔(也有人说是堂兄)是大画家韦偃,他是杜甫的朋友。韦偃曾在杜甫草堂给他画壁画。我之所以说唐朝的圈子没有多大,互相沾亲带故,是因为都是士子,都是这些家族,都是读书人。

士子之间是相互帮忙的,所以杜甫在颠沛流离之时,总有人给他送食物。通过唐代诗歌,我们可以研究唐代诗人的关系网。一旦进入到他们的人际交往圈子,我们就会对唐诗的写作现场有更深刻的认识。

京兆杜氏与京兆韦氏

杜甫家族与韦氏家族存在多层婚姻关系。杜甫有诗《元日寄韦氏妹》,"韦氏妹"即杜甫之妹而嫁于韦氏者。此外,据颜真卿《京兆尹兼中丞杭州刺史剑南东川节度使杜公(济)墓志铭》,杜甫从孙杜济的夫人乃韦迪第三女。

杜甫与大画家韦偃亦有许多交往。上元元年(760)杜甫草堂建成不久后,韦偃因要到别处游历行将离开成都,向杜甫辞行时在东壁上画了一幅双马图。用的工具有"秃笔",用笔动作是"扫",画了一匹低头吃草的马和一匹昂首嘶风的马。杜甫有诗《题壁上韦偃画马歌》。

3 为何说李白像一个"骗子"

不得不说,李白其实像杜甫一样不好谈,因为人人都知道李白,人人都能背李白的诗,甚至小孩子们都能拿李白的诗来恶搞。可见他的诗的普及程度。

在说李白之前,我稍微偏离话题来读一首诗,是杜甫晚年写的《寄韩谏议注》:

> 今我不乐思岳阳,身欲奋飞病在床。
> 美人娟娟隔秋水,濯足洞庭望八荒。
> 鸿飞冥冥日月白,青枫叶赤天雨霜。
> 玉京群帝集北斗,或骑麒麟翳凤凰。
> 芙蓉旌旗烟雾落,影动倒景摇潇湘。
> 星宫之君醉琼浆,羽人稀少不在旁。
> 似闻昨者赤松子,恐是汉代韩张良。
> 昔随刘氏定长安,帷幄未改神惨伤。
> 国家成败吾岂敢,色难腥腐餐枫香。
> 周南留滞古所惜,南极老人应寿昌。
> 美人胡为隔秋水,焉得置之贡玉堂。

读这首诗,你会感觉它不像是杜甫写的,而很像李白写的。因此我们明显地感觉到,杜甫可以写"李白体"的诗。我们经常说到"李杜",但从中唐的元稹开始,就有一种"抑李扬杜"的倾向。元稹写过一篇《唐故工部员外郎杜君墓系铭并序》:"时山东人李白,亦以奇文取称,时人谓之'李杜'。余观其壮浪纵恣,摆去拘束,模写物象,及乐府歌诗,诚亦差肩于子美矣。至若铺陈终始,排比声韵,大或千言,次犹数百,词气豪迈而风调清深,属对律切而脱弃凡近,则李尚不能历其藩翰,况堂奥乎!"就是说,李白写的乐府和杜甫的水平一样,但说到排比声律、词气豪迈、风调清深这些方面,李白比杜甫差远了。估计白居易会同意元稹这个看法。

有了这种说法,我们就能够想象到中唐人对于"李杜"的看法。那时李白的名声已经非常大,杜甫也声名鹊起,但两个人还没成为不可撼动的经典。与白居易、元稹同时代的另外一个大诗人韩愈曾在他的诗中说:"李杜文章在,光焰万丈长。"(《调张籍》)韩愈一定是有说话的对象的,也就是说在他那个时代一定有很多人在诋毁李白。所以韩愈才说"李杜文章在",并且把李白放在前面。当然"李杜"的说法在韩愈之前就有了。

在中唐,大家对李白已经颇有微词,到了宋代,"抑李扬杜"的倾向更加严重,杜甫成为最伟大的诗人。直到现在,我们看到的任何一本唐诗选,基本上所选杜甫的诗是最多的,而李白的诗总会比杜甫少一些,这也是一个时代的变迁。

在盛唐,人们也不觉得李白是最牛的诗人,《河岳英灵集》共收录二十四位诗人,其中最推举的是王维,所以那时李白也没有登顶。但在一千多年后的今天,李杜已经是中国古典诗歌的顶峰人物,被充分经典化了。

"骗子"诗人

> 生前名满天下
> "世人皆欲杀"

用唐代主流诗歌的标尺去衡量李白好像并不容易,因为李白不在这个标尺里,所以贺知章才说他是"谪仙人"。一个人的想象力太丰富、生活方式太与众不同,就会让人感觉像个"骗子"。

大科学家爱因斯坦（1879—1955）去日本访问时，早上起来打开窗户发现旅馆外聚满了人，都想瞻仰一下爱因斯坦的容貌。他转身就把窗户关上，回头对妻子说："我感觉自己像个'骗子'。"因为不可能有那么多人懂得爱因斯坦的相对论，怎么会有这么多人要来看他？毕加索晚年也曾对人说感觉自己像个"骗子"。如果从这个角度来看李白，其实李白也像个"骗子"。所有不是"骗子"的人，他们都很老实地活一辈子，在活着的时候好像都看不到自己的辉煌，但是李白在生前就已名满天下。

前面一节里我们提到，唐朝士子圈中有很多人认识李白，但并不喜欢他。我们从杜甫的诗中也能看出，当时的人如何对待李白：一定是爱李白的人爱死他，恨李白的人恨死他。我们今天已经不跟李白处在同一个时代，与他没有利害关系，于是我们就把他孤立成一个诗人李白，但同时代的人跟他是有利害关系的。正如杜甫在诗中写道："世人皆欲杀，吾意独怜才。"（《不见》）如果"世人皆欲杀"，大家得恨他恨到什么程度啊。而杜甫从李白身上看到了一个奇观，这个奇观在那个时代有些人能接受，有些人是不能接受的。所以我说李白不是典型的长安诗人。

如果我们讨论李白这个人，立刻就会有一些问题浮现在脑海中。李白有一首诗叫《庐山谣寄卢侍御虚舟》，"五岳寻仙不辞远，一生好入名山游"。我们一般说起李白，就想到他非常豪爽，走南闯北去了很多地方，热爱祖国的大好河山。那么我们实际一点想，李白哪来的那么多钱？这就涉及他的家世问题，李白究竟是个什么人？

李白的身世与感情

> 西域风采
> 大开合的婚姻状况

对李白，很多学者做过研究，有人提出李白好像不是生在中国，很多人同意这样一个看法，说李白在公元701年出生于西域碎叶城。历史上有过两个碎叶城，其中一个是在现在吉尔吉斯斯坦的托克马克，另一个是在新疆博斯腾湖边。很多人说李白生在托克马克，五岁时随父亲迁回四川，落脚在现在的江油。有相关记载说李白的父亲名叫李客——不知道这是不是他的名字，还是别人就这么叫他，因为他是外来人，是"客"。这涉及李白究竟是不是汉人，有些人说李白是混血，还有一种最虚无的说法，说李白是色目人。

李白有一个追随者叫魏颢，他对李白的样貌有过这样的形容："眸子炯然"——五十多岁的李白依然眸子炯炯有神，中国人大多是细长的眼睛，但李白是圆形的豹眼。魏颢还说李白"哆如恶虎"——张开嘴的时候像老虎，这说明李白的嘴有点大。这样一个长相，从他身上你能感觉到一种西域风采。

我一直觉得我们的文化研究中缺少了一个环节：我们一般说到中国传统文化时，会谈中原文化或江南文化，清朝还有一个边疆文化。但我通过旅行，意识到有一个文化我们现在很少谈，就是陇右（陇山以西）那一带的文化。实际上从周，甚至先周，到秦一统天下，陇右地区曾占据过重要的位置。后来的隋、唐都是陇右的军功集团建立的。李白就是那一带来的，他带来的那股"风"是从西北吹过来的。

这就使得李白跟其他诗人不太一样，他的语言方式、思维方式以及行为方式一定不像中原地区的士大夫，尤其不像贵族或老士族。李白自己说，他是西凉武昭王（即李暠，351—417，字玄盛，自称西汉将领李广十六世孙，十六国时期西凉政权建立者，唐高祖李渊是其六世孙）的后代。如果是这样，李白就跟李唐宗室有些关系，但李唐宗室并不承认。

我们前面提到的中唐范传正在其《唐左拾遗翰林学士李公新墓碑并序》中说李白一家："隋末多难，一房被窜于碎叶……神龙初，潜还广汉。"——"神龙"是武则天的年号。这就是说，李白的家族实际上是隋朝末年迁到西域的，后来在唐初偷潜回来，——都改朝换代了，为什么要"潜还"？李阳冰《草堂集序》也说李白一家"神龙之始，逃归于蜀"。——这里面一定有文章！很有可能李白一家背了刑案；比较高大上一点的说法是，李白的先人参与过反武则天的叛乱。他们家后来迁到江油一带。江油当年是汉族和羌人杂居的地方——我曾数次到过那里。所以李白家迁到那里我觉得也有些道理，可能他们家在那里有亲戚。李白不是进士，因为唐代规定"工商之家不得预于士"。除此之外，如果家族中有人曾犯过罪，也是不能参加科举考试的。这两条可能与李白都相关，这就让他无法参加科举考试，从而刺激了他走上"布衣干公卿""布衣见天子"这条路。的确，李白做到了，他见到了唐玄宗。所以李白的生活有些古怪，并非一般情况下的顺理成章。

李白的父亲很有可能是做生意的。李白的诗中有些古怪的地方，比如他写过一组诗叫《秋浦歌》，"白发三千丈，缘愁似个长"。可李白没事跑到秋浦去干什么呢？秋浦在现今的安徽池州，在唐代是银和铜的重要产地之一。我也到过那里。多年以前我偶然看到一个相关研究，说李白家在此处有生意，所以他才到秋浦。李白写的《秋浦歌》，被认为是中国最古老的工业题材的诗歌！这样看起来，李白家一方面有钱，另一方面他又不能参加科举考试，于是就到处跑。

李白有过两次婚姻，第一次娶的是故相许圉师的孙女，但是李白是入赘到女方家的。唐朝男人耻于入赘，李白是西域人，又是混血，他不在乎。他们有两个孩子，女儿叫平阳，儿子叫伯禽，小名明月奴。第二次婚姻娶的是三次拜相的宗楚客（？—710）的孙女。——两个老婆都是"故相之女"，这是什么阵势！在这里，我们看到了李白和门第的关系，和金钱的关系，以及人脉的关系。除此之外，李白生活中还有两个女人，一位是刘氏，另一位李白没有明确地提过名字，只称"鲁一妇人"。李白这辈子比较固定的女人就是这四个，两个完全是精英家庭的女人，另两个完全是农妇。李白还与"鲁一妇人"生了一个孩子叫颇黎。至于李白在《江上吟》一诗中所说的"美酒樽中置千斛，载妓随波任去留"，我们就不做停留了。我之所以提到李白的婚姻状态、他和女人的关系,是想将他在这一方面的经历与他的诗歌趣味挂上钩。可以开个玩笑:他开合度太大了!他没有写过太多的爱情诗,他写过女人,但绝不写思念,只是描述。

道士李白和他的才华类型

> 仙家幻想与楚国的想象方式
> 李白诗歌中的音乐性
> 喷射语言的诗人

只谈生活方式肯定不足以说清楚李白。李白还是个道士,他是真正受过道教符箓的。陈寅恪先生认为,道教起源于滨海地区,——海边上可以看到海市蜃楼。道教徒对于位列仙班是有梦想的,而所有的神仙都是腾云驾雾的。如果从这个角度看,你会发现李白通过道教,与海洋、海市蜃楼有关系。我们一般说中国是一个内陆国家,中国虽有海岸线,但过去的文化主要是中原地区的文化,传统的中国人是怕海的。但李白的诗歌中出现"半壁见海日,空中闻天鸡"。所以李白的想象力不属于中国古人一般的"泥土的思维方式"。对比杜甫,我们能看出后者是中原地区的思维方式,与土地有关,与生长和死亡有关;而李白的诗充满幻象。其《梦游天姥吟留别》:"青冥浩荡不见底,日月照耀金银台。霓为衣兮风为马,云之君兮纷纷而来下。虎鼓瑟兮鸾回车,仙之人兮列如麻……"这全都是仙家幻象。

当然这种想象力的方式也与李白追慕屈原那种楚国的想象力方式有关。《九歌·东君》:"青云衣兮白霓裳,举长矢兮射天狼;操余弧兮反沦降,援北斗兮酌桂浆;撰余辔兮高驼翔,杳冥冥兮以东行。"李白说:"屈平辞赋悬日月,楚王台榭空山丘。"(《江上吟》)

李白除了跟道教有关,对儒家的某些东西也有兴趣,在他的《古风》第一首里写道:"我志在删述,垂辉映千春。希圣如有立,绝笔于获麟。""删述"是指孔夫子,意为我的志向就是像孔夫子这样"垂辉

1
2

1 李白《上阳台帖》 故宫博物院藏
释文:"山高水长,物象千万,非有老笔,清壮何穷。十八日,上阳台书,太白。"

2 南宋 梁楷《太白行吟图》 东京国立博物馆藏

映千春"，"获麟"的典故是鲁哀公十四年西狩获麟一事，《春秋》就此结束。所以李白有时也倾慕孔夫子所倡导的主流文化价值观。

但他年轻的时候好游侠，还练剑，对杀人也很有兴趣，他在诗中说"十步杀一人，千里不留行"。(《侠客行》)爱好游侠这一面使他非常热爱战国晚期一个充满侠客精神的人物——鲁仲连。鲁仲连帮人解难以后，不要报酬也不要官职就走了，李白认为鲁仲连就是他的人生榜样。

李白写诗喜欢谢朓（464—499，南朝山水诗人）。他认为谢朓就是"清真"（即自然之美），此处"清真"一词并非清真寺的"清真"，清真在过去是道家的一个词。李白有一首非常有名的诗叫《独坐敬亭山》："众鸟高飞尽，孤云独去闲。相看两不厌，只有敬亭山。"谢朓曾长时间在敬亭山所在地宣州（今安徽宣城）做官，可见李白很推崇谢朓。

综合以上种种，我们可以看出李白为什么是那样一位诗人。他的生活条件，他的钱，他的女人，他的人生榜样，他的诗歌榜样……除此之外，他又是西北人，有可能还是混血，他也不能考进士，于是他就写成那样的诗。当我们大概描述出李白的样子后，就可以更具体地讨论他的诗了。

李白的诗究竟伟大在什么地方？在我看来，李白的诗歌是具有流动性的，流动性就意味着他的诗歌里充满了音乐性。这也意味着他有些话说出来时，可能自己都不在乎它究竟是什么意思，这个时候他满足的是生命的喷发。今天的人对此很是着迷，但是我们学不会。这是李白生命里带出来的，他的诗歌就这么"喷"出来，这是他写作的一个特色，我称之为"无意义言说"，就像音乐似的，它就是一种情感。比如《梦游天姥吟留别》："千岩万转路不定，迷花倚石忽已暝。熊咆龙吟殷岩泉，栗深林兮惊层巅。云青青兮欲雨，水澹澹兮生烟……"我认为李白也没在乎自己在说什么，但是你通过这些，却能感受到李白的生命。

由于李白是这样一种写作方式，所以问题也在这里。很多人读这首诗被最后一句话镇住："安能摧眉折腰事权贵，使我不得开心颜。"——这样的道德格言、人生格言抓住了很多人。但是你要是细读这首诗："忽魂悸以魄动，恍惊起而长嗟。惟觉时之枕席，失向来之烟霞。世间行乐亦如此，古来万事东流水……"前面描写的海市蜃楼相当于"人间行乐"，"如此"即为刚才所描述的幻象，这首诗就是靠"此"字立住，但到最后好像对它又做了否定。本来立住的东西，李白对它却有一个无所谓的态度。既然如此，又何必在前面用如此大的篇幅来描述？这不是一个前后矛盾的行文吗？

如果其他诗人这样写就不行，但由于李白的诗是音乐性的，我们不会跟他较真。由于他诗歌的流动性、音乐性以及他所描述的辉煌幻象，致使我们放弃了自己的理智，对行文本身的矛盾毫不在乎。我们仿佛有这样一种感觉——一旦我们成为李白的读者，我们就全姓李了，一旦我们姓李了，我们就不在乎李白的诗里面有什么问题了。李白就是这么一个把他的生命力完全展开的诗人，喷射语言的诗人，这样的诗人是不可重复的。从这个意义上讲，李白真是一个"谪仙人"。他是天上的一颗星星，来到人间，落在唐朝，给后人留下这样的诗歌。

好了，我对李白进行了无限的"吹捧"，至此该告一段落了。

推荐阅读

◎ 宇文所安：《盛唐诗》，生活·读书·新知三联书店，2004 年

◎ 顾随：《驼庵诗话》，生活·读书·新知三联书店，2013 年

◎ 施蛰存：《唐诗百话》，华东师范大学出版社，2018 年

◎ 西川：《唐诗的读法》，北京出版社，2018 年

◎ 安旗：《李白传》，文化艺术出版社，1984 年

唐 苏思勖墓东壁《乐舞图》（局部）

第九章 千年前的东方交响乐

苏泓月

学者、作家。她的著作《古乐之美》道出中国古乐的来龙去脉，并获『2016中国好书』奖。

唐代音乐，博大广阔，自由开放，超越国界，它是大唐盛世文明里的重要部分。我们透过唐代绘画、诗歌、器具上所现的音乐场景，和有着华美装饰的唐代乐器，能感受到其光耀夺目的雍容气度，中国音乐到了这里，进入一个空前繁荣的时期。

1 初唐宫廷音乐的建立

大唐雅乐的诞生

> 乐是一个综合体
> 宫廷雅乐的订立
> "乐在人和,不由音调"

"音乐"和"声音"一样,这两个词在唐代都是分开说的。今天意义上的音乐,当时只称为"乐",声音只称作"声"。音、乐、声三个字,各表示不同的含义。唐高宗李治时期的《乐书要录》是唐代重要的音乐理论著作,书里这样解释:"声者,音之质;音者,声之文。非质无以成文,非文无以成乐。"言为心声,声是音的根本所在,是本质载体,如绘画的底布素绢;音是声的内容表达,如素绢上的纹饰,音是旋律,是把我们想说的话,吟唱出来。"但声不独运,必托于诗",不能空洞地吟唱。我们看,《诗三百》是唱出来的,《汉乐府诗》是唱出来的,唐诗是唱出来的。上至宫廷雅乐,下到民间俗乐,祭祀祝神有歌辞,宴席酒令有歌辞。因此,当我们说唐代宫廷大乐,它必不是单纯的乐曲。乐是一个综合体,有歌有舞,加上乐器伴奏,才是一套完整的乐。

《乐书要录》讲道:"雅音未易,善听尤难,非由积学所能,谅出自然之性。"巫风盛行的上古时代,人们用征服自然界所采得的材料,模仿自然之声,以期与天地神灵沟通。最初的大雅之音,如风雷雨电,龙啸凤鸣,代表天地间的至高精神,用它来感通神灵,获得护佑。礼制国家建立后,大雅之音追求祥和美好,神圣庄严。君权神授,雅乐是献给神灵的皇家郊庙享祭之乐,是朝驾、重大庆典的专用音乐,是宫廷最高等级的礼仪用乐,唐代也不例外。

"知音达乐",虽是唐高宗时期,武则天干政时的音乐思想,但它的基础来源于唐太宗时期的"乐在人和,不由音调"。唐代宫廷雅乐的

十二律

什么是十二律呢？宫商角徵羽五声，do re mi sol la，在角和徵之间有一个半音，fa，称变徵，在羽和宫之间有一个半音，si，称变宫，加起来七声，以此为基调，在其他的音之间又出现五个半音，相当于升降音，总共十二个半音，古称十二律，各有名称：黄钟、大吕、太簇、夹钟、姑洗、仲吕、蕤宾、林钟、夷则、南吕、无射、应钟。现在，它们每一个都能用作宫调的话，那其他商角徵羽等等六声就跟着移动了，所以有一个成语叫"移宫换羽"。十二律，移宫换调，每一个都能使用七个调式，十二乘七，合起来是八十四调。

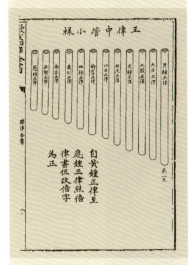

明 朱载堉《乐律全书》十二平均律正律管

订立，确切说是唐高祖李渊在位的最后一年——武德九年（626）开始，到李世民的贞观二年（628），先后用了两年时间。从隋代就为宫廷服务的乐律家祖孝孙，是一个富有探索和实验精神的人，在唐朝担任太常寺少卿，负责礼乐制备。他说他要去除地方杂声，考订真正的古音，作为大唐雅乐。祖孝孙首先是解决音律的问题，音高音低，调子不能不准。他弄出来的结果庞大惊人，在传统十二律的基础上，旋宫转换出八十四调。

在此之前，只有隋朝的音乐家万宝常从理论上提出过，但那时他不受重视，郁郁而终。唐开国后，祖孝孙把它实践出来了，在当时是非常有魄力的。如果你要说它们完全是创新，那可有理由反驳了，这里每一个音，每一个调都是从原始五声变出来的，移宫换羽，还是那个顺序。但要说是复古，前人还真没用过这么多调。怎么使用呢，十二律对应12个月，每月所奏的音乐依次变换宫音，每一场祭祀典礼，根据不同内容，再用不同的调式。

大唐的雅乐正音考订好了，祖孝孙向太宗汇报工作，皇帝表示认可。从此，唐代音乐家们在音律研究特别是宫调的转换上，很有积极性，把这种精神用在燕乐俗乐的创作中，则大有作为，在唐代，各种移宫转调应用得更灵活自由，音乐的变化比以前更丰富了。

雅乐的乐器延续西周以来的乐悬制度，悬挂在木架上的打击乐器，最主要的是钟、磬，与之相配的还有埙、錞于、铙、铎、鼓、琴瑟、箫篪等，和负责音乐起止的柷、敔，这是先秦时就有的礼乐器。

所用数量，以架为计数单位，太宗朝是 36 架，高宗朝是 72 架。当时不少雅乐的歌辞，都是出自魏徵、虞世南这样的文人大臣之手。贞观年间，魏徵记录了一次在太庙举行的祭祀活动，从迎神、皇帝行、奠玉帛、敬神酒、献牛羊、祭祀李氏各位祖神，到撤馔、送帝神十几个步骤，分别配《永和》《太和》《肃和》《雍和》等十几支颂歌，颂辞由魏徵撰写，如"明明盛德，穆穆齐芬"。音乐旋律和颂辞不掺杂世俗的情感，它们是尊贵的礼器，是帝国的门面。

"乐在人和，不由音调"，这是大唐皇帝的文化自信，自信来自国家强盛，政通人和，"中国既安，四夷自服"，初唐君主的开明，让雅乐继续歌颂着国家四海清明，发挥着它们的教化功能；而宫廷盛大宴会使用的燕乐和民间流行的俗乐没有被压制，反而蓄势待发。唐代的国际文化交流空前频繁，大唐音乐从一开始就获得了更开放的态度，更广阔的空间，接纳和吸收各种各样的音乐养分。我们再往前看一看，经历了五胡十六国的纷乱，音乐长久以来在与对外交流或是交战的历史大环境中发展，到了唐代，必然是民族大融合的产物。

1 盛唐 观无量寿经变乐队 莫高窟第 45 窟
花毯上七位佛宫乐伎，所演奏的乐器有：筚篥、都昙鼓、鼗鼓兼鸡娄鼓、琵琶、排箫、竽簧等，有一位因遮挡所奏乐器不详

2 尺八 正仓院 北仓21

《秦王破阵乐》与《功成庆善乐》

太宗皇帝在音乐上有一大贡献，即创作了歌舞大曲《秦王破阵乐》，这和他开创的贞观盛世气象

> 《破阵乐》的设计过程
> "最为闲雅"的《庆善乐》
> 乐舞的多重含义

相同：雄浑、壮美，元气满满。贞观元年（627）正月初三，刚登基的皇帝宴请群臣，奏响此曲，它原是征讨隋末群雄之一刘武周时，在当地流传的军歌。这一战很重要，从此大唐江山稳固，旧歌新唱，唐军为它填了新词。秦王李世民攻破了刘武周的军阵，所以叫《秦王破阵乐》。又过了几年，魏徵、虞世南等文臣为它重作歌词，音乐家吕才为它重写了曲子，在这儿要提一下，被遣唐使带到日本发扬光大的尺八，就是吕才的发明。唐太宗特地设计了一张《破阵舞图》，120位舞蹈演员出场，他们按照图里的设计规划，身披战甲，手持戈戟，列阵表演，重现当时的战争场面。演出地点设在玄武门外，2000人的马军仪仗队，引导着这支庞大的表演队伍入场，可以说气势撼人。这影响了之后数代帝王在宫廷用乐上的审美倾向：大乐队，大阵容，大场面，大型集体舞。《旧唐书·音乐志》记载："自破阵舞以下，皆擂大鼓，杂以龟兹之乐，声振百里，动荡山谷。"这部宫廷大乐和另一支创作于贞观六年的《功成庆善乐》，作为冬至享宴和国家重大庆典上的保留节目。

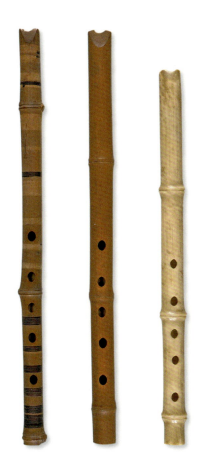

《功成庆善乐》，又名《九功》舞，《旧唐书》形容它"最为闲雅"，讲述的是李世

1 盛唐 敦煌莫高窟第 217 窟壁画武舞图像
2 中唐 观无量寿经变乐队 莫高窟第 112 窟
中间为反弹琵琶舞伎,两侧六位乐伎伴奏,所演奏的乐器有:琵琶、阮、箜篌、拍板、横笛、鼗鼓兼鸡娄鼓
3 三梁进德冠 陕西礼泉县李勣墓出土

民的出身,他的出生地是今天的咸阳武功县,那所宅第的名字叫庆善宫,往前追溯,李氏祖先李暠是十六国时期西凉王朝的建立者,所以《功成庆善乐》用的是西凉乐,以管弦为主要乐器。表演的时候,64位小童子着装一致,头戴进德冠,穿着紫色袴褶。这是来自北方的胡服,经过了汉化。在当时,皇帝、皇太子、三品以上官员才有资格穿,我们可视作皇太子的装扮,仿佛是李世民的小时候。《庆善乐》和《破阵乐》,一文一武,宣扬太宗皇帝的文治武功。让观者情绪高昂,深受鼓舞。观者是谁呢?本朝的重臣,外来的使臣,各国各部族的首领。同时期的唐玄奘西行取经,经过不少国家,一路听到各国君王对这部乐舞和大唐天子的称赞。

到了唐高宗李治时期,《破阵乐》经过改编,缩小规模,加上笛箫,增加柔和感,与《庆善乐》一起成为雅乐,与钟磬合奏,打算用在崇高的郊庙祭祀中。不过高宗皇帝在很长一段时间里,对《破阵乐》废之不用。直到三十年后,大唐的殿庭再次响起《破阵乐》。这一回,李治唏嘘感慨,泪流满面。他说这部大曲不是用来娱乐的,父辈打下的江山,曾经的流血牺牲,都在这部作品里,他现在守着涛涛的洪业,只希望不要骄奢盈满。

元和四年(809),白居易观看了这场歌舞,作诗纪念:"尔来一百九十载,天下至今歌舞之。"他感受到唐太宗设计这部乐舞的多重含义:在庆贺胜利的同时,也重现了战乱流离时人民的苦难,创业的艰难,战争的悲壮,远不止彰显事功那么简单。晚唐,《破阵乐》仍是宫廷重要的经典乐舞。唐使者去吐蕃,吐蕃人用来欢迎的迎宾曲也是它。武则天时期,遣唐使把它带到日本,所以日本现在有九种传谱,以不同乐器的记谱方式记录,有的是五弦琵琶谱,有的是筝谱,还有笙、笛、筚篥谱等。

燕乐和其他诸乐

> 太宗定燕乐为诸乐之首
> 高宗时期的创新与追古
> 武则天的《神宫大乐》

燕乐，简单说是加入了民俗音乐的宫廷宴会音乐。隋代，并没有一个叫作"燕乐"的分部，用乐先是七部，后来增加到九部，第一部是汉族民间音乐《清商》，这里包括汉魏六朝的乐府诗歌，其他各部是外国和少数民族音乐。唐太宗先订立《九部乐》，把《燕乐》放在首要位置，这是有原因的。在贞观十四年（640），出现"景云现，河水清"的祥瑞之兆，景云就是祥云，天降祥瑞，协律郎张文收编制了一组《景云河清》歌，太宗定名为"燕乐"，同时宣布《燕乐》为诸乐之首，作为元旦朝会时的首部用乐。这组《燕乐》分为《景云乐》《庆善乐》《破阵乐》《承天乐》四部，除了《景云乐》用 8 位舞者，其他各 4 位，《破阵乐》是《秦王破阵乐》的片段改编，表演者不穿铠甲，而是官贵穿的绯色绫袍、绫裤，在领边袖边镶上彩色织锦，作为装饰。乐器以管弦为主，弦类乐器有五弦琵琶、筝、箜篌，吹管乐器有长笛、短笛、箫、筚篥等，还有一些打击乐器玉磬、方响、铜钹和鼓。唱歌的有两位，规模不大，表演起来比较优美。接下来是汉族民间音乐《清商》，然后是《西凉》（今酒泉敦煌一带）、《龟兹》（今新疆库车）、《疏勒》（今新疆喀什噶尔）、《康国》（今乌兹别克斯坦的撒马尔罕）、《安国》（今乌兹别克斯坦的布哈拉一带）《扶南》（今柬埔寨、老挝一带）《高丽》（今朝鲜半岛）。最后一部是收尾音乐《礼毕》。我们现在把它们统称为燕乐，在当时，它们被称为燕乐和其他诸乐。

高昌国在贞观十四年被唐朝灭了，到贞观十六年，《九部乐》中加入《高昌》乐，成为《十部乐》，最后的《礼毕》改为《燕后》。这里大部分是外来音乐，许多乐器像筚篥、凤首箜篌、琵琶、答腊鼓、腰鼓，南北朝时期陆陆续续从西域传入中原，和汉文化结合之后，呈现出全新的面貌。

高宗李治时期，宫廷音乐有创新也有追古，太常寺会做一些像《白

1 初唐 阿弥陀经变乐队 莫高窟第220窟
中间圆毯上为两位持巾舞者,左右两组各八位佛宫乐伎所演奏的乐器有:琵琶、笙、筝、箜篌、方响、排箫、羯鼓、腰鼓、答腊鼓、埙、横笛等,是本民族乐器与外来乐器组成的多民族乐队

2 唐 胡人奏乐俑 美国底特律美术馆藏

雪》这样的周朝复古音乐，古琴配十六首歌辞，编入乐府，以追慕圣贤。李治不愿意用《破阵乐》，又觉得《庆善乐》不能起到降神的作用，因此编排了《上元乐》，这回用了180位舞蹈演员，穿着绘有云纹的舞衣，分五种祥瑞之色，以象征流动充盈的元气，这是一部格调非常高雅，表演起来缓慢凝重的庙堂之乐。李治时期也有激励将士的战争歌舞《一戎大定乐》，它是唐高宗征高丽之前在洛阳城门外练兵，以军阵为灵感创制，"大定"意指平高句丽，收复辽东，天下大定。它借鉴了《破阵乐》的表现形式，140位舞者，身被战甲，手中持槊，槊是骑兵的武器，有些像红缨枪，大唐几员猛将，秦叔宝、尉迟敬德都擅长用它。

这个时期稍有创意的作品是给高宗祝寿的《圣寿乐》，由皇后武则天设计。《圣寿乐》用了140位舞蹈演员，头戴铜质金冠，穿五色彩衣，舞者随音乐节拍列阵而舞，队形有16种变化，每种变化都排成一个字，16个字是"圣超千古，道泰百王，皇帝万年，宝祚弥昌"，字排完，乐舞也就结束了。高宗驾崩，武则天当了一阵子皇太后，宫中养了一只鸟，能学人叫"万岁"，这鸟不是鹦鹉，叫"秦吉了"，秦地土产的吉祥鸟，还能叫"万岁"。武则天认为是吉兆，就设计了一部《鸟歌万岁乐》，舞者着大袖红袍，衣服上画着这种鸟，戴着鸟形发冠。

武则天执政时，宫廷音乐的气象全然不同。她把洛阳紫微宫正殿乾元殿拆掉，亲自督造气象恢宏的明堂，明堂是代表至高神权皇权的建筑，天子施政和祭祀的中心，她把明堂命名为"万象神宫"，大唐宫廷规模最大的雅乐《神宫大乐》就在这里上演。武则天亲自撰写雅乐的歌辞，一次动用了900人的舞队。但这并不代表武则天对音乐的热爱，她追求的是君临天下的气派、站在权力顶端的神气，从武则天的年号——万岁通天、神功、神龙、天授、长寿，到"万象神宫"《神宫大乐》，都显示出她极大的野心。

唐玄宗李隆基时代，宫廷音乐真正走向艺术。《破阵乐》《神宫大乐》再盛大恢宏，它们作为政治工具诞生，也无法和燕乐大曲《霓裳羽衣》站在艺术的同一水平线上。武则天的万象神宫，在她的时代，

杨鸿勋制武则天洛阳明堂复原图　左半部为正视图，右半部为内部结构图

经历过焚烧、重建，一系列坎坷之后，却在唐玄宗手上被拆建改制，还原成明堂，恢复乾元殿的旧称。最后在安史之乱时毁于大火。万象神宫被彻底摧毁的那一年，玄宗驾崩。

这把火，烧掉的是大唐音乐的元气，而唐玄宗当年对万象神宫的拆建，却预示着真正极乐之乐的到来。

唐惠陵李宪墓乐队壁画

李宪，原名李成器，唐睿宗李旦长子。惠陵是李宪夫妇合葬墓，位于陕西省蒲城县城西三合乡三合村北。李宪为玄宗李隆基之兄，他曾经三让皇帝之位，死后陪葬乃父睿宗桥陵之东南，并被玄宗追封为"让皇帝"。惠陵墓室东壁绘有乐舞图，南部绘乐队，中部绘舞者，北部绘贵妇观乐舞场景。六位乐手分别演奏铜钹、横笛、圆鼓、笙、瑶琴、琵琶等乐器。

笙

笙是中国古代传统的多簧多管乐器，由笙斗、簧片、笙脚、笙苗、按音孔等组成，按形体分大匏笙、小匏笙。因笙的外形竹管参差不齐似凤鸟翅翼，故有"凤笙""凤翅""凤翼"之名。笙在唐代为主要流行乐器之一，因簧片易受潮，吹奏时需先在火上炙烤，待簧鼓，然后吹奏。笙的声音轻柔美妙，唐宋时期传入日本及东南亚、南亚地区。

笛

笛是我国最古老的传统民族乐器之一。唐代笛身开8孔，1孔为吹孔，7孔为音孔。因笛子为横置口部吹奏的乐器，故称"横笛"，又称"横吹"。横笛于北宋传入欧洲，经600年演变形成现代欧洲管乐长笛。

铜钹

铜钹源出西亚，东方最早见于古代印度，随佛教经由中亚传入中国。唐代演奏各种风格的乐曲时都使用它。铜钹的形状像两只铜盘，中间有半圆形凸起，顶上有孔，穿以皮条，两手各持一面相互碰击。这种乐器大者直径逾尺，小者仅数寸。

2 唐玄宗时期的音乐体制改革

立部伎与坐部伎

> 宫廷音乐的改革者
> 两部分工
> 唐朝音乐机构的运作

天授元年（690），则天女皇登基大典当晚，举行宫宴庆贺。她年幼的孙子孙女们组成娃娃歌舞剧团，在那场宫宴上尽展其才。先登场的是五岁的卫王李范，他头戴假面、手执兵器演出《兰陵王》，虽然小小年纪，却十分稳重地念出开场白："卫王入场，咒愿神圣神皇万岁，孙子成行。"接着是六岁的楚王李隆基，男扮女装演出《长命女》；十二岁的宋王李成器，演出的剧目是《安公子》。娃娃剧团中最年幼的是代国公主李华，当时她只有四岁，与姐姐寿昌公主对舞于西凉殿上。

他们都是唐睿宗李旦的子女，这场充满童趣的宫宴后，不过三年，万象神宫奏响神宫大乐，九岁的李隆基正经历着父亲李旦被软禁，母亲窦德妃被秘密处死，连尸首都找不到的悲惨人生。李旦是历史上唯一一位两次登基，最后安然在宫中度过晚年的傀儡皇帝。作为他的第三个儿子，李隆基可以说在苦难中成长，在政变中成熟，在音乐中终老。

唐睿宗延和元年（712），27岁的李隆基经由父亲的禅让，在长安太极宫称帝。第二年，杀太平公主，消灭最后的反对势力，改年号开元。如果他的人生是一部连续剧，那接下来，他的剧情风格就从冷酷肃杀，变得浪漫疯狂。

从中国音乐史的角度，我们应该这样介绍他：梨园祖师，宫廷音乐的改革者，实验艺术的创造者。

1 伎乐面具吴女面
正仓院 南仓 26
2 盛唐 阿弥陀经变乐队 敦煌莫高窟第 445 窟
此为幢幡式高台上的立部伎，画面中左右相对各六人，此为左侧一组，所演奏的乐器有：横笛、箜篌、五弦直项琵琶、排箫、笙、横笛

254　唐：中国历史的黄金时代

在贞观时期宫廷宴享的《十部乐》，这时被唐玄宗分成两个部门：站着演奏、歌唱的叫立部伎，人数多，在室外表演，所用到的舞蹈演员，少则64，多达180位；坐着演奏、歌唱的叫坐部伎，人数很少，安排在室内表演，跳舞的呢，少则3位，多不过12位。

立部伎的乐舞共有八部，就是初唐宫廷里最时髦的、大场面的集体舞表演。有六部是从唐太宗到武周时期的旧乐，另外两部是《太平乐》和《光圣乐》。《太平乐》表演舞狮子，它的创作时间有可能是玄宗朝，有可能是太宗、高宗时期，这几朝都有西域向大唐进献狮子的记载，太宗时期的大画家阎立本曾画有狮子图。音乐形式从天竺、狮子国（今天的印度和斯里兰卡）传来，狮子是假的，用动物毛皮制作，表演者站在里面，腾跃跳动，叫作"狮子郎"，一列约12人，分列东西南北中五个方位，因此又叫五方狮子舞。还有两人，手里拿着红拂子扮演驯兽师，指挥舞蹈动作，140人在旁边大合唱《太平乐》，音乐用以鼓为主的龟兹乐。《光圣乐》很可能是立部伎中唯一的唐玄宗的作

1 唐　陶伎乐女俑群　故宫博物院藏
2 唐　彩绘杂技俑　西安出土

品，借鉴了之前《上元乐》《圣寿乐》，目的是歌功颂德。从配置上看，唐玄宗对立部伎不太上心，过去的音乐，能用就用。不过他喜欢改编，他把《破阵乐》阵容扩大，由几百名穿着锦绣衣的宫女擂击战鼓。他还在乐舞中设计真大象入场，让大象跳舞，居然能和音乐鼓点协调。

坐部伎的舞乐，这时共有六部。太宗时代的《燕乐》排首部，接着三部是武则天时期的旧乐。还有两部《龙池乐》《小破阵乐》，都是唐玄宗创作的。《龙池乐》，用12位舞者，戴着莲花冠，莲花是水神，龙池在长安兴庆宫，原先叫隆庆坊，是少年李隆基的旧宅所在地。宅南因雨水泛滥，凝聚成一座池塘，看风水的人说这是异兆，后来李隆基当上天子，避"隆"字的讳改名为兴庆坊，在这儿建了兴庆宫。池水上方常有云气，时而还出现真龙，就叫龙池。《龙池乐》为了这个祥瑞而作，被纳入雅乐。《小破阵乐》，用了4位穿着金色甲胄的舞蹈者，脱胎于之前的《破阵乐》，但词曲是玄宗皇帝新写的。

无论立部伎，还是坐部伎，多数使用龟兹和西凉乐，外来音乐和汉族音乐融合得自然无间。坐、立两部和雅乐，一直归太常寺，这个机构总称大乐署。太常寺还有一个鼓吹署，是负责仪仗音乐的。初唐，太常寺设置内教坊，负责音乐教习工作，老师需要考核，一年一小考，十年一大考，考不好的开除或降级，考得好的升职。学生也得经过考试，差不多得学十五年，相当于我们从小学到大学毕业。在唐玄宗的整改下，坐部伎里学得不好的，去学立部伎。立部伎里学得不好的，去学雅乐。鼓吹署的人，也是由学得不好的人组成的。那些百戏表演，比如舞剑、跳丸、走索、长竿各种杂技，它们属于燕乐的大系统，也归立部伎，所以立部伎里，有人负责歌舞吹打，有人学些杂耍本事。后来，白居易有一首讽刺诗这样写："立部贱，坐部贵。坐部退为立部伎，击鼓吹笙和杂戏。立部又退何所任，始就乐悬操雅音。"

教坊与梨园

> 两京教坊的设置
> 胡部新声后来居上
> 皇帝梨园弟子

开元二年（714），登基不久的李隆基在长安和洛阳两处各设两座教坊，直接由宫廷派教坊使领导，教习日常宴饮娱乐的歌、舞、散乐。长安两座教坊分左右，右教坊在光宅坊，以歌为主；左教坊在延政坊，以舞为主，这里出了一位著名的公孙大娘，擅长剑舞。东京洛阳的两教坊都在明义坊，水平略差些。教坊中，表现平平的女艺人称为"官人"，出色的称为"内人"。演出时，内人离皇帝近，所以又叫"前头人"。唐玄宗还从平民中征召出色女子进入教坊，学习弦乐器，她们不擅歌舞。

宫廷音乐体制改革后，唐玄宗又创立了梨园，这是一个高等音乐研究机构，专门研究燕乐大曲中的法曲，叫作法部。法曲的形式和成套的大曲一样，但是音乐风格和所用乐器接近汉族清商乐，像道教风格的音乐。开元二十四年，唐玄宗专设胡部，胡部以西凉府进献的西凉乐为主，称为"胡部新声"。胡部乐器多为丝竹，有琵琶、五弦、筝、箜篌、筚篥、笛、笙、方响、拍板，协奏时，加上各种鼓、铜钹一起，伴有唱歌跳舞。天宝十三载（754），胡部与法部合并，从这时候直到晚唐，胡部新声在宫廷音乐中占了很大比重。

梨园有男有女，男艺人从太常寺的坐部伎里选，教习排练场地在长安西北禁苑的梨园，梨园的名字由此而来。女艺人从宫女里选，教习排练场地在宜春北苑。这是宫中禁苑的梨园，男女各有数百。另外还有两个梨园，一个属于长安太常寺，叫"梨园别教院"，有数千人；一个属于洛阳太常寺，叫"梨园新院"，约有一千五百人。一共有三个梨园、四个教坊。我们通常说的梨园，指的是宫里这个，不是太常寺的。乐器以丝竹为主，唐玄宗经常亲自教习，大家练的时候，难免声音相错交杂，只要有人出错，他马上能听出来，立即纠正，是个非常严格的教官。艺人是皇帝的亲传弟子，所以号"皇帝梨园弟子"。

盛唐 苏思勖墓东壁乐舞图 陕西历史博物馆藏

据墓志铭,宦官苏思勖卒于唐玄宗天宝四载,终官银青光禄大夫行内侍省内侍员外,官从三品。乐舞图中间的舞者正在表演胡腾舞,深目、高鼻、虬髯,有着鲜明的胡人形象,如唐代李端《胡腾儿》诗中形容"环行急蹴皆应节,反手叉腰如却月",两侧乐队为他伴奏,有立有坐,乐器有四弦曲项琵琶、笙、铜钹、横笛、拍板、箜篌、筝、筚篥、排箫,另有两位挥手打拍子者,手中无麾,应是伴唱者

《霓裳羽衣曲》

> 前所未有的音乐融合
> 曲谱的流散
> 安史之乱后的转变

梨园法曲,最著名的是《霓裳羽衣曲》。初创在开元年间,唐玄宗登三乡驿游玩,远望女几山,忽然产生神游月宫、聆听仙乐的幻觉,便用道调创作了《霓裳羽衣曲》。杨玉环本来是寿王的妃子,为了光明正大地转换身份,她曾被送到道观,法名杨太真。《霓裳羽衣》的首演是在天宝四载(745)八月,从道观还俗的杨玉环在长安大明宫凤凰园被册立为贵妃的庆典上。九年后,天宝十三载,玄宗在太清宫下诏,宣布佛乐《婆罗门曲》正式纳入法曲《霓裳羽衣》,汇编成全新《霓裳羽衣曲》。这里要注意一点,《婆罗门曲》是商调,改合成《霓裳羽衣曲》后,属黄钟商,时号"越调",它是古清商乐的曲调。这是前所未有的道教音乐与佛教音乐、中原音乐与西域音乐的融合,唐玄宗更是下诏将"道调、法曲与胡部新声合作",法部与胡部合并,统治了宫廷的宴乐。

不想第二年,安史之乱爆发,"渔阳鼙鼓动地来,惊破霓裳羽衣曲",唐玄宗携杨玉环逃离长安,往西蜀地奔命,接着便是缢杀杨玉环的马嵬坡事件。杨妃香消玉殒,法曲仍在宫中流传。白居易曾经在元和年间,陪侍唐宪宗观赏过,他将整个过程记录下来,给我们留下珍贵文本《霓裳羽衣舞歌》。后来,经过宋人周密对这首长诗的考证,全曲共 36 段,可以看到它的大概结构,不过这只是对表演形式的记录,并不是对原曲调和歌辞的记录。

随着李唐王朝的衰败,《霓裳羽衣曲》在兵荒马乱中零落四方。南唐后主李煜得到过这部大曲的残缺不全的谱子,他的皇后大周后和乐师把它补充起来,和原曲不同了。后来金陵城破,李煜下令将其焚毁。到了南宋,姜夔在乐工的旧书中发现《商调霓裳曲》的谱子十八阕,这就已经在一代一代的流传中发生了变化,姜夔将它收录在《白石道人歌曲》中,记谱方式采用俗字谱,才勉强让今天的我们窥见一些模糊的片段。他说这些散谱"音书闲雅,不似今曲",唐风与宋风,已然是两种气韵了。这些谱子应该是霓裳曲的中序，并没有词，他为其中第一段填了词，但这就是宋词了，其中有"流光过隙，叹杏梁、双燕如客。人何在？一帘淡月，仿佛照颜色"。

我们再回到梨园，梨园是唐玄宗自己营造的音乐世界，所以它不像其他宫廷音乐机构，因为担负政治功能或是满足常规宫廷娱乐的需要，会一直存在。即使安禄山曾经让他的部下将长安宫里的乐器、乐伎全部迁到洛阳，到唐肃宗收复东西两京，很快礼仪使太常寺就会把宫廷音乐重新恢复起来，但是梨园就自生自灭了。安史之乱后，梨园缺乏管理，慢慢地瓦解。唐代宗大历十四年（779）五月，梨园乐工三百人被遣散离宫，流落民间。之后各代宫廷不设梨园，而"梨园"这个词却并没有因此消失，反而作为一种追念，在民间渐渐成了戏曲班子的别称，我们经常说戏曲行是梨园行，唐玄宗是梨园祖师。

唐代音乐在开元盛世发展到顶峰，又在安史之乱后，进入不可遏制的衰落期。《新唐书》记载："天宝后，诗人多为忧苦流寓之思，及寄兴于江湖僧寺，而乐曲亦多以边地为名。"这时期的乐曲名字多是《凉州》《伊州》《甘州》，这些曲名不是天宝时期才有，而是这个时期世人的思绪表达。有一首入乐府的民间歌辞《凉州》，是这样写的："朔风吹叶雁门秋，万里烟尘昏戍楼。征马长思青海北，胡笳夜听陇山头。"

安史之乱后，唐代文人意识到，音乐应该为独立的个体生命发声；唐代音乐家认识到，音乐其实可以和自然界的云谷天籁相谐，这些都是在经过繁华与伤痛之后重建的音乐思想。虽然社会混乱，藩镇割据，战乱频仍，但音乐即使再受创伤，也会有自己生长的方式。乐人流落民间，乐器在民间得以传播发展，延续生命。

3 | 安史乱后的音乐人和文人觉醒

唐大历二年（767），安史之乱结束四年后，杜甫在奉节白帝城一个官员府第里，观赏了一支英气飒爽的剑舞，很有公孙大娘当年的风范。一问，表演者正是公孙大娘的亲传弟子，叫李十二娘。杜甫回忆起开元初，他还是一个小孩，见过公孙大娘表演剑舞，用的是《剑器》《浑脱》二曲合一，那个时候就知道她是冠绝教坊梨园的第一舞者。而现在，他自己从一个小孩成了白发老人；李十二娘，公孙氏的弟子，也容颜凋零。安史之乱后，教坊梨园弟子星散各方，公孙大娘在民间寂寞终老。诗人在这个时候展开回忆，"昔有佳人公孙氏，一舞剑器动四方。观者如山色沮丧，天地为之久低昂"。

苏东坡有一部曲词集《东坡乐府》，里面收集六朝隋唐五代以来的曲子填词，但格律和词韵经过演变，呈现出来的是北宋新声，像《西江月》《清平乐》《浣溪沙》《临江仙》《南乡子》《苏幕遮》等，原是唐代教坊大曲。活跃在唐玄宗时代的崔令钦在《教坊记》中记录了开元天宝年间三百多首教坊曲，其中就有这些。著名的《水调歌头》"明月几时有"，是隋唐流传下来的教坊曲《水调》截取第一部分改制的。唐代宴乐曲子词在前人的基础上发展，到玄宗时盛极。也是在那个时候，宴乐多杂入胡夷里巷之曲，就是各种外来的民间小词小调。

新乐府、曲子词

到贞元、元和年间，新乐府运动发展起来，主要倡导者为元

> 曲子词的革新变化
> 《雨霖铃》乐曲的创作
> 文人对胡旋舞的复杂情感

稹和白居易，我们叫元白时代。所谓新乐府，文人为唐代的新制曲子，进行倚声填词，也有一些是古乐府旧题，但改制新词。大批文人纷纷加入新乐府运动，讽时事，写新词，这些曲子词能唱，同时也是优秀的文学作品。这样更新迭代，到了宋朝，刘辰翁说"词至东坡，倾荡磊落，如诗如文，如天地奇观"，宋词并非凭空而降，没有唐代曲子和唐代文人的努力，特别是安史之乱后曲子词的革新变化，就没有宋词的新格局和新面貌。

与苏东坡同时代的词人柳永，我们都读过他的《雨霖铃》。《雨霖铃》也是唐代教坊曲，和唐玄宗李隆基有关，这位音乐皇帝一生创作了不少乐曲，不过，他最有意境的作品，却是在安史之乱，马嵬坡事变之后诞生的。雨中蜀道行路，斜谷栈道上听见风吹动车驾上的銮铃，像雨声，叮咛断续，在山谷中回响，勾起他对杨贵妃的思念之情，于是借雨中的铃声传递悲思，便成一曲《雨霖铃》。身边只有一个梨园弟子张野狐，他用觱篥来试奏，声悲如雨，如泣如诉，之后曲子编入教坊。到了北宋，柳永为它填了词，"多情自古伤离别，更哪堪，冷落清秋节！今宵酒醒何处？杨柳岸，晓风残月"，成为千古绝唱。

《唐人宫乐图》中吹觱篥的侍女 台北故宫博物院藏

第九章 千年前的东方交响乐 263

唐玄宗喜欢的胡旋舞呢？半个世纪以后还在跳，白居易的新乐府运动，作讽刺诗，其中有一首就是讽刺胡旋舞的。他一方面记录了舞蹈的情形，一方面写出了文人对它的恨意。跳舞的女子手里拿着小鼓，配合弦乐伴奏，双臂伸展，两袖飘举，左旋右转，不知疲累，旋转速度快得连车轮都赶不上它。他惊叹"人间物类无可比"。安史之乱后，胡旋舞的风气一直没有得到遏止，胡旋女仍然被送进宫廷，白居易就说了，你们这些万里迢迢来的美人啊，知不知道中原在这方面曾经有过出色的人才，你们跳得再好，也不如他俩，一个是杨太真，一个是安禄山，一个曾经贵为宠妃，一个曾经邀宠得势。要不是他们跳胡旋舞迷惑了圣心，怎么会有后来的山河变色。

1　胡腾舞石刻墓门　宁夏盐池县苏步井乡窖子梁出土

1　2

2　鎏金铜胡腾舞俑　甘肃省山丹县博物馆藏

白居易、元结

> 时代音乐的记录者
> 旷世华音与创制新曲
> 琴曲的发展

白居易是唐代音乐重要的记录者，他出生的时候，安史之乱已经过去十四年，和同时期的元稹、韩愈一样，他们都没有经历过开元、天宝的音乐盛世。但是那个音乐盛世留下来的痕迹仍在。当时流行的乐舞、乐器仍在流行，风华绝代的杰出乐人，有的还能遇见，但是国家遭受重创，国势正在衰落，所以这个时期的文人士大夫，他们的内心复杂纠结。

贞元年间发生过一件中外音乐交流的大事。骠国，今天缅甸的前身，向唐德宗进献骠国乐12曲、22种乐器和35名乐工，他们身披灿烂的璎珞，装饰着花鬘，打着铜鼓、铃钹，吹着海螺，热烈喧腾，轰动长安城，白居易对此讽刺了一番。他抨击夷声乱华："一从胡曲相参错，不辨兴衰与哀乐。愿求牙旷正华音，不令夷夏相交侵。"伯牙和师旷是两位先秦音乐家，象征大雅正音。白居易认为华音和夷音根本不能融在一起，理论依据是，《霓裳羽衣》本是道调法曲，是中华之风，但是它和胡部新声融合的第二年，安禄山就造反了。不过，他身为一个朝廷官员，一方面拥护礼乐，主张复古，但是作为一个文人，在针砭时弊的同时，又格外喜爱各地民间俗乐，他说羌笛与秦筝使代表大雅正声的古琴寂寞蒙尘，他自己是个不折不扣的筝迷。在历代写筝的诗词作品中，是他写出了格调最高的一句："弦凝指咽声停处，别有深情一万重。"他感叹着"人情重今多贱古，古琴有弦人不抚"；他也和刘禹锡创制新曲，"古歌旧曲君休听，听取新翻杨柳枝"。古来文人总是这样，既追怀过去，又与时尚同行。

这个时期，既有一批和琴有关的杰出文学作品，也有一些文人关于音乐的精彩美学理论，到后世，成为琴曲的灵感来源。最直接的是元结的"水乐"。元结在音乐上是一个自然主义者，觉得挂在山崖上的瀑布声最好听，如果不去山间，就在宅院里，庭前悬水，水下再错落

1 唐 落霞式"彩凤鸣岐"琴 浙江省博物馆藏

此琴为唐代蜀地制琴名匠雷威的杰作,是目前能见于著录的存世唐代古琴。琴为落霞式,背面有冰裂断和小流水断,龙池上方有"彩凤鸣岐"琴名,下为杨宗稷的三段鉴藏赞美铭,龙池腹腔内有正楷"大唐开元二年雷威制"题刻

2 唐 红牙拨镂拨(即琵琶拨子) 正仓院 北仓28

象牙质地 染红 彩漆施仙禽瑞兽山水图

266 唐:中国历史的黄金时代

地放一些山石，营造清泉石上流的效果，这样的声音，他称为全声，不是宫商律吕能够概括的。元结专门写过一组五首连章的《欸乃曲》，依照他在这组诗歌自注里的本意，"欸乃"是船工摇橹划船时唱的渔歌，舟行水中，风声、水声、烟雨声，还有两岸啼不住的猿声，它们综合起来，成为一组用大自然混响造就的天籁，这天籁成就了诗歌，也丰富了古琴的意韵内涵。

琵琶演奏家

> 一代宗师段善本
> 白居易遇见的琵琶高手
> 琵琶抱法的变化

大唐的弦乐器，琵琶为首。元和十三年，元稹在通州任司马，回望半个世纪之前的风风雨雨，写下玄宗时代连昌宫的兴衰。望仙楼上上下下遍目珠翠，玄宗登楼望月，杨玉环陪伴在身边。寒食节后，宫中举行小型宴会，"夜半月高弦索鸣，贺老琵琶定场屋"。贺老是梨园三百弟子中以琵琶闻名的贺怀智，备受唐玄宗的重视。杨玉环会跳舞，也擅长弹琵琶，还在梨园任教习，加上李龟年，他们经常在一起奏乐。贺怀智的琵琶，是这种小型音乐会的压场表演。

纵观整个唐代，能称为琵琶一代宗师，不是贺怀智，而是活跃在贞元年间的段善本。某一年，长安大旱，东西市有不少祈雨活动，号称当时琵琶第一圣手的康昆仑在东市的彩楼上用羽调弹《绿腰》曲。西市的彩楼上，这时出现一位女郎，她偏偏要用枫香调弹这支曲子，弹得"声如雷，妙入神"，康昆仑听了之后，自叹不如，就伏首拜师，等这位女郎换了装出来，再一看，原来是庄严寺和尚段善本。这是一位著名的乐僧，终生不仕，座下门徒众多，技艺杰出的不止康昆仑，还有能弹《霓裳羽衣》《凉州》《六幺》《雨霖铃》等名曲的李管儿。段善本与康昆仑在长安斗艺那年，元稹才六岁，后来元稹和李管儿成了忘年交，"管儿不作供奉儿，抛在东都双鬟丝"。李管儿拒绝在朝廷供职，一直追随他的师父学艺，可以说是既不僧，也不仕，终老于民间。

李管儿年事已高，元稹问当世琵琶后继者还有谁，就说到一位叫铁山的艺人，"铁山已近曹穆间，性灵甚好功犹浅"。铁山的技艺已经接近曹善才和穆善才，善才是教坊中的音乐教习职位，官从五品。但是铁山灵气有余，功力不足，如果接替管儿在琵琶界的地位，还需要勤奋努力。彼时段善本已经作古，管儿也步入残年。

白居易曾在枫叶荻花之秋，浔阳江头听见琵琶声，从弹奏技巧和所弹乐曲，他判断这是一位出自京师的琵琶高手，便以酒宴相邀。言谈中得知这位女子原来出身长安教坊，她用拨子弹出难言心事，诉说半生悲怨。弹奏的技法富于变化，在轻重缓急间，出神入化，"轻拢慢捻抹复挑，初为霓裳后六幺。大弦嘈嘈如急雨，小弦切切如私语。嘈嘈切切错杂弹，大珠小珠落玉盘"。

她的演奏曾受过善才的夸赞，她的名字曾位列教坊第一部。无奈战祸连连，遭遇亲人生离死别，岁月蹉跎，她年老色衰，不得已嫁作商人妇，以谋后半生安定。白居易听了，想到自己的人生苦闷，几重起伏跌宕，孤苦飘零，泪如散珠，不觉打湿了青衫，他说："别有幽愁暗恨生，此时无声胜有声。"最后，"曲终收拨当心画，四弦一声如裂帛"。琵琶女用拨子做了收尾动作，相当于指弹法的扫弦，四弦一声，当当正正，声如裂帛。

《唐人宫乐图》中的一位弹琵琶仕女，琴首朝下，白居易遇见的琵琶女，应该也是这样的弹姿。五代顾闳中的《韩熙载夜宴图》卷一"悉听琵琶"中的抱法便有所改变，画卷中，教坊副史李家明的妹妹横抱琵琶，琴首已经略微向上抬起。现在南音琵琶还保留着唐人的横弹姿势。唐朝还不流行我们今天的指弹法，但是指弹法在唐太宗贞观年间已出现，最早使用这种方法的乐师叫作裴神符，他是疏勒人，疏勒在今天的新疆喀什，他弹的是五弦。

1	1《唐人宫乐图》中的弹琵琶仕女　台北故宫博物院藏
2	2 五代南唐　顾闳中《韩熙载夜宴图》之"悉听琵琶"　故宫博物院藏

弹琵琶者为教坊副使李家明的妹妹，她正手持拨子弹奏四弦曲项琵琶，听曲者有李家明、舞伎王屋山、太常博士陈致雍、紫薇郎朱铣、门生舒雅、状元郎粲、韩熙载、歌伎秦弱兰等

唐紫檀螺钿五弦直项琵琶

日本正仓院保存的唐代紫檀五弦直项琵琶,以嵌螺钿的工艺装饰着花鸟、蝴蝶、草叶、云彩,珠光熠熠,甚至琴侧与琴轴,也密布嵌螺钿花朵,可谓绚烂至极。花心与花叶,皆描以金线,镶嵌红色琥珀,面板中部的捍拨亦是玳瑁制成,镶着一幅生动活泼的西域风情画,一匹骆驼的背上,坐着一位弹琵琶的胡人,骆驼好像听见了乐声,不禁回头观望,憨憨的神态,活灵活现。和骆驼相对的琵琶背面,还装饰着美丽的绶带鸟。

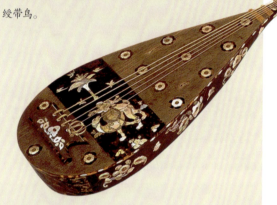

1 唐 紫檀木画槽四弦曲项琵琶 正仓院 南仓101
2 唐 正仓院紫檀螺钿琵琶背面装饰的迦陵频伽 北仓27

正仓院也保存着唐代四弦曲项琵琶，有紫檀与枫木两种，琴身都有嵌螺钿的花鸟纹饰，其中一件紫檀琵琶上有迦陵频伽，佛教传说中传播妙音的仙鸟。捍拨图案，精彩纷呈，各式各样，狩猎宴饮图、山水人物。一件件精工细作，体现出盛唐的雍容气象。

唐代出色的演奏家很多，他们在民间、在贵族的宅院中，为士大夫阶层效力，薛阳陶的觱篥、李青青的筝、李凭的箜篌……

推荐阅读

◦ [唐]崔令钦：《教坊记笺订》，中华书局，2012年

◦ 杨荫浏：《中国古代音乐史稿》，人民音乐出版社，1981年

◦ 任中敏：《任中敏文集》之《敦煌曲研究》《唐戏弄》《唐声诗》《唐艺研究》，凤凰出版社，2013年

◦ [日]岸边成雄：《唐代音乐史的研究》，台湾中华书局，2017年

◦ [日]河添房江：《唐物的文化史》，商务印书馆，2018年

◦ 苏泓月：《古乐之美》，人民音乐出版社，2016年

◦ 苏泓月：《宣华录——花蕊夫人宫词里的晚唐五代》，北京联合出版公司，2019年

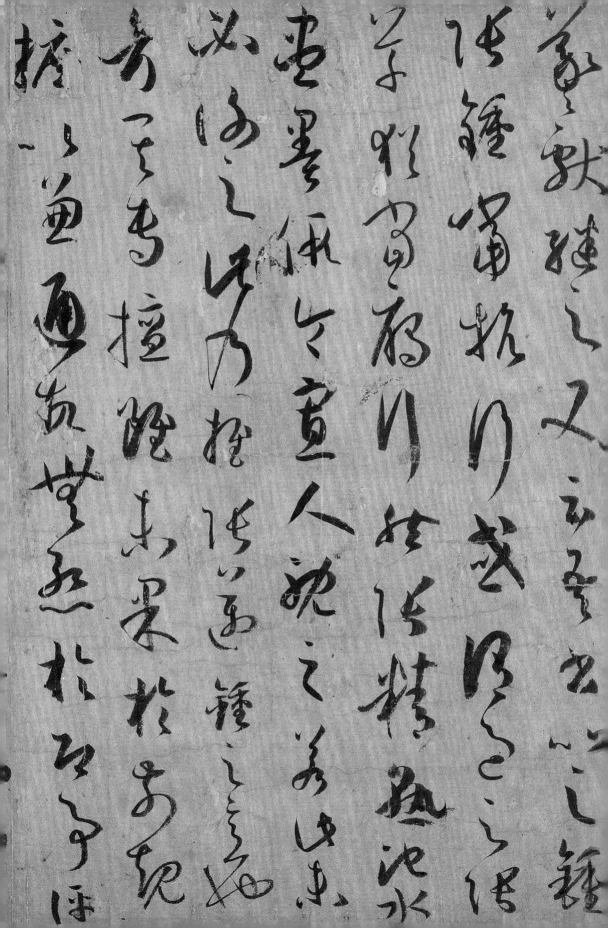

第十章 唐代书画的传世魅力

尹吉男

中央美术学院教授。
艺术史学者、当代艺术评论家、
中国古代书画鉴定专家。

大家容易用宋代的情况来想象唐朝,这是一个特别大的误差。宋代大多数文人书法家不习武,这跟唐代的书法家有本质的区别。唐代书法家大部分都习武。唐朝是文武兼修,重武不废文。文武并重的时代,才能产生最好的书法。

孙过庭草书《书谱》(局部),台北故宫博物院藏

1 | 皇帝书法与大臣书法

我们经常会从文学史的角度说，唐朝是一个伟大的诗歌时代。如果换从书法史的角度说，我们也会认为，唐朝是一个伟大的书法时代。

有一个要素大家必须要清楚，唐朝书法的特色之处和它的媒介是直接相关的。可以说，唐朝基本是一个手抄本的时代，换句话讲，唐朝基本不是一个手工印刷术的时代。尽管我们在唐后期已经有了印刷术，但并不普及，少量地用于佛经和历书。印刷术到了宋朝才开始真正普及。唐宋书法最大的分野是在媒介上。手抄本的时代，对书写的依赖强度更高。这个情况跟宋朝是不一样的。尽管有了印刷术之后，手抄本依然存在，书写还在延续。

唐朝出了一大批伟大的诗人，同样在书法史上，唐朝出了一大批伟大的书法家。这些伟大书法家的数量是整个宋代都无法比拟的，所以我们说唐朝是一个书法的时代。

书法的南北融合

> 唐朝皇帝在书法上的开创性
> 北方帝王与南方书法家大臣

唐朝的皇帝热爱书法，而且出了几个大书法家。特别是在唐朝前期，比如说唐朝的第二代皇帝唐太宗李世民，第三代皇帝唐高宗李治，还有他的夫人武则天（后来也做了皇帝）。此外还有开创了开元天宝之治，同时又遭逢安史之乱的风流皇帝——唐玄宗，也是一个大书法家。

帝王喜欢书法并不自唐朝开始，实际上从魏晋南北朝时期就有很

清拓唐玄宗《纪泰山铭》(局部)

多帝王书法家。唐朝的皇帝只不过是沿袭了过去的帝王书法的传统。

但是唐朝皇帝有很多开创性的举动,比如说以前的碑文一般是用篆书、隶书书体,还有一些魏碑书体写成的,基本上是典雅庄重的书法风格,但唐朝皇帝很任性,率先用行草书这样的书体来写碑。我刚才讲到的唐朝那几位皇帝都擅长行草书,但是唐玄宗有些例外,他除了会写行草之外还会写隶书,又继承了典雅庄重的碑书传统,这在古代帝王当中并不太多见。而且他的隶书还影响了当时很多大臣,在唐朝中期出现了一批隶书的书法家。

唐朝的书法之所以这么灿烂,跟一个统一的帝国有密切的关系。我们说"隋唐不分",隋统一了中国,那么隋朝的文化就有一个南北的高度交融性。一大批南方的书法家到了长安,还延续了北方的书法传统,南北融合,所以隋文帝、隋炀帝他们也都是北方的书法家。

1 明拓虞世南《孔子庙堂碑》（局部）
2 清拓褚遂良《孟法师碑》（局部）
3 明拓欧阳询《九成宫醴泉铭》（局部）
4 智永《真草千字文》（局部） 日本京都小川家族藏

唐朝时最有意思的现象是：帝王是关陇贵族，生活在北方，身上多有北方人的气质——比较雄强。而唐初最重要的几位书法家都来自南方，比如说虞世南（558—638）、褚遂良（596—659）、欧阳询（557—641）。这三位唐初最杰出的楷书书法家都来自南方。来自今天的浙江和湖南。

南方非常特殊，因为南方一直有"二王"的书法传统，所谓"二王"就是东晋的王羲之（303—361，一作321—379）和王献之（344—386）父子。他们的书法作品和风格被大量地保存在南方，书风在南方流行，比如说虞世南的老师智永是王羲之的七世孙，长期生活在越州（今浙江地区）。南方保存了"二王"的传统，并在虞世南的身上得以继承。据传说，虞世南是唐太宗的书法老师之一，经常在一块儿切磋书法。虞世南去世以后，褚遂良开始变得越来越重要，他也有南方的传统。

所以最有趣的事情是：帝王是北方的，几个大书法家大臣都是南方的，而他们形成了一个亦师亦友，在书法上不断切磋的关系。这样就形成了一个书法的融合和集大成。所以帝王以北方的气质吸收了南方多姿飘逸的书法风格。

唐朝笔法最大的特点

> 唐代书法家的武人身份
> 书法传统中的刀笔并重
> 变速用笔与书写力度

如果讲性格学的话，我们会觉得唐太宗应该写特别雄强的书法，但是我们看到的唐太宗书法都是飘逸多姿的，比如他写的《温泉铭》（唐太宗为骊山温泉撰写的一块行书碑文，也是我国书法史上第一部行书刻碑，原石已遗失。拓本原藏敦煌藏经洞，现藏法国巴黎国立图书馆），还有草书《屏风帖》，都是比较细秀多姿的，这是一个有趣的现象。南北融合才使得唐代书法开始发力。

唐太宗《温泉铭》

唐太宗为骊山温泉撰写并书丹的《温泉铭》，其碑石久佚，仅一件唐拓孤本传世。发现于敦煌莫高窟，后被伯希和带往法国，始有影印本在国内流传。行书，48行，345字。铭文自称"朕"，而"世"字"民"字皆未缺笔，故断为唐太宗御制御书。文末有"永徽四年八月围谷府果毅儿"一行，可知为立碑后不久之拓本。对于了解太宗的书法面貌，拥有可贵的价值。

有一点大家容易忽略，往往会用宋代的情况来想象唐朝，这是一个特别大的误差。宋代大多数文人书法家不习武，这跟唐代的书法家有本质的区别。唐代书法家大部分都习武。我们知道唐朝最重要的官职都是跟武职有关系的，比如节度使、刺史和太守，而且文武的职能不像后来想象得那么泾渭分明。有一个词叫"出将入相"（出指派任至外地；入指进入朝廷任官。出自《旧唐书·王珪传》），我认为"出将入相"发生在同一人身上的现象到宋朝以后基本不存在。宋朝总体来说，文武分野非常鲜明。唐朝的边将或节度使从事军事活动，立了功之后会回到朝廷做宰相。比如唐朝最有名的美术史家张彦远（815—907）写了第一部中国美术史名作《历代名画记》。张彦远的高祖父张嘉贞（665—729）曾经做过边将，后来回到朝廷做宰相。文武兼修，唐朝是重武不废文。文武并重的时代，才能产生最好的书法。

我经常跟一些书法家聊天，他们也讲到晋唐（东晋到隋唐）的字"有力"。书法家王镛和孙晓云都谈到晋唐字"有力"的特点。当代书法理论家邱振中也谈到"有力"的问题，他认为好的当代书法第一个标准是"有力"。我跟他开过玩笑：有力首先得手腕有力，拿刀剑的手腕和不拿刀剑的手腕有质的区别。晋唐的大书法家普遍习武。像李白这样的诗人，自己还说"十五好剑术"（李白《与韩荆州书》），说明他会用刀剑。在魏晋南北朝时期，特别是东晋的书法家族基本上是出身武人家族。比如说王羲之的老师是河东卫氏（其家族中有书法理论家卫恒［？—291］，著有《四体书势》。还有著名的女书法家卫夫人［272—349］，本名卫铄，字茂漪，也是王羲之的书法老师之一），河东卫氏就是武人家族，这个家族出了一批大书家。

另外，我们对琅琊王氏有很多误解，一说到琅琊王氏就觉得这是文学家族或文化家族，实际上琅琊王氏同时也是武人家族。如果他们天天挥麈谈玄、饮酒作诗，就能和皇室司马氏家族"王与马，共天下"（这是当时民间流传的一句话，意思是琅琊王氏和皇族司马氏共同掌握了东晋的大权），这是不可能的。其实琅琊王氏在东晋是握有兵权的。当时处在南方的东晋对付北方，在长江边有两个最重要的军事重镇：东晋都城建康西边的军事重镇是江州（今天的九江），东边的军事重镇是京口（今天的镇江）。西边的军事重镇江州就是由琅琊王氏控制的，后来跟颍川庾氏家族争锋，丢掉了江州（参见田余庆《东晋门阀政治》）。王羲之和他的次子王凝之先后做过江州刺史，此前他们的同族王允之也做过。琅琊王氏又是与东晋重臣郗鉴（269—339，字道徽。高平郡金乡县人。东汉御史大夫郗虑玄孙）这个家族联姻，郗鉴当时控制军事重镇京口。王导是重视政治军事布局的，使侄子王羲之成了郗鉴的"东床快婿"，实际上琅琊王氏也就实现了对另外一个重镇的间接控制。王羲之有一个名号叫王右军，杜甫的诗中说曹霸"学书初学卫夫人，但恨无过王右军"（杜甫《丹青引赠曹霸将军》），右军将军是武职。

这基本上就形成了一个晋唐的书法传统。郗鉴是大书法家，我们现在还可以在《淳化阁帖》中看到他的书法的样貌，虽然他的真迹已经失传。还有郗鉴的女儿郗璿（王羲之七子一女均为郗璿所生）成了王羲之的夫人，她也是书法家。所以我们可以这么讲，像高平郗氏、琅琊王氏、河东卫氏这些家族都是文武并重，实际上他们有更多的武人身份。

唐朝也是一样。唐朝这些书法家也有武人身份，比如说欧阳询的祖上都是武官，褚遂良的父亲褚亮是武人。还有颜真卿有一个称呼叫颜平原，他做过平原太守。安史之乱的时候，他带兵打仗，参与平乱的战事。他是有武人身份的，所以看颜真卿的书法可以感觉他的手力量很大，有内力，应该是习刀剑的人。还有张旭也是武官，是金吾长史，史称张长史。按现在的说法，他就是禁卫军的军官，禁卫军军官一定是拿刀剑的，所以有力。高宗武后时期的草书大家孙过庭也当过管兵器库的低级武官。

我们注意到在书法传统当中，刀笔并重。这是唐代书法的一个秘诀。过去有一句话，说"古有三端"（出自《韩诗外传》卷七："是以君子避三端：避文士之笔端，避武士之锋端，避辩士之舌端。"），其中一个叫锋端。锋端是刀剑、刀锋、剑锋。笔端的笔，就是毛笔。第三个舌端，就是三寸不烂之舌，有外交才能和游说能力。所以这三项非常重要。我们看排序，笔端排第一，锋端排第二。如唐代登州刺史韦俊就是"书剑兼修，文武不坠"。

我们注意到唐人对书法的评判，经常用一个词叫"劲利"，另一个词是"快利"。这个听上去好像不是在说书法，而是在说剑法，由此我们会想到张旭，"观公孙大娘弟子舞剑器"（出自杜甫《观公孙大娘弟子舞剑器行》），书法功力大涨。

古人有一种说法：笔法可通剑法。这个笔法和剑法就是个内外关系：对外是剑法，对内就是笔法，而且是用同一个手腕完成的。这是非常重要的。

我们还注意到唐朝的书法，无论楷书还是行草，用笔不是匀速的，

1 郗鉴《灾祸帖》
2 明拓颜真卿《东方朔画像赞》（局部）

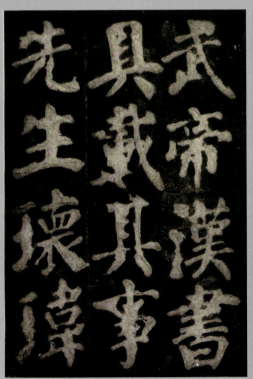

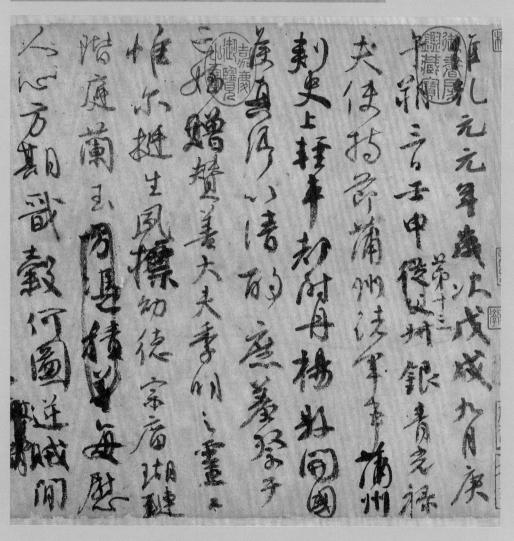

1 孙过庭草书《书谱》（局部） 台北故宫博物院藏

2 颜真卿行书《祭侄文稿》（局部） 台北故宫博物院藏

而是变速的。由于变速,他才能写出这样的力度。我想这应该跟习武的传统有关系。实际上这些唐代帝王,从唐太宗到唐玄宗都有过军事的经历,都有一定的武功,所以这就形成了一个复杂的关系。大唐帝国完成统一之后,南北融合,文武兼修,在文武关系上,就会出现一种复杂的态度。传说唐太宗特别喜欢"二王"书法,当然主要是指王羲之,他在全国到处搜罗王羲之的书法墨迹。

还有一个传闻:唐太宗去世的时候,把王羲之的《兰亭集序》陪葬到昭陵里了。这个事情最大的启发是什么呢?一个王羲之的《兰亭集序》摹本,成为中国历代书法家最大的一个模仿对象。严格讲,这样的"下真迹一等"的摹本,本质上也是赝品。于是,这就构成了一个源远流长的赝品艺术发展史,这是谁也想不到的。那么真正的墨迹本,传说在昭陵太宗墓里边。大家永远在想象着真迹,临摹赝品,而赝品又不断地被翻刻成各种各样的本子,产生了各种帖和各种碑,然后再翻拓临摹,临摹翻拓,不断地转换。我认为,在世界艺术史中不曾有过哪一件作品类似《兰亭集序》有这样的一个复杂过程。

来自南方的这些书法名臣,如欧阳询、虞世南、褚遂良,写碑是用非常端庄秀丽的楷书,而帝王们却在写行草。有时候我在想,唐代帝王是不是也要跟大臣拉开一定距离,直接去表示对王羲之这种行草书传统的尊重,以表现他们的自由与特权呢?

唐朝书法的传承系统

**家族中的书法传统
真迹与真传的学习模式**

在唐初的时候当然有一些人是隶书的大家,比如说在颜真卿的传统中,有陈郡殷氏家族的影响,他母亲出自陈郡殷氏家族。殷氏家族出了很多书法家,最有名的殷仲容(633—703,字元凯,初唐书法家、画家)是写隶书的。所以有人说颜真卿的书法可能会受到他母系这支的影响。颜真卿在很小的时候，父亲去世，他母亲带着他们兄弟就投奔了他的舅舅殷践猷（684—721，字伯起，著名学者、目录学家）。殷践猷是个书法家，但他的书法风格我们现在见不到了。颜真卿13岁的时候，殷践猷去世，颜真卿的母亲就带着他们一家人又投奔了他的外公殷子敬，殷子敬也是书法家。殷氏家族当中有一个书法传统，写一手比较典雅庄重的隶书或者楷书。我经常说，颜真卿之所以成为一个非常伟大的书法家，他的书法条件在宋代是很少有人能够兼备的。

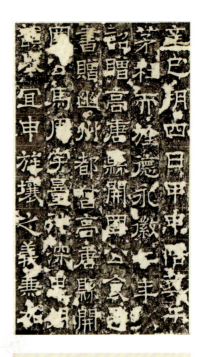

第一个条件，他本身的家族琅琊颜氏有书法传统和儒学传统，他的远祖颜之推，就是《颜氏家训》的作者。所以这个家族能养育出颜真卿。第二个条件，他的母系陈郡殷氏，家族中出了很多书法家。第三个条件，他的妻子是京兆韦氏韦迪的女儿。韦迪的哥哥韦述（？—757，京兆万年人。唐代大臣，著名史学家）在当时应该是最大的一个私人收藏家，既收藏书籍也收藏书画。所以有一种推测认为，颜真卿除了观赏过他父系和母系家族的重要收藏品之外，还有可能见过韦述的收藏品。这样我们已经讲到三个贵族家族了。还有第四个家族，也就是第四个条件——颜真卿的老师是吴郡张氏家族的张旭，非常重要的书法家。在晚唐的书法史著中，多次提到颜真卿向吴郡张氏家族的张旭求教过笔法。古代的笔法基本上是一个秘诀，轻易不外传，那么可见张旭对颜真卿是极其赏识。吴郡张氏家族，是在现在的苏州地区。张旭处在一个非常厉害的书法传统中。张旭的老师是书法家陆彦远，唐朝书法史经常

颜氏家族的书法传统

据颜真卿所述，颜勤礼"工于篆籀"，颜千里"工书"，颜昭甫"善工篆隶草书"，颜曜卿"善草书"，颜惟贞"尤善草隶"，颜元孙"特以草隶擅名"，颜允南"善草隶"等，可见颜氏家族书法传统之盛。

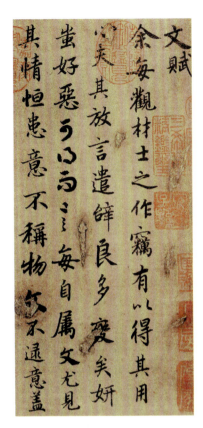

1　2

1　殷仲容《马周碑》拓片（局部）
2　陆柬之《文赋》（局部）台北故宫博物院藏

讲的"小陆"。陆彦远是张旭的舅舅。为什么要提陆彦远？因为陆彦远的父亲更厉害，是书法家陆柬之，也就是书法史中所说的"大陆"。过去讲书法的初唐四家有不同说法，一个说法讲的是欧阳询、虞世南、褚遂良、陆柬之，另一个说法是把陆柬之变成了薛稷（649—713，字嗣通，蒲州汾阴人。唐朝大臣、书画家。隋朝内史侍郎薛道衡的曾孙）。薛稷是来自山西的一个书法家。陆柬之的书法有墨迹本传世，现在台北故宫博物院藏有陆柬之写的陆机《文赋》，一看就是"二王"传统和笔法。我们再往上追，陆柬之的书法跟谁学的？跟他舅舅虞世南学的。虞世南是跟智永学的，而智永是王羲之的传统，他是王羲之的七世孙，王羲之是跟河东卫氏家族的卫夫人学的。

唐朝这个手抄本的时代，在书法上有一个风筝不断线的传统，用现在的话讲叫"非物质文化遗产"。从东晋开始一直可以连到晚唐的这样一个传承系统，这在宋代是没有出现过的。与宋相比，唐朝的书法源自一个真迹和真传的学习模式，这是一个特殊模式。唐代书法家由于经常是出自贵族之家，小时候看到了好的收藏品，另外得到了大师级别的书法家的真传，所以唐代书法既可以写得庄重典雅，又可以写得飘逸。既飘逸又有力，这样一个特殊性的确是后代书法很难具备的。

2 唐代人物画为何那么传神

首先要特别强调，晋唐（东晋到隋唐）是中国人物画的古典时代。什么叫古典时代呢？就是给后世创造了很多绘画典范。

写实与写意

唐朝是书法的时代，也是人物画的时代。那么人物画最大的特点是什么？唐朝的人物画是写实的。

> 贵族对写实绘画的热爱
> 为贵族服务的贵族画家

大家都知道，中国绘画中有两个概念，一个叫"写实"，一个叫"写意"。写意绘画基本上是在北宋中期以后发展起来的，反映了北宋以后的文人价值观。唐朝基本上属于贵族的时代。贵族喜欢写实绘画，这是全世界的普遍现象。

经常有人问我，为什么欧洲写实绘画，特别是写实的人物绘画非常发达？文艺复兴以后到法国大革命之前是欧洲人物画的一个高峰时期，中世纪的欧洲人物画画得并不好，基本透视问题没有解决，空间结构上存在问题。

欧洲在 15 世纪时才开始发展出高度写实的人物画，可是中国在唐代就已经有相当发达的人物画了，比如《虢国夫人游春图》。到了宋代，宫廷的人物绘画得到持续的发展，特别是透视的问题，已经得到一定的解决。像宋代的《清明上河图》里边虹桥的部分，可以想象同时期的欧洲几乎没有人能画出来，因为那是一个立体透视关系。所以写实能力并不存在巨大的民族差异。我们看秦始皇兵马俑是高度写实的，兵马俑的身体造型是模制的，而头部全都是单独塑造的，所以我们很难找到两个一模一样的秦俑。这种写实能力在秦朝已经高度发达，到了汉代一直延续。

在整个中国历史上，历代帝王都重视写实，因为要画帝王肖像（即"御容"），要画后妃肖像。所以帝王们一直保持着对写实的热爱，到了清代更是如此。清代不仅要写实，而且还要请洋教士，像意大利的郎世宁（1688—1766），他在中国从事绘画五十多年，历经康、雍、乾三朝，画了很多更写实的人物画。

写实，是理解唐朝人物画的一个关键。这些贵族或者帝王之所以重视写实，主要是他们存在血统上的优越感，这跟欧洲的贵族是一样的。欧洲贵族也把祖先像挂在城堡的前厅里，在欧洲宫殿当中有大量的写实肖像画，用来证明他们血统优越，所以写实跟血统论是直接相关的。

然而，这样的绘画到了宋代就逐渐遇到了批评，或者叫"消解"。晋唐时期是个写实的时代，评价画家的好坏主要是看能不能画人物画，人物画画得好，就是那个时期最重要的画家。

我们现在能够说出来名字的，比如顾恺之、吴道子，在此之前还有阎立本，晚唐有张萱、周昉，这些画家都是写实的人物画家，在唐朝有很高的地位。

张萱《捣练图》（局部） 宋摹本 波士顿艺术博物馆藏

1 (传)吴道子《八十七神仙卷》(局部)
　徐悲鸿纪念馆藏
2 (传)周昉《挥扇仕女图》(局部)
　故宫博物院藏

他们之所以重视写实，是因为一方面他们本身是贵族，同时又为贵族服务，为王室服务，于是就形成了一套写实的传统。

人物画的最高标准

> 传神一定要写实
> 中小地主崛起后的绘画价值观
> 写实手法与身份尊卑

人物画最高的标准是什么呢？传神。过去我们评论画的好坏，第一是神，第二是妙，第三是能。神品当中又分上中下，妙品、能品也都分上中下，一共是九品。九品的评论模式是来源于对人的品评。以前古代有选官制度"九品中正制"，最后转入到人物画的品评也是九品，最高的是神品——传神。

那么这个传神一定要以写实为基础。自从有了古代的文人画，一直存在着一个争论，到底是写实，还是写意？这成为一个长线的争论。后来是写意占上风，成为文人画的核心价值观，打败了贵族的写实。也就是说，中小地主的崛起始于晚唐，到了北宋不仅拥有了政治权力，还拥有了文学的权力，出现了很多大文学家，他们又继续进军书法，拥有书法权力，再进军绘画。绘画是文人进军的最后一个领域，于是他们就拥有了整个文化的权力。这些权力原本都是以前血统贵族所拥有的。

我在上一节里提到过，南北朝隋唐是文武兼修的时代。而我们经常会忽略这一点，当这些贵族一旦被写到文学史里，我们就认为他们是文人。可是假如我们另外再写部军事史的话，会发现他们很多都是武人，这就证明文武兼修是这个时代的一个特征。那么画作在线条上有力是在唐朝凸显出来的，我认为也是跟习武有关。阎立本的家族属于关陇贵族，关陇贵族本身有着习武的传统。晚唐时期的画家，比如画仕女画非常有名的周昉，他的家族里有人担任西北地区的节度使，也是武人家族。

有这样一个特征，全世界的贵族都特别喜欢马，因此欧洲有很多

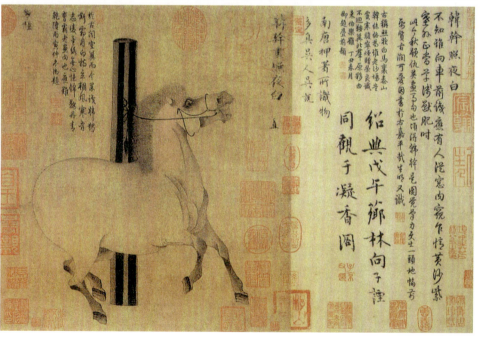

贵族骑马的画像。比如路易十四的时代,有《路易十四骑马像》。

唐朝画马的这些大画家,都有武人官职。其中最有名的曹霸,有一句写他的诗"将军魏武之子孙"(杜甫《丹青引赠曹将军霸》),来源于这样的一个家族,还称他为将军,当过左武卫大将军。

曹霸的学生叫韩幹,曾被杜甫批评过,"幹惟画肉不画骨,忍使骅骝气凋丧"(杜甫《丹青引赠曹将军霸》)。韩幹也曾为左武卫大将军。还有一个长安人韦无忝是画马的名家,生活在唐玄宗时期,也当过左武卫大将军。另外唐朝有一个皇室贵族叫李绪(江都王,霍王元轨之子,唐太宗之侄),善书画。他虽然没有做过左武卫大将军,但是他当过金州刺史,握有兵权。

唐朝还有一个特点,画家画的马都是战马,并不是那种观赏型的马,这一点是不一样的。据传韩幹有一张绘画作品《照夜白》,现藏于美国大都会博物馆。画的是唐玄宗的坐骑,参加过征战,是一匹战马。因此唐朝的马都画得非常威武,这个传统在宫廷内部一直传习。

宋代是画马的一个低潮时期。到了蒙元时期,又出现画马的高峰,明朝画马再次跌入低谷,而到了清朝,又开始出现一个高峰。我们可以注意到马的绘画和军事、皇室、写实传统等之间的复杂关系。

讲到唐朝的人物画,一方面是画帝王,另一方面是画功臣。有诗云:"请君暂上凌烟阁,若个书生万户侯。"(李贺《南园十三首·其五》)唐初的时候有凌烟阁,凌烟阁里有壁画,有《二十四功臣像》,其中大部分功臣都有武功。所以帝王像、功臣像、贵族像,构成了唐朝人物画的主体。

还有一点需要特别强调,晋唐时期,严格讲就是魏晋南北朝时期(220—589),也是一个信仰的时代,或者可以说是佛教最为发达的时代。中国最有名的石窟都是这个时期雕凿的,像敦煌石窟、云冈石窟、龙门石窟,这些大石窟都跟佛教密切相关,表达了佛教的主题。这些佛教石窟不是用写意的手法创作,而是用写实的手法创作的。当然也有一些比例上的变化,比如主佛体量比较大,那些陪侍就比较小。传

1 (传)韩幹《神骏图》(局部)辽宁省博物馆藏
2 韩幹《照夜白》(局部)美国大都会博物馆藏

（传）阎立本《古帝王图》中的东汉光武帝刘秀，侍者与帝王的身体大小不成比例

为阎立本的《古帝王图》，应该也是佛教的模式，但是这模式不是中国独创的，应该是来源于印度地区，但每一个人的像是写实的。再比如也是传为阎立本的《步辇图》里，唐太宗的形象画得非常雄伟，超出一般比例。如果他站起来的话，基本就是姚明了，要比那些汉官以及禄东赞（吐蕃的使节）几乎高出一倍来。坐着的唐太宗都要比旁边站

立者高，旁边仕女画得非常瘦小。这个比例未必是真实的比例，这种画法应该是来自于佛教传统。重要的人物画得比较大，次要的画得比较小，但是每一个人物神态是写实的。

信仰的时代在唐代仍然还在延续，佛教、道教等都非常发达。比如像武则天最有名的书法《升仙太子碑》，那是根据道教人物的传闻来写的。到了晚唐，佛教逐渐衰落，石窟艺术开始走下坡路了。宋代的宗教主要是佛教当中的禅宗，禅宗是文人的宗教。如果比较唐宋，唐朝是佛教的时代，宋朝应该是儒学的时代。我认为这里有一个巨大的差别，魏晋南北朝时期这种传神的理论，唐代还在延续。

唐朝最好的画家仍然还使用"神品"这个概念，这证明了晋唐时期贵族价值观仍然有效。但是在宋朝价值观发生了改变，特别是在北宋后期，以苏东坡为代表的文人对写实提出了挑战。他写过一首很有名的诗，提到"论画以形似，见与儿童邻"（苏轼《书鄢陵王主簿所画折枝二首·其一》），对写实提出了批评，实际上他是主张写意。

唐代人物画的特点

> "活线"的节奏感
> 人的世界与宗教的世界
> 缺乏真迹的美术史

唐代人物画在绘画方法上有一种是白描，后来也叫白画，也就是线描。线描应该是一种画稿的形式，或者说是粉本（指中国古代绘画施粉上样的稿本）。过去古代画家都有个小样，小样放大到墙上去，就是壁画。小样其实就是一种线描的形式，但也有人去收藏。

在我看，这个线描画未必就是一个完成品。我们看到的这些最标准的人物画，就是传为唐代这些人物大画家，像阎立本、吴道子、张萱、周昉这些人物画家的完成品，都是着色的，或者叫设色人物画。在唐代，这两种画法后来都被继承下来。

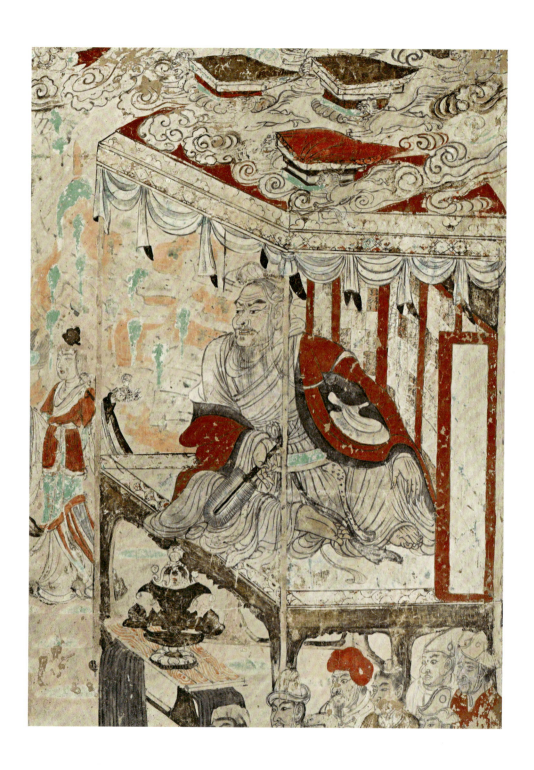

这当中特别要讲用线，不论是着色还是白描，用线是关键。过去在作坊里面，一些画匠特别强调用线，有"活线"和"死线"的说法。什么叫死线呢？就是手紧攥着笔去画均等的线，就叫死线。"活线"指的是线有节律上的变化，体现了线的不同节奏。用力和发力的部分，其实就是笔在不断转动，转动当中画的线是有力的，这叫活线。这样的方式形成了中国典型的人物画的造型方式，现在有工笔人物画、水墨人物画，但现在的水墨人物画基本偏写意，工笔人物画比较偏写实，于是就形成现在这两个绘画上的传统。

还有一点，我们能看到大量的胡人形象出现在唐代的人物画里。宋画当中就没有见这么多的胡人形象。在唐代，不论是墓室壁画还是卷轴书画，有时候就是一个流动的人种博物馆，能看到很多来自中亚或者是欧洲不同的人种，也反映唐帝国的开放性。

另外，我们在唐代绘画中，无论是墓室壁画、陶俑还是卷轴书画里，都能看到大量的女性形象，这也是在历史上比较少见的。以前我们知道仕女画里基本上是典雅的贵族女性，主要讲的是女教、女德，是男性对女性的一些道德约束。比如说传为顾恺之画的《列女传》，还有《女

1 莫高窟第103窟壁画《维摩诘经变图》（局部）传为吴道子风格
2 唐 《胡人备马图》昭陵博物馆藏

史箴》,这些都是女教或女德方面的劝诫性绘画。我们很少看到顾恺之画纯粹娱乐性的绘画,但是唐代的这些仕女画,一方面有娱乐的,比如像《虢国夫人游春图》,我们现在能看到的就是宋徽宗的临摹本;另一方面就是画妇女生活,当时贵族妇女生活如《捣练图》,这些是常见的。通过墓室壁画,也能看到唐玄宗时期的女性从服装到外形的审美变化。比如我们在中晚唐的墓室壁画当中能看到大量丰腴的女性,在所谓传世的《簪花仕女图》里面,也能看到这类女性,非常夸张地将肥胖的形象展示给世人。我想这在世界其他地方应该没有过。

| 1 | 2 |

1 张萱《捣练图》(局部) 宋摹本 美国波士顿博物馆藏

2 李真《不空和尚像》日本京都教王护国寺藏

唐代的绘画，既表达了人的世界，同时又表达了一个宗教信仰的世界，它形成了宗教信仰的世界和人的世界的互动平衡关系，这种情况也是唐代非常有特色的。但是唐代的卷轴书画传世极少，大量为摹本，只有像日本收藏的《不空和尚像》，据说是传世的真迹。唐代的卷轴书画尽管是唐代美术的中心，但是也形成了一个缺乏真品的美术史。只有大量的墓室壁画和陶俑展示了一种真实而庞大的美术史，但是那是黄泉下的美术史，不是阳光下的美术史。

丹青右相阎立本

阎立本出身于贵族家庭及建筑、绘画世家，外祖父是北周武帝宇文邕，母亲是清都公主，父亲阎毗是隋朝画家，曾受命负责营造临朔宫、修筑长城以及大运河永济渠段。哥哥阎立德任工部尚书，多次负责营建陵寝宫殿等事，死后赏赐陪葬太宗昭陵。阎立本在显庆元年（656）承袭父兄家业，任工部尚书，总章元年（668）官至右丞相。当时的左丞相是姜恪，以战功卓越闻名，于是便有了人们所说的"左相宣威沙漠，右相驰誉丹青"。传为阎立本所作的《步辇图》，记录唐太宗召见禄东赞的场景，有着丰富的政治隐喻和外交信息。

《步辇图》中篆书"唐相阎立本笔"题记

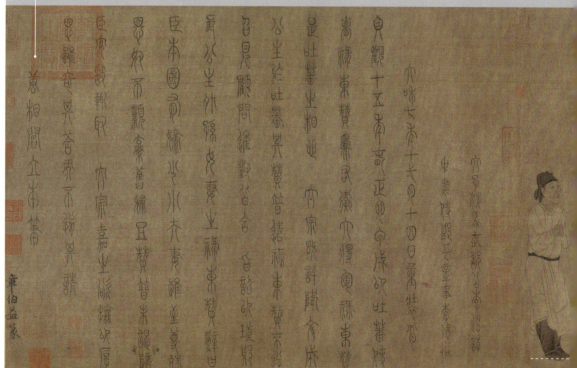

不同的地平线

左部三人物分别为身着赤衣的唐典礼官、中间的吐蕃禄东赞、身着白衣的通译者。三人并没有处在同一地平线上，而是沿折线站立：赤衣官员更靠近画面上端的唐太宗，而禄东赞与白衣者被安排在画面下方，突出其中的地位差别与亲疏远近。前后抬扶步辇行进的侍女在视觉上也能确定一个平面，整体衬托太宗的权威。

画唯用线的唐代特征

《步辇图》笔墨技法朴素,以线条勾勒为主,敷以色彩晕染,且多用平涂法。唐人朱景玄见阎立本绘画,就是"亲手设色,不见其踪迹",应该指的就是平涂而不见笔触的画法。造型用线坚实,线条粗细均匀。人物五官结构轮廓清晰,而凹凸转折之状不明显,这种绘画方法在唐代墓室壁画中时常可见,可窥知时代风貌。

人物组合与空间营造

《步辇图》共有人物十三,明显分为两组:右部密集紧凑,唐太宗处于中心位置,还有抬扶步辇侍女六人和撑伞盖及掌扇侍女三人;左部舒阔,三人侧身弯腰伫立,神情紧张。太宗身边的两个掌扇侍女站立于步辇的对角线方向,两柄羽扇与步辇形成稳定的正立三角形空间,同时有意夸大唐太宗的头部与面部特征,营造整个画面的视觉焦点。

(传)阎立本《步辇图》,绢本设色,纵 38.5 厘米,横 129.6 厘米,故宫博物院藏

3 | 唐代山水画的艺术影响力

唐朝人物画是中国人物画的古典时代，也就是说唐朝最伟大的是人物画。唐朝山水画已经开始取得独立地位，成为独立的画种。虽然唐朝山水画的成就远不及人物画，但是到了盛唐和中晚唐，山水画异军突起，出了几位重要的山水画家。

唐朝山水画的发展背景

> 山水画成为独立画科
> 宗教对山水观的影响
> 状物与抒情

山水画的起源可以追溯得更早，但当时它不是独立画科，基本上是绘画中的一个背景，或者人物画中的一个背景。

它真正独立应该是从唐朝才开始的。在这之前，很多绘画当中有山水因素，比如像敦煌的早期壁画。还有像吴道子之前的一些人物画中有这种山水因素。比如我们经常讲到东晋的顾恺之，在他传世的摹本中，背景的部分有山水，但是这些部分都是非常次要的，并不是一

（传）顾恺之《洛神赋图》中的背景山水 宋摹本 故宫博物院藏

300　唐：中国历史的黄金时代

个主体图像。到了唐朝，山水画渐渐变成一个主体图像。

造成这个变化的因素有很多。一个方面可能是受到佛教绘画的影响。因为我们知道很多著名的寺庙都在名山大川里面，寺庙和自然的风景有一种交融关系。比如说南朝刘宋（420—479）时宗炳（375—443）是个著名的隐士，既是画家也是文学家。他最早关注到山水，而且写过跟山水有关的专门的著述。他特别谈到自然山水的功能是什么？是"畅神"，就是让一个人的精神很愉悦。他一生喜欢游历名山大川，崇信佛教。他的山水观有很多佛教的内容，这说明佛教至少是山水画的传统之一。

另外一方面是跟早期神话和道教的关系。很多山水画，特别是青绿山水经常会表现道教仙山的形象。盛唐时，很多山水壁画都跟这种仙山、海上瀛洲有密切的关系。

还有一个方面，人们对自然的美有了更深的认识。人物画的核心是传神，但山水画的核心不是传神。刚才讲宗炳时提到了"畅神"，"畅神"跟"传神"是既有关联又不相同的概念。"传神"是为客观对象传"神"，"畅神"是愉悦画家和观者的个人的主观之"神"。山水画家是在画山水过程当中得到了愉悦，得到了乐趣，这样一种新的审美观，我认为非常重要。也就是说，山水最初作为人物画的背景，这个背景起到一个辅助作用，不是独立的作用。这个背景主要是状物，描写客观事物。

魏晋南北朝时期有一个咏物诗的传统，诗人经常描写自然的物象，比如谢朓有一首《咏竹诗》："窗前一丛竹，青翠独言奇。"不仅仅是状物，还开始借物抒情，或者是通过把自然的山水、花鸟拟人化来表达人的一种主观情绪。

宗炳的佛教渊源

宗炳为南朝宋时的画家，其师是庐山高僧慧远。慧远师道安，学识渊博，对道、儒经典均有很深研究。宗炳从其学，除佛学外，也涉及儒、道学说。慧远等十八高贤在庐山组织白莲社，宗炳也在其中，后来北宋李公麟曾绘《莲社图》以纪其盛。宗炳除《画山水序》外，还有一篇很重要的文章《明佛论》，讨论神灭、神不灭的问题。关于这一问题，历史上有过三次大辩论，先后参加者有王充、宗炳、何承天、范缜、梁武帝萧衍等。

1 初唐 莫高窟第209窟西壁山水，树的大小并非由远近关系决定
2 盛唐 莫高窟第217窟南壁山水
3 中唐 莫高窟第159窟西壁远景山水

这样的变化，其实就跟"畅神"的传统发生了一个重要的交织。比如唐朝著名诗人、画家王维有很多咏物诗，其中一部分是咏山水的。他在赞美自然的过程中还是以抒情为主，"状物"跟抒情交织在一起。我认为这是一个很重要的审美维度，对唐代的山水画从人物画的背景当中独立出来，有非常深刻的影响。

但是唐代的山水还没有摆脱与这些仙山或宗教的关联，比如说和佛教、道教的关联，这仍然是唐代山水画中一个相当重要的主题。

青绿山水和浅设色山水画

唐代山水画应该分成不同的派别。最重要的山水画家是李思训。李思训当过左羽林将军，也当过右武卫大将军，所以他的绰号就叫"大李将军"。

> 青绿山水与佛教传统
> 贵族的求仙思想
> 山水画的空间美学

他的儿子李昭道，虽然没有当过将军，但是跟他父亲对应起来，人称"小李将军"。他们都擅长山水画，绘画史上一说起"大小李将军"，是赫赫有名的。

"大李将军"李思训是皇室贵族，武则天在专权时期不断地诛杀李氏宗室的一些贵族，李思训就逃隐了，躲过一劫。到唐中宗掌权后，他又出现，变成当时很重要的一个人物。李思训的山水画跟后来的文人画的主流，特别是晚唐五代以后文人画的主流不一样，他的绘画是重视颜色的。我们一般把他的山水画叫设色山水，或者着色山水。美术史上专门有个名词叫"青绿山水"。青绿山水在唐代是非常重要的一个山水画的传统。有学者认为，青绿山水可能来源于佛教的传统，应该是通过西域佛教的传播路线传到中原的。李思训主要的活动区域当然是在长安，长安跟整个丝绸之路有密切联系。像新疆地区的墓室壁画、克孜尔石窟，这些佛教绘画的背景中都有青绿山水的因素。这些因素

1 克孜尔石窟第17窟壁画（局部）
2 展子虔《游春图》人物细节 故宫博物院藏
3 展子虔《游春图》建筑细节
4 （传）李思训《江帆楼阁图》人物细节 台北故宫博物院藏

到了盛唐时期发展成一个独立的青绿山水画，这是它的技术上和样式上的一个源头。李思训的山水画主题是一个仙山的形象。

另外有学者研究说，李思训的山水特别是青绿山水，对应的是春天，所以画的是春景。比如，牛克诚（中国艺术研究院美术研究所所长）主要从色彩的角度来研究中国画史，他认为，唐代的山水画不是抽象的，是有自然季节特性的山水，能表现春天或者秋天景象。早期的青绿山水多表现春景，像展子虔（约545—618，隋代绘画大师，渤海人）的《游春图》画的是春景，是游春的题材。那么传为李思训的一些画，比如说最有名的《江帆楼阁图》，有的人研究说它是展子虔《游春图》的一个局部，很可能这两张画来源于一个本子。总而言之，两张画都反映了早期山水画的特征。有些人也根据画里的一些着装，比如交领、幞头这些细节，看出这些应该不是南宋或南宋以后着衣习惯，有比较早期的特征。

还有，比如说传为李昭道的一张画《明皇幸蜀图》，也反映了早期风格，有很多唐代风格的印记，特别是马的鬃毛。这些画法应该保留了早期绘画的风格。

山水画中，在唐代最重要的就是青绿山水这一派，主要代表人物就是李思训和李昭道父子。李氏父子山水，毫无疑问是典型的贵族山水，有一些仙山春天的气氛。这一路山水对后来宋代的宫廷山水画有非常深远的影响。

据说辽宁省博物馆曾经收藏过一件作品，是仇英临摹李昭道的《海天落照图》。我不知道这个《海天落照图》是不是跟东瀛三岛蓬莱仙境有紧密的关系——延续了魏晋南北朝以来贵族求仙的一种思想。

1 （传）李昭道《明皇幸蜀图》马匹细节 台北故宫博物院藏
2 唐人朱景玄《唐朝名画录》对于吴道子绘寺观壁画的记述："寺观之中，图画墙壁，凡三百余间。变相人物，奇踪异状，无有同者。"明王世贞《王氏画苑》本
3 朱景玄《唐朝名画录》对于唐玄宗命吴道子画嘉陵江的记述："又明皇天宝中忽思蜀道嘉陵江水，遂假吴生驿驷，令往写貌。及日回，帝问其状，奏曰：'臣无粉本，并记在心。'后宣令于大同殿图之，嘉陵江三百余里山水，一日而毕。"明王世贞《王氏画苑》本

再者我想补充一点，山水作为人物画的背景在魏晋南北朝时期相对而言是比较平面化的，还没有展现出一个独立的空间。但是到唐代，特别是从隋代展子虔开始，山水画已经发生了质变，开始解决空间问题。所以我认为人物画的核心是传神，山水画的核心是畅神。通过什么来畅神？这是一个很有趣的问题。其实它是通过一种空间的美学来畅神。也就是说，在绘画的空间这个维度里，我们会发现只有山水画才能够最有效地展示一个远景，展示一个悠远、幽深的空间。

这样的空间在人物画中是无法完成的，花鸟画更不可能完成。所以山水画最独特的一个审美是空间之美、幽深之美，还有对幽深空间的想象之美。这些部分才真正是山水画独立的品格。这样的一种审美，这样一种空间关系是在唐代彻底发展起来的，出现了一个独立的品格。除了人物画传神之外，这种畅神和空间美形成了一个新的精神关系。这种精神关系应该是空前的，这就是唐代山水画最独特的贡献。

唐代山水画还有另外一路，其实就相当于浅设色，当然研究者对此有不同的看法，有人比较倾向于说像吴道子这一路，他是有点偏写意的。其实写意和写实都是面对实物来进行描摹的。只不过写实的绘画当中客观性东西多一些，写意是主观性多一些。这是一个主客观之间的平衡关系。但是还并不是抽象，都属于具象的范畴。

在这个色彩的系统中，吴道子的绘画应该也有青绿这一路的，因为他给大量的寺庙和道观画过壁画，那壁画应该是有一些浓艳色彩的，但有可能也会给一些贵族的私宅画画，那么这是不是跟佛教道教的壁画有所区别呢？很有可能这个部分是属于浅设色这一路。

根据记载，唐玄宗曾让他画嘉陵江，他就在大同殿画了嘉陵江，咫尺千里。这幅画我们现在看不到，只知道一些简单描述，无法复原吴道子这个传统到底是什么？总之，吴道子当然是唐朝最伟大的人物画家，但是吴道子不仅能够画人物，还能画山水，是个全能的画家。

第十章 唐代书画的传世魅力　307

王维与唐朝的水墨山水

继李思训、吴道子之后出生的王维，发展出另外一套风格，对后世的文人画水墨山水有巨大影响。据记载，王维和李白，都出生在武则天长安元年（701）。

> 王维建构的模式
> 水墨山水的扩张
> 山水画与山水诗的互动形式

王维是当时著名的诗人，也是一个佛教徒，晚年的时候隐居在现在陕西省蓝田县一个叫辋川的地方。他最有名的画就是《辋川图》。《辋川图》并没有墨迹本或者真迹传世，我们看到的只是不同时代的摹本，还有后来的人做的石刻图像。王维的《辋川图》跟他的辋川诗是对应的，证明的确有《辋川图》的存在。

现在看来，不论是摹本还是石刻，我们可以确定，王维的《辋川图》应该是比较写实的，是可辨识的一个山水画，并不是写意的画。但是后来的人去描绘这种辋川意象的时候，经常加入了对一个官僚的隐居生活的想象。也就是说，它已经脱离了这种仙山琼阁，脱离了一般意义求仙的想法，同时也不是一个享乐的题材。辋川就是王维的别业，也叫别墅，可能是王维在京城之外第二个住处。因为他母亲信佛，后来他把这个辋川别业改建成了寺庙，基本是用来供养他的母亲。就这一点来讲，是跟佛教有一定关系。

宋　郭忠恕《临王维辋川图》（局部）台北故宫博物院藏

佛教不需要隐居，王维的隐居一定是针对官场。也就是说，《辋川图》有双重含义：表面看好像跟佛教有一些关系；本质上看，还是跟官僚生活有关系。"隐"是要跟"显"对立的，是跟政治上的出人头地对立的，所以这样形成了一个隐显的关系。所以后世人们对它的迷恋，多是一些文官的迷恋。《辋川图》可能在山水画中建构了一个模式：通过山水来表达隐居的愿望。

像王蒙的《葛稚川移居图》，是讲葛洪的隐居故事。当然也有跟佛教有关系的，王蒙画《太白山图》，那就是跟佛教有关系，画了天童寺的风景。像倪云林画了很多荒寒的山水。基本是表达一个远离人境的意境，还有像黄公望画的《富春山居图》也是如此。其实山居这个概念和主题都带有一种潜在的隐居意图。就是说，王维这样的一种山水画，到后来逐渐演变成文官、文人的山水画。

李思训那种青绿山水画，后来变成历代宫廷的山水画，到了明代，又变成民间的山水画。或者我们这样讲，李思训类型的山水画，基本是后世职业山水画的重要源头；像王维这样的山水画，就变成后来业余的、文官的、庋家的山水画的源头。

唐朝有一个画牛很有名的画家叫韩滉（723—787），当过宰相，他的父亲韩休（673—740）做过宰相，恰好韩休的墓被发现了。在韩休墓里，我们看到了山水画。这个山水画是浅设色，以水墨为主的山水画，其中最独特之处是画出了一个太阳。

从墓室壁画来看，整个中晚唐时期，水墨山水画的比重越来越大，基本反映了晚唐时期的一个趋势。到了五代的时候，像董源的时代，就有了很多水墨山水画。过去讲董源有两个传统，"水墨类王维"，先说他是王维的传统，而"着色如李思训"（出自郭若虚《图画见闻志》）。

王维对后世影响很大，我认为这跟苏东坡有很大的关系。苏东坡对王维有一个高度概括，他讲，王维诗歌、绘画的特点是"诗中有画，画中有诗"。这句话对后世的画家和文人产生了巨大的影响。在绘画当中追求诗意，也成为后来文人或者文人画的一种追求。如何在绘画当

陕西西安韩休墓
壁画山水

中呈现诗意？这样就开始有了诗画互动。

我曾经在介绍人物画时提到，贵族特别喜欢城市、殿堂、楼阁。殿堂和楼阁，有大量的白墙壁，最好的装饰当然就是山水画；寺观墙壁主要是一些佛教道教题材的绘画，而装饰一般的民居主要就是山水和花鸟。山水花鸟壁画是受到山水诗的影响。但后来的诗歌反而受到山水壁画的影响。

有人做了一些研究和总结，特别讲到李白和杜甫的诗当中有大量颜色的描绘，比如青、绿、红这些颜色，这些颜色恰好都是山水壁画的颜色。有研究认为，后来的诗歌那样非常绚丽的色彩呈现是受山水壁画的影响。也就是说，唐代的山水画和山水诗的互动形式是一种实体的互动。

到了宋代，就不是这样的一个简单的实体互动，而是绘画当中追求诗意，在诗歌当中追求画意，这一点苏东坡有最清醒的认识。苏东坡其实是把他的个人理想投射到了王维的身上，他讲了诗画关系，这是苏东坡所建构的一个新的美学关系。后来成了主流，有效地建构了以后的诗画关系。

最后我们要强调，山水画是在唐代真正独立出来的，唐代开始真正出现了诗画互动。在唐代形成了三个流派的传统：一个青绿山水的传统，一个水墨山水的传统，另外还有一个浅设色的传统。当然，后来影响最大的是青绿和水墨。到了宋朝以后，水墨山水成为中国山水画的主流，成为文人表达个人情感和思想最重要的载体。

推荐阅读

◎ 杨仁恺主编：《中国书画》，上海古籍出版社，2001年

◎ 杨泓：《美术考古半世纪——中国美术考古发现史》，人民美术出版社，2015年

◎ 贺西林、李清泉：《永生之维——中国墓室壁画史》，高等教育出版社，2009年

◎ 朱关田：《中国书法史·隋唐五代卷》，江苏教育出版社，1999年

◎ [美]方闻：《心印：中国书画风格与结构分析》，陕西人民美术出版社，2004年

高祖 李渊 618

618（武德元年）李渊废隋恭帝杨侑，称帝建唐，改元武德
626（武德九年）"玄武门之变"，李渊退位，李世民继位；唐太宗李世民下诏重修孔庙，命虞世南（558—638）撰《孔子庙堂碑》，并书丹刻石

太宗 李世民 627

651（永徽二年）颁行《永徽律》
659（显庆四年）《姓氏录》修成，重新排列门第次序
670（咸亨元年）法藏（643—712）被举荐给武则天，任太原寺住持，终为华严宗的集大成者
672（咸亨三年）龙门奉先寺卢舍那大佛始雕造
673（咸亨四年）长安千福寺建，章怀太子舍宅为寺，寺内有多宝塔，传世颜真卿（709—785）楷书代表作《多宝塔碑》
670—674（咸亨年间）萨珊波斯王子卑路斯抵长安，被封为右武卫将军
677（仪凤二年）六祖惠能（638—713）至曹溪宝林寺（今韶关南华寺），弘扬禅宗

唐高宗 李治 650

武则天 ◀

690（天授元年）武则天废睿宗称帝，改国号为周
694（延载元年）波斯人拂多诞将摩尼教传入唐
695（证圣元年）义净（635—713）回到洛阳，携归梵本三藏近四百部，合五十余万字

武则天 690

中宗 李显 705

中宗 李显 ◀

705（神龙元年）张柬之等发动政变，唐中宗复位，复国号唐
618—712 文学史上的"初唐诗"阶段
705—713 中宗韦皇后、安乐公主、上官婉儿和太平公主，继武则天之后，掌握着政治的实权，主导宫廷政治

玄宗 李隆基 712

玄宗 李隆基

714（开元二年）长安、洛阳宫中分别设立左右教坊，管理教习歌舞、散乐；兴庆宫始建
717（开元五年）日本遣唐留学生阿倍仲麻吕（698—770）抵长安
722（开元十年）韦述撰成《两京新记》，为现存有关长安城的较早著作
726（开元十四年）玄宗撰书《纪泰山铭》
730（开元十八年）僧智昇撰成《开元释教录》
713—741（开元年间）玄宗在宫中创立梨园；此一时期史称"开元盛世"
744（天宝三载）杜甫（712—770）与李白（701—762）在洛阳相约同游梁、宋（今河南开封、商丘一带）
753（天宝十二载）鉴真（688—763）东渡成功，抵达日本
754（天宝十三载）全新的《霓裳羽衣曲》合成，从此统治宫廷宴乐
755（天宝十四载）安禄山陷东都洛阳，"安史之乱"爆发

肃宗 李亨 756

代宗 李豫 762

肃宗 李亨 ◀

757（至德二载）收复长安、洛阳东西二京，太上皇李隆基回京师长安
758（乾元元年）颜真卿作《祭侄文稿》
759（乾元二年）鉴真主持修建的唐招提寺在日本奈良建成
761（上元二年）元结作《大唐中兴颂》，颜真卿书，771年刻

▶ 太宗 李世民

- 627（贞观元年）《秦王破阵乐》修订完成
- 628（贞观二年）《大唐雅乐》修订完成
- 629（贞观三年）玄奘（602—664）西行取经
- 630（贞观四年）灭东突厥，北边各族君长尊唐太宗为"天可汗"；日本第一次派出遣唐使抵唐
- 632（贞观六年）太宗避暑九成宫，命魏徵（580—643）撰文《九成宫醴泉铭》，欧阳询（557—641）书；《功成庆善乐》完成
- 634（贞观八年）大明宫始建
- 636（贞观十年）太宗诏令阎立本（601—673）画"六骏图"、阎立德（596—656）雕刻
- 640（贞观十四年）灭麹氏高昌，置西州和安西都护府；太宗书《屏风帖》
- 641（贞观十五年）文成公主入吐蕃和亲
- 642（贞观十六年）《十部乐》完成
- 645（贞观十九年）玄奘回到长安，从印度和中亚地区带回梵箧佛典526箧、657部
- 646（贞观二十年）玄奘撰成《大唐西域记》
- 648（贞观二十二年）大慈恩寺在长安落成，玄奘任上座住持
- 649（贞观二十三年）唐太宗李世民去世，王羲之书《兰亭集序》随葬昭陵

▶ 代宗 李豫

- 763（宝应二年）"安史之乱"结束
- 713—765 文学史上的"盛唐诗"阶段

唐代历史文化大事略表

说明：此表以书中述及的唐代重要事件、人物和作品系年为主，供读者参考。

李适 780

- 781（建中二年）大秦景教流行中国碑落成于长安大秦寺
- 804（贞元二十年）学问僧空海（774—835）、最澄（767—822）入唐求法
- 816（元和十一年）白居易（772—846）作《琵琶行》
- 818（元和十三年）元稹（779—831）作《连昌宫词》，叙唐朝自玄宗至宪宗的兴衰历程
- 819（元和十四年）韩愈（768—824）谏迎佛骨，触怒宪宗，被贬潮州
- 806—820（元和年间）在白居易、元稹倡导下，新乐府运动发展起来

宪宗 李纯 806

- 823（长庆三年）唐蕃会盟碑立
- 766—835 文学史上的"中唐诗"阶段

穆宗 李恒 821

- 838（开成三年）日本僧人圆仁入唐，撰有《入唐求法巡礼行记》

文宗 李昂 826

- 843（会昌三年）柳公权书《神策军碑》立
- 845（会昌五年）唐武宗推动下，会昌废佛

武宗 李瀍 840

- 863（咸通四年）鱼玄机（约844—871）作《赠邻女》

懿宗 李漼 859

- 875—884 黄巢起义

僖宗 李儇 873

- 836—907 文学史上的"晚唐诗"阶段
- 907（天祐四年）唐亡

哀帝 李柷 904 907

后　记

　　2018年，距离大唐立国已经1400年。借着这个契机，我们试图聊一聊"我们为什么爱唐朝"。如果中国历史有一个"黄金时代"，那么这个"黄金时代"或许就是唐朝。唐帝国疆域辽阔，唐人的世界观包容洒脱，女性空前解放，唐诗塑造了中国人的文化DNA。唐文化的影响力辐射至同时代的周边国家，更塑造着后世中国。

　　当我们讨论宋朝的时候，大家很快就达成了共识，梳理出了关于宋朝美学的十个元素。我们试图复制之前的成功经验，选取几个关于唐朝的有代表性的话题，却迟迟找不到一个令人满意的框架，因为盛唐气象太过恢弘，太过多姿多彩。

　　应该如何去观察这样一个文明史上的现象级存在？电影《妖猫传》中的一场"极乐之宴"给了我们灵感，尽管电影本身褒贬不一。闭上眼睛，想象一下，一千多年前的开元天宝年间，长安城里，一场盛大的夜宴正在举行：宴会上的男主人公，毫无疑问是皇帝，唐玄宗是"开元盛世"的缔造者，盛世的基础是治国理政；宴会的女主人公，当然就是杨玉环了，她代表了一个时代的审美，引领了许多时尚潮流；最重要的男配角李白，醉酒吟诗，尚不知自己将成为一个时代的风流；受邀前来的，还有东瀛的遣唐使，西域的胡商，甚至印度的高僧……主宾们沉醉在歌舞之中，挥毫泼墨绘写这繁华景象——中国历史上最绚烂的一个场景，是否已经激起你血液中的澎湃之气？

　　为了满足大家在新场景下的求知需求，《三联生活周刊》这个老牌杂志旗下的新媒体品牌——"中读"APP，邀请荣新江、辛德勇、孟宪实、于赓哲、韩昇、葛承雍、李四龙、西川、苏泓月、尹吉男等重量级专家学者,分别从世界主义、长安城、帝王政治、女性风尚、中日交流、中西交通、佛教、唐诗、乐舞、书画等十个侧面,为大家揭开"黄金时代"的面纱。我提出初步方案之后,再由编辑金寒芽与马玉洁分头邀请主讲人,并在负责音频制作的编辑汤伟的配合之下,完成了整个课程的编排、采录,以及音频与文案的后期制作;设计、运营和市场团队也分别从各自的专业角度为课程提供了诸多建设性意见,并执行了相应的工作。这是我们团队的成果,是合作的结晶。

"我们为什么爱唐朝"从一个音频精品课,转化为图书,时隔数年,主要还是在于摸索编辑思路和打磨成书面貌上。经过图书总监段珩与三联书店编辑杨乐老师的多次交流碰撞,大家达成一致意见,那就是把课程内容发展成为一本经得起推敲和阅读的书。图书不是音频课程快餐化的副产品,而是正如"中读"品牌所界定的,旨在向大众提供一种介于流行普及阅读和专业学术阅读之间的中层读物,真正做到把新媒体高效便捷的创新能力和传统出版深入扎实的优势相叠加,为读者提供升级迭代的知识内容。因此,除去音频课程的主线,三联学术分社的编辑费了很多功夫为正文补充资料,通过辅文系统和辅图系统把各讲零散的文稿穿插组织起来,并选配大量精美高清图片。对于深度内容生产来说,不同产品形态的开发实际上促进了整个原创内容的生产。

最后,要特别感谢参与这个项目的主讲老师给我们提供了一条"穿越"到盛唐的路径。其实,除了前面提到的十位老师,作家张大春老师也在音频课中为我们作了一讲《盛世咏唱的现实风貌》,因为版权原因,这一讲的文稿没有收录在本书中,大家如果有兴趣,不妨下载"中读"APP去听一听。

俞力莎

"中读"内容总监

Copyright © 2021 by SDX Joint Publishing Company.
All Rights Reserved.

本作品版权由生活·读书·新知三联书店所有。
未经许可，不得翻印。

图书在版编目（CIP）数据

唐：中国历史的黄金时代／荣新江等著．—北京：生活·读书·新知三联书店，
2021.3 （2024.3 重印）
（三联生活周刊·中读文丛）
ISBN 978-7-108-06973-3

Ⅰ．①唐…　Ⅱ．①荣…　Ⅲ．①中国历史－唐代－通俗读物
Ⅳ．① K242.09

中国版本图书馆 CIP 数据核字（2020）第 190899 号

特邀编辑	孙晓林　宋林鞠
责任编辑	杨　乐
装帧设计	蔡　煜
责任校对	常高峰　张国荣
责任印制	卢　岳
出版发行	生活·讀書·新知 三联书店 （北京市东城区美术馆东街 22 号　100010）
网　　址	www.sdxjpc.com
经　　销	新华书店
印　　刷	天津图文方嘉印刷有限公司
版　　次	2021 年 3 月北京第 1 版 2024 年 3 月北京第 5 次印刷
开　　本	720 毫米 × 1020 毫米　1/16　印张 20.5
字　　数	200 千字　图 481 幅
印　　数	26,001-29,000 册
定　　价	88.00 元

（印装查询：01064002715；邮购查询：01084010542）